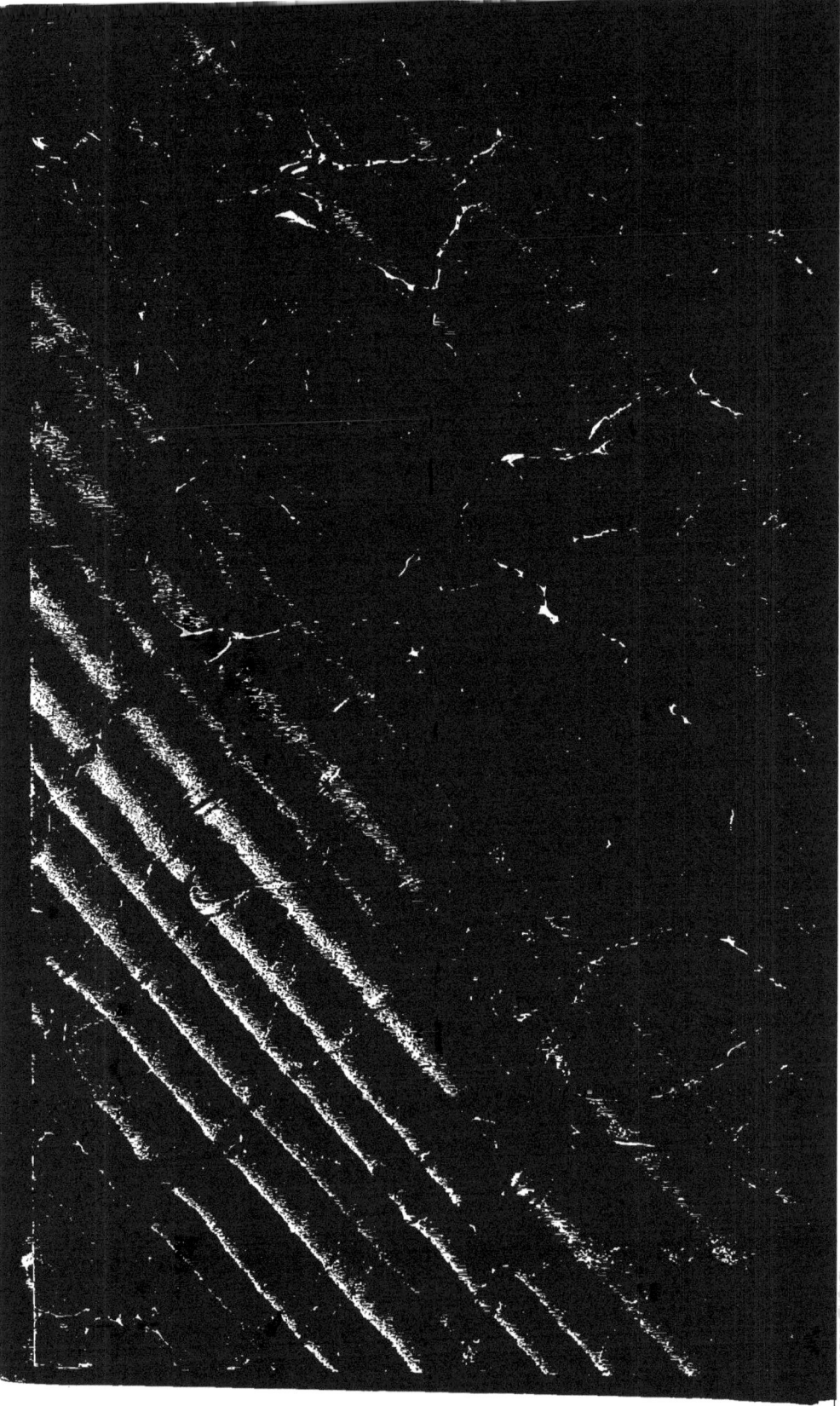

1909

BIBLIOMAPPE

DU PREMIER AGE;

GÉOGRAPHIE DE LA JEUNESSE,

CONTENANT

UNE INTRODUCTION A L'ÉTUDE DE LA GÉOGRAPHIE,

UNE GÉOGRAPHIE GÉNÉRALE,

UNE GÉOGRAPHIE DE LA FRANCE,

UN TRAITÉ DE GÉOGRAPHIE ANCIENNE

POUR LA LECTURE DES CLASSIQUES ET DE L'HISTOIRE ANCIENNE,

UN TRAITÉ DE GÉOGRAPHIE SACRÉE POUR LA LECTURE DES LIVRES SAINTS,

Avec neuf Cartes,

A l'usage des colléges, des séminaires, des pensions, des écoles primaires,
des pères et mères de famille.

PRÉCÉDÉ

D'UN EXPOSÉ ANALYTIQUE DU PLAN DES BIBLIOMAPPES.

PAR MM. BAILLEUL (J.-CH.) ET VIVIEN,

Auteurs du Bibliomappe, etc.

PARIS,

BUREAU DES BIBLIOMAPPES,

CHEZ RENARD, A LA LIBRAIRIE DU COMMERCE,

RUE SAINTE-ANNE, N° 71.

OCTOBRE 1827.

PARIS, IMPRIMERIE DE DECOURCHANT,
Rue d'Erfurth, n° 1, près l'Abbaye.

EXPOSÉ

ANALYTIQUE

DU PLAN DES BIBLIOMAPPES [1].

Le goût des études historiques, l'habitude des nouvelles politiques ont révélé en France une assez triste vérité : c'est qu'un très-petit nombre de personnes ont étudié un peu de géographie, et qu'un bien plus petit nombre encore la savent bien. On a peine à concilier l'idée de cette indifférence universelle et de cette ignorance presque générale de la géographie, avec son utilité et son application usuelle. Une science qui n'est étrangère à aucune profession libérale, dont l'usage est de tous les jours, de tous les instans; qui se rapporte, pour ainsi dire, à tous les actes de la vie sociale, n'en a pas moins été jusqu'à présent l'une des parties les plus négligées de l'éducation, et l'une de celles pour lesquelles les enfans ont presque toujours manifesté le plus d'éloignement.

La géographie cependant est loin de présenter en elle-même les difficultés et l'aridité inévitable de la plupart des autres objets de nos premières études. Uniquement basée sur des observations positives et palpables, n'em-

---

[1] Il est presque inutile de prévenir que cet exposé n'a pas été écrit pour les enfans, mais spécialement pour les parens et les maîtres.

brassant que des faits et ne reposant sur aucune abstraction, son étude paraît devoir être facile et sans dégoûts. Aussi variée que la surface même du globe qu'elle décrit, elle doit, dans toutes ses parties, offrir à l'esprit et même à la curiosité un aliment toujours nouveau. Réunissant à la solidité des sciences positives l'agrément et la diversité des ouvrages produits de l'imagination, la géographie doit, en un mot, être d'une étude aussi attrayante et aussi facile que la plupart des autres sciences sont, au moins dans leurs premiers abords, hérissées de difficultés et d'ennuis.

Il faut donc bien le reconnaître, ce ne peut être dans la géographie en elle-même que réside cette cause secrète qui semble éloigner de son étude; ce ne peut être non plus dans l'absence de livres élémentaires, car aucune branche des connaissances humaines n'en a fait naître un aussi grand nombre; il faut donc qu'elle soit dans l'insuffisance et l'imperfection de ces méthodes.

L'examen comparé des livres élémentaires de géographie les plus généralement répandus nous fit sentir aussi, il y a plusieurs années, la défectuosité des divers modes d'enseignement, et l'indispensable besoin d'y substituer une méthode plus satisfaisante : mais là était la difficulté. Plutôt senties qu'appréciées, ces défectuosités nous parurent, après de longues réflexions et de fréquens essais, être dans le fond même du sujet, où nous vîmes qu'aucun des nombreux auteurs de ces méthodes n'avait pénétré. Ces auteurs, en se succédant, n'avaient, si nous pouvons employer cette expression, touché qu'aux formes extérieures, et tous avaient laissé subsister le vice radical qu'aucun d'eux n'avait aperçu. Nos réflexions enfin nous conduisirent à cette conséquence, que le vice de toutes les méthodes, comme de tous les traités géographiques, était dans l'absence d'une base certaine et invariable, d'où résultait le vague et l'arbitraire de toutes les routes frayées jusqu'alors pour l'étude et pour l'enseignement; en un mot, nous trouvâmes dans la géographie absence totale de méthode scientifique, c'est-à-dire qu'il n'y avait pas, à proprement parler, de *science géographique*.

Ainsi dénuée de tout caractère scientifique, c'est-à-dire de cet enchaînement d'idées que domine un principe général auquel elles se rattachent par une marche uniforme et simple, la géographie ne peut être et n'est en effet qu'un assemblage de notions isolées, sans liaison, sans rapports généraux, et par conséquent sans ensemble. Entièrement livrée à la mémoire, l'étude élémentaire de la géographie ne s'adresse en aucune façon à l'intelligence qui classe et qui compare; les enfans, qui ne voient dans cette étude que des mots à apprendre, des noms à retenir, s'effraient de leur grand nombre et se dégoûtent bientôt. Ces premières impressions, produites par de mauvaises méthodes de géographie, ne s'effacent plus, et c'est ainsi que l'on entre dans le monde et dans les affaires avec une teinture beaucoup trop superficielle de la géographie, et plus souvent encore sans en avoir la moindre idée.

Ces réflexions nous indiquaient donc comme premier besoin d'une méthode d'enseignement géographique, celui d'une base certaine, fixe, invariable, sur laquelle s'appuyassent les descriptions d'ensemble aussi bien que les descriptions de détail, qui pût enfin servir de liaison entre toutes les notices spéciales des diverses portions du globe, parce qu'elle les dominerait toutes. Cette base, c'est dans la nature même, dans la configuration du globe, que nous devions la chercher et la prendre; nous la trouvâmes dans les *lignes du partage des eaux* qui divisent la surface de la terre en quatre bassins généraux, et sur lesquelles viennent s'appuyer des lignes de partage d'un ordre inférieur, qui divisent chacun de ces quatre bassins en une multitude de bassins particuliers. Ces lignes du partage des eaux et les *bassins* qu'elles circonscrivent nous parurent présenter les deux caractères qui doivent constituer les fondemens de toute science, la simplicité et l'universalité; nous les regardâmes dès lors comme base nécessaire de toute étude et de tout enseignement géographique, et ce ne fut pas sans une grande surprise que nous acquîmes la certitude que personne avant nous n'avait songé à faire à l'étude de la géographie l'application d'un principe si fécond, et que devait fournir la seule inspection réfléchie de la structure extérieure du globe terrestre.

Cette première base une fois trouvée ne suffisait pas seule cependant pour fonder une nouvelle méthode d'enseignement géographique; il fallait se fixer sur l'ordre dans lequel devaient être présentées les descriptions successives des diverses parties du monde, pour que ces descriptions, livrées jusqu'alors à un complet arbitraire, prissent un rang tellement déterminé dans les descriptions générales, que les tableaux de détails se liassent toujours aux tableaux d'ensemble par des rapports méthodiques, constans et uniformes. Cette marche éminemment logique, qui consiste à descendre des généralités aux détails, nous porta naturellement à classer les objets que comprend l'étude géographique, par *masses analo-*

gues, de telle sorte que l'enseignement de la géographie se trouvât divisé en plusieurs degrés d'étude, tous complets dans leur objet, et embrassant tout l'ensemble de la surface du globe, mais descendant graduellement, et par une marche déterminée, à un plus grand nombre de spécialités ou d'objets de détail.

C'est sur ce double principe de *l'emploi* des lignes du partage des eaux, comme base première de l'étude géographique, et de la disposition par *masses analogues* des objets que la géographie embrasse, de manière à en partager l'étude en trois *degrés* successifs, que nous avons rédigé notre *Bibliomappe* (1), traité complet de géographie universelle, dont la publication, annoncée en 1823 et commencée en 1824, a embrassé les deux années 1825, 1826, et les premiers mois de 1827.

Le *premier degré d'étude*, dans le Bibliomappe, ne comprend que les notions les plus générales sur la surface du globe envisagé dans son ensemble; sur la division de cette surface en terres et en eaux; sur la division des terres en continens et en îles, et sur les plus grandes divisions des deux continens en parties du monde. L'élève ne voit ici, outre ces grandes divisions naturelles et géographiques, que les accidens naturels, les mers, les rivières, les montagnes, etc., qui sont communs à plusieurs de ces grandes divisions.

Dans le *second degré*, l'élève parcourt successivement

(1) BIBLIOMAPPE, ou LIVRE-CARTES, leçons méthodiques de géographie et de chronologie, rédigées d'après les plans de M. *Bailleul* (J.Ch.), par M. *Vivien*; revues, pour les différentes parties, par MM. *Daunou*, de l'Institut, et *Eyriès*. Cet ouvrage, publié en 18 livraisons, forme 2 très-forts volumes in-4° carré, avec 70 cartes. Prix : 66 fr. On peut acquérir les 18 livraisons séparément, en payant la dernière d'avance.

chacune des six parties du monde, dont le degré précédent lui a fait connaître les rapports et les points communs. Il apprend ici quelles sont les grandes divisions naturelles et géographiques, particulières à chacune de ces parties du monde; il y voit quels accidens naturels sont communs ou forment limite entre plusieurs de ces grandes divisions.

Enfin, le *troisième degré d'étude* le conduit successivement dans chacun des états politiques dont le second degré ne lui a fait connaître que la situation et les rapports mutuels. Les provinces, et tous les accidens naturels qui leur sont communs ou forment limite entre elles, sont ici passés en revue; on étudie les villes et jusqu'aux moindres détails de tous les pays du monde.

Par suite de cet ordre méthodique, les mêmes accidens naturels sont étudiés, dans les différens degrés, ou comme parties communes entre deux subdivisions d'une division plus générale, ou comme limites de chacune de ces subdivisions considérées isolément. Par là on s'accoutume à réunir au nom d'un accident géographique l'idée des différentes fonctions que cet accident remplit en géographie; l'esprit s'habitue ainsi, par une étude graduée, soit à descendre sans effort des généralités aux détails, soit à remonter des détails aux généralités; et il ne peut perdre de vue les rapports généraux qui lient entre elles, de proche en proche, les moindres parties du monde, non-seulement parce que ces rapports généraux auront été le premier objet d'étude, mais encore parce que la nature même de notre méthode y ramène sans cesse. Un autre avantage de cette méthode est de présenter dans son ensemble la description des grands accidens naturels communs à plusieurs états, indépendamment de la mention partielle qui en est faite ensuite dans la notice de chacun de ces états. On chercherait vainement dans la plupart des livres de géographie élémentaire ces notions d'ensemble sur les accidens partagés entre plusieurs divisions politiques, parce qu'en effet le défaut de méthode de ces ouvrages ne laisse aucune place à ces notions d'ensemble. C'est ainsi que le Rhin, ou le Danube, ou les Alpes, par exemple, seront nommés dix fois dans ces géographies, s'ils traversent dix états différens; mais on n'y trouvera pas une notice d'ensemble sur ces grands accidens naturels.

Un des principaux avantages de notre division de l'étude géographique en trois degrés successifs, c'est que chacun peut ainsi s'arrêter sur cette étude, autant et jamais plus que ne le demandent son goût, son état, ou l'objet particulier qu'il s'y propose. Mais, à quelque degré qu'on s'arrête, on aura toujours acquis un corps d'instruction géographique complet, dans la proportion des détails qu'embrasse chacun des trois degrés; et cette première étude, n'eût-elle porté que sur les plus grandes généralités du globe, formera dans l'esprit un ensemble régulier, un cadre si bien disposé, que les faits géographiques offerts par les hasards de la conversation ou de la lecture viendront s'y classer de manière à fortifier et à étendre ces premières notions. Notre méthode est la seule qui puisse offrir ce précieux avantage.

Entre les nombreuses et utiles applications des lignes du partage des eaux à l'enseignement géographique, nous ferons remarquer encore l'admirable simplicité et la lucidité qu'elle apporte dans la description des grandes chaînes de montagnes des deux continens. Que ces montagnes fassent partie de la ligne de faîte du bassin d'un océan, d'une mer, ou seulement d'un fleuve ou d'une rivière, elles rentrent toujours dans le plan méthodique de nos descriptions, et elles y occupent une place exactement en rapport avec leur importance géographique dans la configuration générale des continens. Ainsi, par exemple, en Europe, au lieu de dire, comme tous les traités de géographie qui ont précédé le Bibliomappe : Il y a tant de chaînes de montagnes, qui sont : les Alpes, les Pyrénées, les Karpathes, etc., indication vague qui ne peut laisser que des idées incomplètes et confuses, et surtout qui ne fait voir en aucune façon les rapports qui lient ces diverses chaînes; notre méthode les rattache toutes, soit à la grande ligne de faîte qui partage l'Europe en deux versans généraux, au nord et au sud; soit aux ramifications que projette cette ligne de faîte sur chacun de ces deux bassins, et qui vont y former les bassins particuliers, soit des petites mers qui baignent les côtes d'Europe, soit des fleuves et des rivières qui versent leurs eaux dans chacune de ces mers; et par cette indication rationnelle non-seulment on apprend à connaître les noms de toutes les chaînes de montagnes européennes, mais on apprend en même temps quelle est l'importance relative de chacune de ces chaînes dans la géographie générale de l'Europe, quelle place chacune d'elles occupe dans l'ensemble du système orographique de cette partie du monde, et quelle fonction géographique elle y remplit.

En donnant à la science une base invariable et une marche certaine, nous avons nécessairement donné de l'attrait à son étude; en distribuant ses parties d'après une méthode rigoureuse, nous avons marqué chaque temps de ses progrès. Il sera, par ce moyen, toujours facile de connaître ce qu'on sait et ce qui reste à apprendre ; ce sera l'un des résultats les plus utiles et les plus satisfaisans de nos travaux.

L'état actuel de la géographie politique de presque tous les pays du globe est le résultat d'une longue suite de révolutions, de guerres, de conquêtes et de partages. Il est peu de contrées dont l'aspect géographique n'ait éprouvé de nombreuses mutations. C'est surtout pour la lecture de l'histoire que la connaissance de ces variations continuelles est tout-à-fait indispensable. Nous eussions regardé notre travail comme incomplet, si nous n'avions offert un précis de la géographie *historique* et *comparée* de tous les états du globe, dans lequel on trouve l'histoire géographique de chacun de ces états, depuis ses premiers temps historiques jusqu'à l'époque où nous sommes. Notre méthode d'enseignement géographique, basée sur la division naturelle des terres en bassins hydrographiques, trouve encore ici une excellente application, comme point commun et inaltérable de comparaison entre les divisions politiques d'une même contrée à différentes époques. Tous nos historiques de la géographie des différens âges de chaque contrée sont fondus et coordonnés ensemble dans le traité de *chronologie historique et géographique* (1) que nous avons placé en tête du Bibliomappe, et dans lequel l'histoire et la chronologie géographique du globe, vu dans son ensemble, sont

---

(1) CHRONOLOGIE *historique et géographique*, par MM. *Année* et *Vivien*; avec des Tableaux chronologiques complémentaires, par M. *Vivien*. 1 vol. in-4°. Quoique faisant partie du Bibliomappe, ce volume se vend séparément 6 fr. sans les tables complémentaires, et 8 fr. avec ces tables.

tracées rapidement et sur un plan entièrement nouveau.

Un objet accessoire et néanmoins fort important, que nous nous proposâmes encore en publiant le Bibliomappe, fut de remédier à l'impossibilité où se trouvent une foule de personnes de se former une suite complète et suffisante, quant aux détails, de cartes de tous les pays du monde, ainsi qu'aux embarras qui résultent nécessairement de l'usage d'une pareille suite de cartes, si elle est formée ; embarras qui naissent à chaque instant, soit de la différence du format de ce grand nombre de cartes, soit seulement de leur différence d'échelles, soit de leurs fréquentes contradictions quand elles n'ont pas été rédigées par une seule main, soit enfin de leur propre construction, des détails infinis qui se nuisent et fatiguent, etc. Pour remédier à ces graves inconvéniens, nous conçûmes l'idée de joindre au texte de notre ouvrage une suite de cartes construites d'après les mêmes principes, et dont les détails fussent exactement assujétis à ceux du texte qu'elles étaient destinées à éclaircir, de même qu'elles devaient en recevoir les développemens nécessaires. Ces cartes, dont le format est celui du livre même dont elles font partie (de là le nom de Bibliomappe, ou *Livre-Cartes*), forment entre elles un enchaînement complet, depuis la mappemonde jusqu'aux cartes spéciales de chaque état où nous nous sommes arrêtés; cet enchaînement est susceptible de s'étendre à volonté, et toujours d'après le même principe, jusqu'aux moindres détails de la topographie.

Un des objets que nous nous sommes surtout attachés à rendre sensibles sur nos cartes, ce sont les lignes du partage des eaux, dont l'importance relative est indiquée par des filets d'enluminure de couleurs conventionnelles.

A chacune de nos cartes nous avons annexé un *Bulletin* qui en est la répétition fidèle, et sur lequel sont rapportés, dans leur ordre géographique, tous les noms que contient cette carte. Ces bulletins, dont l'usage devrait, ce nous semble, être étendu à toutes les espèces de cartes usuelles, y facilitent singulièrement les recherches, en même temps qu'ils présentent un tableau géographique complet du pays que la carte figure.

On doit sentir que chacun des trois degrés d'étude est susceptible d'une rédaction plus ou moins développée. Principalement destiné aux hommes de lettres et de cabinet, aux parens qui veulent diriger eux-mêmes l'éducation de leurs enfans, et aux maîtres, le Bibliomappe ne peut convenir, soit par son développement, soit par le prix où le portent les nombreuses cartes qu'il renferme, à la grande majorité des élèves. C'est pour répondre aux besoins du premier enseignement que nous publions ce *Bibliomappe du premier âge*, destiné, en quelque sorte, à préparer à l'étude de notre grand ouvrage.

Les principes que nous avons exposés plus haut, et qui nous ont guidés dans la rédaction du Bibliomappe, sont absolument les mêmes dans celui-ci ; ce n'est pas, à proprement parler, un *abrégé* de géographie que nous avons voulu faire : ce sont des élémens réduits, à la vérité, à leurs termes les plus simples, mais complets dans leur ensemble et leur expression. Seulement, dans ces élémens, nous avons ajouté, pour chaque état, les noms d'un certain nombre de villes, qui semblent appartenir à un enseignement plus élevé ; notre intention a été de donner en quelque sorte aux enfans un avant-goût de connaissances plus étendues, de leur offrir une préparation à des études plus développées.

Nous avons tâché d'approprier ces élémens à tous les besoins des premières études géographiques, aussi bien qu'à la faiblesse intellectuelle des enfans. Ce petit ouvrage est partagé en cinq traités distincts, dont l'étude peut sans inconvénient être divisée, bien qu'à la rigueur tous soient nécessaires pour l'ensemble de l'enseignement géographique, même du premier enseignement.

Le premier traité, intitulé *Introduction à l'étude de la géographie,* renferme d'abord un exposé aussi simple que possible des notions cosmographiques dont l'intelligence est la plus nécessaire à l'étude de la géographie; puis l'explication des termes géographiques les plus usuels et les plus fréquens, ainsi que des idées générales sur les diverses races humaines qui peuplent la terre, sur leurs langues, leurs religions, leurs gouvernemens, etc. Quelque clair et quelque simple que nous nous soyons efforcés de rendre l'énoncé des principaux phénomènes célestes et terrestres qui se lient à l'étude de la géographie générale, nous craignons cependant qu'il ne surpasse encore la portée d'esprit de la plupart des enfans, et nous abandonnons à ceux qui dirigent leurs études le soin de les arrêter sur cette première partie ou de les y faire revenir plus tard. Ce qu'il faut éviter surtout, c'est de fatiguer l'intelligence des enfans en les retenant sur des points qu'ils ne peuvent parvenir encore à bien concevoir. Il suffit souvent de fixer d'abord leur attention sur les signes matériels indiqués par les cartes : le temps fait le reste.

Vient ensuite une *géographie générale,* distribuée dans

l'ordre méthodique qu'indique le principe des masses analogues, et appuyée sur les bassins généraux et particuliers qui occupent la surface des continens, et sur les lignes du partage des eaux qui servent de limite à ces bassins.

Si la connaissance de tous les pays du globe est indispensable, celle de notre pays est en particulier d'une utilité immédiate et encore plus générale. Aussi avons-nous ajouté à la suite de notre géographie universelle, où la France n'occupe qu'une place proportionnée à son étendue et à son importance relatives, une *géographie* spéciale *de la France*, que nous nous sommes attachés à faire connaître principalement sous les trois rapports géographique, administratif et historique.

Nous avons donné ensuite un traité succinct de *géographie ancienne*, où nous avons voulu que ceux qui lisent l'histoire ancienne, soit dans les auteurs originaux, soit dans les auteurs modernes, trouvassent tous les secours et tous les éclaircissemens géographiques dont cette lecture fait à chaque instant sentir le besoin.

Enfin, nous avons joint à ces divers traités un abrégé de la *géographie hébraïque* de la Palestine, puisé dans les livres saints, à l'intelligence desquels il est destiné.

Nous avons adopté pour la forme de ces divers traités une innovation qui nous paraît fort heureuse. Au lieu d'employer les formules interrogatives, qui souvent rendent la mémoire paresseuse, en l'habituant à ne s'attacher, pour ainsi dire, qu'à la suite et à la disposition des mots, nous avons partagé le discours en paragraphes distincts et numérotés, dont chacun renferme une instruction complète sur un seul objet, et nous avons dressé pour chaque traité un *questionnaire* où des chiffres correspondans sont suivis d'une ou de plusieurs questions relatives au paragraphe que le chiffre indique, et au moyen desquelles le professeur peut exercer l'intelligence de ses élèves en même temps que leur mémoire, et les faire revenir plus ou moins sur les mêmes objets, envisagés sous différentes faces, selon qu'il en sentira la nécessité, et sans suivre lui-même l'ordre des chiffres des questionnaires. Les élèves trouveront bientôt dans ces exercices, qui devront être gradués, plus de plaisir que de fatigue.

Nous recommandons surtout de ne pas faire apprendre ni répéter par cœur : c'est un moyen sûr de dégoûter à jamais. Il faut faire lire et relire, et multiplier surtout les exercices des questionnaires.

Nous avons placé dans la géographie générale, outre la mappemonde, les cartes des parties du monde, et la carte de France en tête de la géographie particulière de notre pays. Nous pensons qu'on ne peut trop ni trop tôt accoutumer les enfans au travail et à l'inspection des cartes. C'est un exercice qui les intéresse en même temps qu'il favorise la mémoire en parlant aux yeux, et qu'il développe les idées en habituant à rapporter sans cesse les parties au tout dont elles dépendent.

Si ce livre élémentaire, où nous n'avons voulu qu'aplanir les abords de la science à laquelle nous consacrons tous nos travaux, atteint un but aussi désirable, ce sera pour nous la première des récompenses. Nous aurons toujours la gloire d'avoir, les premiers parmi nous, assujéti l'enseignement géographique à une base fixe, à des règles méthodiques et invariables, analogues à celles qui régissent les autres sciences.

MAPPEMONDE.

COSMOGRAPHIE.

Équateur. — Tropique du Cancer. — Tropique du Capricorne. — Cercle polaire arctique. — Cercle polaire antarctique. — Pôle arctique. — Pôle antarctique. — Méridiens. — Parallèles. — Degrés de latitude. — Degrés de longitude.

GÉOGRAPHIE.

Ancien hémisphère. — Nouvel hémisphère.

TERRES. — Ancien continent. — Nouveau continent. — Iles.

MERS. — Océan Glacial arctique. — Océan Atlantique (septentrional ou boréal, équinoxial ou équatorial, et méridional ou austral.) — Grand Océan (boréal, équinoxial et austral).

Accidens naturels communs aux deux continens. — Mer de Behring. — Détroit de Behring.

Division des terres en parties du monde. — *Ancien continent :* Europe, Asie, Afrique. — *Nouveau continent :* Amérique septentrionale, Amérique méridionale. — *Iles :* Océanie.

LIGNES DE FAITE DES GRANDS BASSINS. — *Entre le bassin glacial et les trois autres grands bassins sur l'ancien continent :* 1 monts de Laponie, 3 Chemokonski, 4 Oural, 5 Gouberlinski, 7 grands Altaï, 8 Stavonoï. — *Sur le nouveau continent :* 9 monts Rocheux, 10 monts Wolchich. — *Entre l'Atlantique, le Grand Océan et le bassin central de l'ancien continent (sur l'ancien continent) :* 15 monts Caucase, 11 King-Chan, 12 Kan-ti-sse 14 Mekran, 22 Elvend, 16 Liban, 17 monts de la Lune, 18 Sneeuweld. — *Sur le nouveau continent :* 19 monts Rocheux, 20 sierra Verde, 21 grande Cordillère des Andes.

(Les monts Caucase, Chemokonski, Oural, Gouberlinski, grands Altaï, King-Chan, Kan-ti-sse, Mekran et Elvend, forment la ligne de faite du grand bassin central de l'ancien continent.)

ACCIDENS NATURELS COMMUNS A PLUSIEURS PARTIES DU MONDE. — *Sur l'ancien continent :* MERS : Méditerranée, *a* Archipel, *b* de Marmara, *c* Noire *d* Caspienne, *e* Rouge, des Indes, de Chine. — *Golfe* de Kara.

Détroits : f de Gibraltar, des Dardanelles, de Constantinople, *g* de Bab-el-Mandeb, de Malacca.

Isthme : h de Suez.

Montagnes : 4 Oural, 15 Caucase.

Rivières : Kara, Oural.

Sur le nouveau continent :

Mer : des Caraïbes ou Antilles.

Baie ou *golfe* de Panama.

Isthme de Panama.

Iles : Antilles.

1

BIBLIOMAPPE
DU PREMIER AGE.
GÉOGRAPHIE DES ENFANS.

PREMIÈRE PARTIE.

INTRODUCTION A LA GÉOGRAPHIE.

§ Ier. — Notions de Cosmographie et de Géographie mathématique.

I.

Lorsqu'au milieu d'une campagne on porte ses regards autour de soi, l'étendue de terre que peuvent embrasser les yeux semble se confondre de toutes parts avec le ciel. La ligne circulaire où paraissent se toucher le ciel et la terre, est ce qu'on nomme l'*horizon* (du verbe grec *horizein*, limiter).

II.

L'horizon change chaque fois que l'observateur change lui-même de place.

La terre paraît plate, mais sa surface est courbe ou convexe, d'où il résulte que la terre est ronde; c'est-à-dire qu'elle a la forme d'un *globe,* d'une *sphère* ou d'une *boule.*

III.

Le phénomène le plus frappant est la succession non interrompue du jour et de la nuit. La présence du soleil au-dessus de l'horizon produit le jour; la nuit est produite par l'absence du soleil, ou son passage au-dessous de l'horizon.

L'instant où le soleil se montre sur l'horizon s'appelle le *lever du soleil,* l'instant où il disparaît s'appelle le *coucher du soleil.*

IV.

Le point de l'horizon où le soleil se lève se nomme *orient*, *levant* ou *est*; le point où il se couche s'appelle *occident*, *couchant* ou *ouest*. Si l'on se place de manière à ce que la droite regarde le levant et la gauche le couchant, le point de l'horizon auquel on fait face se nomme le *nord* ou *septentrion*; celui qui lui est directement opposé est le *sud* ou *midi*.

Ces quatre points, l'est, l'ouest, le nord et le sud, sont appelés *points cardinaux*. De leurs noms se forment des noms composés qui servent à désigner les points intermédiaires de l'horizon, tels que *sud-est*, à égale distance du sud et de l'est, etc.

V.

Le soleil paraît décrire autour de la terre un cercle de manière à en éclairer successivement toutes les parties. Le temps de cette révolution est divisé en *vingt-quatre heures*. Chaque heure est subdivisée en 60 *minutes*, chaque minute en 60 *secondes*.

VI.

Les deux points extrêmes de la terre, par rapport à l'équateur, se nomment *pôles*. On appelle pôle *arctique* celui qui est au nord, pôle *antarctique* celui qui est au sud. On suppose une ligne qui va d'un pôle à l'autre en passant par le centre de la terre; cette ligne est appelée *axe* (ou *essieu*) de la terre.

La ligne qui se trouve à égale distance des deux pôles se nomme *équateur*, parce qu'elle divise la terre en deux parties égales appelées *hémisphères*.

L'intervalle qui se trouve entre l'équateur et le pôle arctique est appelé *hémisphère septentrional* : c'est celui que nous habitons. L'intervalle compris entre l'équateur et le pôle antarctique est appelé *hémisphère méridional*.

VII.

Deux autres phénomènes se font remarquer : l'inégalité des jours et des nuits, et la succession du froid et de la chaleur, sur les mêmes points du globe.

Ces deux phénomènes résultent de la marche annuelle du soleil, qui ne se lève ni ne se couche jamais deux fois de suite aux mêmes points de l'horizon. Chaque jour les points de son lever ou de son coucher avancent vers le sud ou reviennent vers le nord, mais sans dépasser certaines limites. Ces points descendent graduellement vers le sud pendant 182 jours environ, puis remontent vers le nord pendant un temps à peu près égal;

de sorte qu'au bout de 365 jours, le lever et le coucher du soleil reviennent correspondre aux mêmes points de l'horizon. Cet intervalle de 365 jours a reçu le nom d'*année*.

VIII.

Chacun des deux cercles extrêmes que décrit le soleil à 182 jours ou 6 mois de distance, lorsqu'il est le plus rapproché de chacun des deux pôles, est appelé *tropique*. Les deux tropiques sont également distans de l'équateur, auquel ils sont parallèles, et au quart environ de la distance qu'il y a de l'équateur aux pôles. On appelle *tropique du Cancer* celui qui est dans l'hémisphère septentrional; *tropique du Capricorne*, celui qui est dans l'hémisphère méridional.

IX.

Lorsque le soleil parcourt l'équateur, la nuit est égale au jour par toute la terre; c'est ce qu'on appelle *équinoxe*. On nomme *solstices* les jours où le soleil parcourt chacun des deux tropiques. Les jours des solstices sont les plus longs dans l'hémisphère que parcourt le soleil, et les plus courts dans l'hémisphère opposé; *et vice versâ*.

X.

Le soleil est six mois au nord de l'équateur, depuis le 21 mars jusqu'au 23 septembre, et six mois au sud de ce cercle, depuis le 23 septembre jusqu'au 21 mars. Il emploie trois mois à monter de l'équateur au tropique du Cancer, depuis le 21 mars jusqu'au 22 juin; trois mois à revenir de ce tropique à l'équateur, depuis le 22 juin jusqu'au 23 septembre; trois autres mois à aller de l'équateur au tropique du Capricorne, depuis le 22 septembre jusqu'au 23 décembre; enfin les trois derniers mois, à revenir de ce tropique à l'équateur, depuis le 22 décembre jusqu'au 21 mars.

XI.

Si l'on observe chaque jour, pendant une année, le point du ciel où le soleil répond à midi, c'est-à-dire, au moment de sa plus grande élévation sur l'horizon, la suite des points déterminés par ces observations sur la voûte céleste, figurera un cercle incliné sur l'équateur, qu'il coupe en deux endroits diamétralement opposés, et qui, au nord et au sud de l'équateur, vient se terminer sur les tropiques. Ce cercle est ce qu'on appelle l'*écliptique*, parce que les éclipses, soit de lune, soit de soleil, n'ont lieu que dans le plan de ce cercle.

XII.

L'*écliptique*, c'est-à-dire l'*orbite* annuel du soleil, est donc incliné sur l'équateur, précisément de la distance des tropiques à ce cercle. Cette inclinaison est ce qu'on appelle l'*obliquité de l'écliptique*. C'est cette obliquité qui produit l'irrégularité des jours et des saisons.

XIII.

A Paris, le jour du solstice d'été, qui arrive le 22 juin, on a un jour de seize heures et une nuit de huit heures. Dans l'hémisphère méridional, et à pareille distance de l'équateur, les habitans ont, le même jour, une nuit de seize heures et un jour de huit heures.

Le jour du solstice d'hiver, ou le 22 décembre, on a à Paris un jour de huit heures seulement, et une nuit de seize heures, tandis que les lieux de l'hémisphère méridional qui avaient eu, lors de notre solstice d'été, huit heures de jour et seize heures de nuit, ont alors huit heures de nuit et seize heures de jour.

XIV.

Sous l'équateur, les jours et les nuits sont constamment égaux, ou de douze heures chacun; mais au nord ou au sud de l'équateur, les jours sont inégaux, et les plus longs jours sont d'autant plus longs qu'on s'éloigne davantage de l'équateur. Ils sont de treize heures sous les tropiques, de seize heures à Paris, et de six mois sous les pôles.

L'époque du plus long jour dans chaque hémisphère est celui du solstice.

XV.

Lorsque le soleil décrit l'un des deux tropiques, les lieux éloignés des pôles d'une distance exactement pareille à celle des tropiques à l'équateur, ont un jour ou une nuit de vingt-quatre heures. On a supposé à cette distance deux lignes circulaires, parallèles à l'équateur, auxquelles on a donné le nom de *cercles polaires*, et qu'on a distinguées par le surnom d'*arctique* pour notre hémisphère, d'*antarctique* pour l'hémisphère opposé.

XVI.

L'équateur, les deux tropiques et les deux cercles polaires, partagent donc le globe en six bandes parallèles ou *zones*; mais on n'en compte que cinq, parce que les deux zones comprises entre l'équateur et les tropiques sont réunies en une seule, à laquelle on a donné le nom de *torride*, à cause de la chaleur continuelle qu'on y éprouve, le soleil ne s'en écartant jamais. On appelle *zones tempérées* celles qui sont comprises entre les deux tropiques et les deux cercles polaires, et *zones glaciales* celles qui sont circonscrites par les deux cercles polaires, et dont les pôles occupent le centre.

XVII.

Pour l'hémisphère septentrional, qui est celui que nous habitons, le soleil commençant à s'avancer de l'équateur le 21 mars, et demeurant au nord de ce cercle jusqu'au 23 septembre, c'est dans cet intervalle du 21 mars au 23 septembre que sont comprises nos deux saisons du printemps et de l'été. Le *printemps* est l'intervalle que le soleil met à parcourir la distance de l'équateur au tropique du Cancer; l'*été* est celui qu'emploie cet astre pour revenir à l'équateur. Lorsque le soleil s'avance dans l'hémisphère austral, vers le tropique du Capricorne, nous avons l'*automne* (du 23 septembre au 22 décembre); lorsque le soleil revient de ce tropique à l'équateur (du 22 décembre au 21 mars), nous avons l'*hiver*.

XVIII.

Le printemps est moins chaud que l'été, parce que le soleil entre seulement alors sur notre hémisphère, refroidi par son absence pendant six mois. L'automne est moins froid que l'hiver, parce que la terre, échauffée par le soleil pendant sa présence de six mois sur notre hémisphère, ne se refroidit que graduellement.

Les saisons sont en ordre inverse dans les deux hémisphères.

XIX.

Cet ordre des quatre saisons n'est marqué que dans les zones tempérées. Les zones glaciales n'en ont que deux: l'hiver et l'été. Il en est de même de la zone torride, où ces dénominations indiquent non le froid et la chaleur, mais les pluies et la sécheresse.

XX.

D'après les témoignages de nos sens, on dit que le soleil tourne autour de la terre; mais, en employant cette expression, l'esprit doit toujours rectifier ce qu'elle a d'inexact, et ne jamais perdre de vue qu'il faut attribuer à la terre les mouvemens que les yeux attribuent au soleil. Ces mouvemens de la terre sont de deux espèces: l'un *diurne*, ou journalier, qu'elle exécute sur son axe d'occident en orient, et qui produit le jour et la nuit; l'autre annuel autour du soleil, qui produit les saisons.

XXI.

La terre exécutant en vingt-quatre heures, sur son axe, son mouvement de rotation, présente au soleil, dans l'espace d'une heure, la vingt-quatrième partie de sa circonférence. Pour faciliter l'évaluation des distances, on a subdivisé chacune de ces vingt-quatrièmes parties en quinze portions égales, appelées *degrés*, ce qui donne pour l'équateur 360 degrés; chaque degré a été divisé en 60 minutes, chaque minute en 60 secondes, etc.

La longueur d'un degré, mesuré sur le terrain, donne 57,000 toises ou 25 lieues à 2,280 toises chacune. En multipliant ce nombre 25 par 360, on a 9,000 lieues pour la circonférence du globe.

XXII.

Les *méridiens* sont des cercles du globe qui passent par les deux pôles, et sont coupés par l'équateur en deux parties égales. Leur propriété est d'indiquer la même heure chaque jour, pour tous les lieux situés sous le même méridien.

XXIII.

Il y a autant de méridiens qu'il y a de points parcourus par le soleil. Les peuples situés à l'orient ont midi plutôt que ceux situés à l'occident.

La différence de midi à un autre midi, est d'une heure pour 15 degrés; ainsi, lorsqu'il est midi à Vienne en Autriche, il n'est que onze heures à Paris, situé à 15 degrés plus à l'ouest.

C'est par la connaissance des méridiens qu'on a pu déterminer la distance respective des lieux les plus éloignés.

XXIV.

En se plaçant sur un point de l'équateur, on aperçoit à l'horizon, au nord et au sud, deux étoiles presque immobiles, qu'on nomme *polaires*. C'est par le moyen de ces étoiles qu'on mesure la distance d'un lieu quelconque à l'équateur, et par conséquent la distance de l'équateur terrestre aux pôles de la terre.

XXV.

Les Grecs et les Romains, de qui nous viennent la plupart de nos sciences et de nos arts, connaissaient plus de pays entre l'orient et l'occident qu'entre le nord et le sud. Ils donnèrent, à cause de cela, le nom de *longitude* à la mesure de la terre d'occident en orient, et celui de latitude à cette mesure du nord au sud; de là, le nom de *degrés de longitude* donné à ceux qui sont comptés sur l'équateur, et celui de *degrés de latitude* donné à ceux qui sont comptés sur les méridiens.

XXVI.

Les cercles de longitude, ou *méridiens*, sont tracés du nord au sud, et se confondent aux pôles.

Les cercles de latitude sont tracés de l'est à l'ouest et sont appelés *parallèles*, parce qu'ils sont parallèles à l'équateur.

Les degrés de latitude, ou les intervalles des parallèles, sont partout égaux, c'est-à-dire de 25 de nos lieues communes. Les degrés de longitude, ou les intervalles des méridiens, ne comprennent 25 lieues que sous l'équateur. Ces intervalles diminuent graduellement à mesure qu'ils se rapprochent des pôles, où ils se confondent.

XXVII.

Les degrés de latitude ne se comptent que du pôle à l'équateur, et par conséquent les 360 degrés de la circonférence du globe sur un méridien sont partagés en quatre fois 90 degrés.

On appelle *latitude septentrionale* ou *boréale*, les degrés au nord de l'équateur; *latitude méridionale* ou *australe*, les degrés au sud de l'équateur.

Le point de départ pour compter les longitudes est arbitraire. Celui qu'on a choisi s'appelle le *premier méridien*.

Les longitudes se comptent à l'est ou à l'ouest du premier méridien.

Dans le premier cas, on dit *longitude orientale*.

Dans le second cas, *longitude occidentale*.

On compte ainsi 180 degrés à l'est du premier méridien, et 180 degrés à l'ouest, ce qui fait les 360 degrés de l'équateur.

XXVIII.

Les deux tropiques et les deux cercles polaires (VIII et XV) font partie des parallèles. Les premiers sont à 23° 28' de l'équateur; les seconds, à pareille distance des pôles, ou à 66° 32' de l'équateur.

XXIX.

Le nombre des *méridiens* et des *parallèles* est infini. Chaque fois qu'on fait un pas vers l'est, vers l'ouest, vers le nord ou vers le sud, on a changé de méridien ou de parallèle. Mais sur les *globes artificiels* et sur les *cartes*, on se contente de tracer, lorsque leur grosseur ou leur étendue le permet, un méridien et un parallèle par chaque division de degré; ce qui donne 360 cercles dans les deux sens. Pour l'usage le plus ordinaire, il suffit même de tracer les méridiens de 10 en 10 degrés, ou seulement de 15 en 15. Dans ce dernier cas, chaque intervalle des méridiens figure une distance d'une heure dans la marche du soleil.

Le tracé des méridiens et des parallèles sur une carte s'appelle la *projection*.

§ II. — EXPLICATION DES TERMES USITÉS EN GÉOGRAPHIE.

ART. Ier. — *De la Géographie, de son objet, de ses principales divisions.*

XXX.

La *Géographie* (de deux mots grecs, *gué*, la terre, et *graphŏ*, je décris) a pour objet la description de la terre. Elle apprend à connaître la situation relative des terres et des mers, les montagnes, les rivières, les peuples qui habitent le globe, leurs villes, etc.

Quand la géographie s'occupe de la *configuration naturelle de la surface du globe*, du degré de froid ou de chaleur qu'on éprouve dans les différens climats, des animaux, des plantes, elle est appelée *Géographie naturelle* ou *physique*.

Quand la géographie s'occupe des peuples, des langues, des religions, des mœurs, ainsi que des empires, des royaumes et de leurs limites, de leurs villes, etc., elle est appelée *Géographie politique* ou *civile*.

La géographie naturelle et la géographie politique, aussi bien que la géographie mathématique, ne sont pas trois sciences séparées, mais bien trois parties distinctes dont l'ensemble constitue la *science géographique*.

ART. II. — *Explication des termes de Géographie naturelle qui se rapportent à la terre ou à ses parties.*

XXXI.

Les terres sont distinguées en *continens* et en *îles*.

Les *continens* sont des terres d'une vaste étendue. La surface du globe en présente deux : celui que nous appelons *ancien continent*, parce qu'il fut seul connu des anciens, et qui comprend l'Europe, l'Asie et l'Afrique; celui que nous appelons *nouveau continent*, parce que sa découverte ne date que de 1492. Le nouveau continent est aussi appelé *Amérique*, du nom de l'un des premiers navigateurs qui y abordèrent.

Une *île* est une partie de terre, plus ou moins étendue, complètement entourée d'eau.

Lorsqu'une île a peu d'étendue, c'est un *îlot*.

Un amas d'îles ou d'îlots est appelé *archipel*.

XXXII.

Une *montagne* est une élévation subite et considérable.

Lorsqu'elle a une grande étendue en longueur, on dit une *chaîne de montagnes*.

Le point où plusieurs chaînes de montagnes se réunissent est appelé *nœud*.

On dit souvent *mont* pour montagne, et *monts* pour chaîne de montagnes.

Les pointes isolées que présente souvent le sommet d'une chaîne de montagnes reçoivent les noms particuliers de *cime*, *pic*, *aiguille*, *dent*, *ballon*, etc. Le nom de *crête* désigne le sommet d'une chaîne qui présente une suite de ces pointes isolées.

Les élévations moins considérables que les montagnes, sont appelées, selon leur importance, *colline*, *monticule*, *butte*, *tertre*, etc.

La descente d'une montagne en est le *versant* ou le *flanc*; la descente d'une colline est appelée *côte*, *coteau*, *pente* et *penchant*.

Le *pied* d'une montagne est le point où commence sa pente. La *largeur d'une chaîne* est l'espace compris entre les deux pieds de ses pentes opposées.

Une montagne qui vomit des flammes est un *volcan*.

XXXIII.

Une *vallée* est l'espace compris entre deux élévations.

Un *vallon* est une vallée peu large et comprise entre deux collines.

Un *défilé* est un passage resserré entre deux élévations escarpées et très-rapprochées. Les défilés reçoivent diverses dénominations locales, telles que celles de *pas*, *col*, *port*, *détroit*, *gorge*, etc.

XXXIV.

Une *plaine* est un espace uni et d'une certaine étendue. En Russie, les plaines incultes sont appelées *steppes*. Dans l'Amérique septentrionale, on appelle *savanes* des plaines immenses où croît une herbe élevée; des plaines semblables sont nommées *pampas* dans l'Amérique méridionale.

Un *désert* est un grand espace aride, sans habitans, presque toujours sablonneux. Les plus célèbres sont ceux de *Gobi* ou *Chamo* en Asie, et de *Sahara* en Afrique.

Lorsqu'une plaine est fort élevée et que ses extrémités se terminent par des descentes rapides, cette plaine reçoit le nom de *plateau*. Le plus fameux est celui qui s'élève au centre de l'Asie.

Lorsque des plateaux sont adossés à d'autres plateaux plus élevés, on les désigne par le nom de *terrasses*.

XXXV.

Une *côte* est la partie d'un continent ou d'une île que baigne la mer. Une côte basse et unie est appelée *grève*; une côte escarpée reçoit le nom de *falaise*. Les *dunes* sont des monticules de sable que la mer forme sur quelques côtes basses.

Une *presqu'île* ou *péninsule* est une terre entourée d'eau de toutes parts, excepté d'un seul côté. Si la partie de terre qui réunit cette presqu'île au continent est étroite, c'est un *isthme*. Il y a deux isthmes célèbres : celui de *Suez*, qui réunit l'Afrique à l'Asie; et celui de *Panama*, qui lie les deux parties de l'Amérique.

Une partie saillante de la côte, se terminant en pointe, est appelée *pointe*, si elle est basse; *cap* ou *promontoire*, si elle est élevée. Les deux caps les plus renommés sont ceux de *Bonne-Espérance* et de *Horn*, qui terminent au sud, le premier l'Afrique, le second l'Amérique.

XXXVI.

Une *source* est une ouverture presque toujours située au pied d'une montagne, et d'où surgit une quantité d'eau plus ou moins abondante.

Un *ruisseau* est un cours d'eau peu large et peu profond.

Une *rivière* est un cours d'eau plus large et plus profond que le ruisseau. Plusieurs ruisseaux forment ordinairement une rivière.

Un *fleuve* est un cours d'eau formé par la réunion de plusieurs rivières et qui se jette dans la mer.

La *droite* ou la *gauche* d'un cours d'eau est la *rive* qu'on a à droite et à gauche lorsqu'on marche dans le sens de son cours, c'est-à-dire vers l'embouchure.

L'*embouchure* d'un fleuve est l'endroit où il se jette dans la mer.

La réunion de deux cours d'eau se nomme *confluent*. Celui des deux cours d'eau dont la source est le moins éloignée ou qui perd son nom, est regardé comme *affluent* de l'autre.

Une *cascade*, appelée aussi *saut, cataracte*, est une chute d'eau occasionée dans le lit d'une rivière, par une différence subite de niveau. La cataracte du *Niagara*, dans l'Amérique septentrionale, est fort élevée.

Un *torrent* est un courant d'eau très-rapide. Le lit d'un torrent est ordinairement un *ravin*.

XXXVII.

Un *lac* est un amas d'eau au milieu des terres, qui reçoit ordinairement et d'où sort quelque rivière.

Un *étang* est un lac peu étendu, peu profond, et assez souvent sans écoulement.

Des *lagunes*, telles que celles de *Venise*, sont des amas d'eau formés par la mer sur des côtes basses.

Un *marais* est un amas d'eau sans issue, moins considérable que les lagunes. Un *marécage* est un marais fangeux et couvert d'herbages.

XXXVIII.

Toutes les rivières du globe, à peu d'exception près, vont se perdre dans un océan ou dans quelqu'une des mers particulières qui en dépendent. L'ensemble du pays arrosé par tous les cours d'eau, fleuves, rivières ou ruisseaux, qui se perdent dans la même mer ou dans le même océan, forme le *bassin* de cette mer ou de cet océan. Un bassin de mer comprend ordinairement plusieurs bassins de fleuves; un bassin de fleuve, plusieurs bassins de rivières; un bassin de rivière, plusieurs bassins de ruisseaux.

Le point d'où sortent plusieurs cours d'eau dont la direction est différente, s'appelle le *point du partage des eaux*. Une chaîne de montagnes, offrant ordinairement une longue suite de ces points de partage, forme dans ce cas une *ligne du partage des eaux*.

Les lignes du partage des eaux sont appelées aussi *lignes de faîte*, parce qu'elles dominent toutes les parties du bassin qu'elles entourent, c'est-à-dire qu'elles en sont toujours les points les plus élevés.

Art. III. — *Explication des termes de Géographie naturelle qui se rapportent à la mer ou à ses parties.*

XXXIX.

L'*Océan* est l'ensemble des eaux marines du globe.

Une *mer* est une partie de l'Océan à laquelle les terres forment des limites naturelles.

Une mer est dite *méditerranée* lorsqu'elle est totalement renfermée dans les terres, sauf un passage par lequel elle communique à une autre mer.

XL.

Un *détroit* est un passage étroit par lequel deux mers ou deux parties d'une mer communiquent ensemble. Un détroit peu large et peu étendu est appelé *passe*, *canal* ou *chenal*.

Les divers enfoncemens des côtes où pénètre la mer sont appelés, selon leur étendue et leur forme, *golfe*, *baie*, *anse*, *crique*, *rade*, *havre*, *port*.

XLI.

Outre les *îles*, les *îlots* et les *archipels* répandus à la surface de la mer (xxxi), on y rencontre des rochers nus, peu étendus, isolés ou en groupe, qu'on appelle *écueils*, *récifs*, *dangers*, *brisans*.

Un *bas-fond* est un écueil recouvert par la mer, à une légère profondeur.

Un *banc* est un amas de sable ou une île sablonneuse dont la surface est à fleur d'eau. Le banc le plus célèbre est celui de *Terre-Neuve*, près de la côte orientale de l'Amérique du Nord.

Art. IV. — *Explication des termes de Géographie politique ou civile.*

XLII.

Les termes de *pays*, *région*, *contrée*, désignent ou toute une partie du monde, ou une portion seulement plus ou moins étendue de chacune de ses parties. Ces termes sont assez indifféremment employés l'un pour l'autre, et on n'y attache guère une idée différente.

Il en est de même des termes de *nation* et de *peuple*, dont l'application est assez vague, quoique le premier soit pris en général dans une acception plus étendue que le second.

Un *état* est l'étendue de pays régie par la même autorité. Un état gouverné par un roi est un *royaume*; gouverné par un empereur, c'est un *empire*.

Le nom générique des divisions intérieures d'un état est celui de *province*. Ces divisions reçoivent, selon leur importance administrative ou selon les pays, les noms de *départemens, cantons, cercles, districts*, etc.

XLIII.

Les langues parlées sur la surface du globe sont très-nombreuses. Toutes les langues dont l'analogie indique une origine commune sont dites former une même *famille*. On appelle *langue mère*, celle des langues de chaque famille dont la formation paraît la plus ancienne; et *langue dérivée*, chacune des autres.

Les principales langues parlées en Europe sont le *français*, l'*espagnol*, le *portugais* et l'*italien*, dérivées du latin; l'*anglais*, le *flamand*, le *hollandais*, l'*allemand* et ses nombreux dialectes, le *suédois* et le *danois*, dérivés de l'ancien teuton ou germain; le *polonais* et le *russe*, dérivés du slave; le *grec*, qui diffère sensiblement du grec ancien; le *turk*, introduit en Europe, dans le xve siècle, par les Ottomans.

Les principales langues parlées en Asie sont l'*arménien*, le *persan*, le *boukare*, l'*Afghan*, l'*hindoustani* et ses nombreux dialectes, dérivées toutes d'une source commune, à laquelle se rattachent aussi la majeure partie des langues d'Europe, et qui paraît être le *samskrit*, langue sacrée des brames ou prêtres indiens; l'*arabe*, le *turk*, le *mongol*, le *mandchou*, le *tibétain*, le *chinois*, le *japonais* ou *aïno* et le *malais*.

Les idiomes parlés en Afrique sont trop nombreux, trop imparfaits ou trop peu connus, pour qu'on puisse les classer. L'*arabe* est répandu dans toute l'Afrique septentrionale et orientale.

Les idiomes des peuples sauvages des deux Amériques sont aussi fort peu connus; mais les Européens qui y ont fondé des colonies y ont porté leur langage. L'Amérique septentrionale est partagée entre l'*anglais* et l'*espagnol*; l'Amérique méridionale, entre l'*espagnol* et le *portugais*. Le *français* n'est parlé que dans une petite portion de la Guyane.

Les peuples de l'Océanie parlent pour la plupart une langue foncièrement *malaie*.

XLIV.

Toutes les religions des peuples du monde peuvent être classées sous deux grandes divisions : 1° le *polythéisme*, où l'on admet plusieurs dieux, matériels ou immatériels ; 2° le *monothéisme*, c'est-à-dire l'adoration d'un seul Dieu.

Le polythéisme a cinq branches principales : 1° le *fétichisme*, ou l'adoration des *fétiches*, répandu parmi les peuples sauvages des six parties du monde ; 2° le *sabéisme*, ou l'adoration des astres et du feu, autrefois florissant en Perse, où ses prêtres étaient appelés *mages* : le petit nombre encore subsistant des sectateurs de ce culte sont répandus dans l'Hindoustan, sous le nom de *guèbres* ou *parsis* ; 3° la religion des Grecs et des Romains : l'ensemble des traditions religieuses de ces deux peuples forme ce que nous avons nommé la *Mythologie* ; 4° le *brahmisme* ou la religion des Hindous ; 5° le *bouddhisme*, répandu en Chine, au Tibet et en Tartarie, et dont le chef réside au Tibet, sous le titre de *Dalaï-Lama*.

Le monothéisme se distingue en trois grandes divisions : 1° le *judaïsme*, ou la religion des Juifs, fondée sur les livres de l'ancien Testament et où l'on ne reconnaît qu'une seule révélation, celle de Moïse ; 2° le *christianisme*, ou la religion révélée par le Fils de Dieu, Jésus-Christ ; 3° l'*islamisme*, ou la religion des Musulmans, qui admettent une révélation postérieure à celle de Jésus-Christ, celle de leur faux prophète Mahomet.

La religion chrétienne est partagée en deux grandes branches : 1° l'*Église grecque*, ou d'*Orient*, qui ne reconnaît pas la suprématie du pape ; 2° l'*Église latine*, ou d'*Occident*, divisée elle-même en deux parties : 1° l'*Église catholique, apostolique et romaine*, dont le *pape* est le chef spirituel ; 2° le *protestantisme*, qui rejette la suprématie du pape et qui se subdivise en trois principales branches : le *luthéranisme*, le *calvinisme* et l'*Église anglicane*, où l'on a conservé la hiérarchie des évêques, abolie dans les autres branches du protestantisme.

XLV.

A l'exception de la Turquie, où est établi le *mahométisme*, l'Europe ne renferme que des *chrétiens*. L'Église grecque domine dans l'Europe orientale.

Les principales religions professées en Asie sont : le *mahométisme*, le *brahmisme*, le *bouddhisme* et le *fétichisme*.

L'Afrique est partagée entre le *mahométisme* et le *fétichisme*. Le christianisme y est comparativement peu répandu.

La plus grande partie des indigènes américains est *idolâtre*. Le *christianisme* est professé dans toutes les colonies européennes.

XLVI.

L'ensemble des lois, des institutions, qui régissent un *état*, constitue un *gouvernement*; un gouvernement est *monarchique* si c'est un seul homme qui est à la tête de l'état.

Une monarchie est *absolue* si le pouvoir du souverain est sans bornes; elle est *tempérée* ou *constitutionnelle* si ce pouvoir est soumis à de certaines limites déterminées par une loi fondamentale qu'on appelle *constitution* ou *charte*.

Une monarchie est d'ailleurs *héréditaire* ou *élective*.

Un état où le pouvoir est exercé par la nation elle-même ou par ses délégués immédiats, est une *république*. Une république est *démocratique* lorsque les chefs sont indistinctement choisis dans toutes les classes du peuple, et par le peuple lui-même; elle est *aristocratique* lorsqu'ils sont choisis seulement dans le sein d'une classe privilégiée.

Une république *fédérale* se compose de la réunion, sous un même gouvernement central, de plusieurs états individuellement distincts : la Suisse et les nouvelles républiques américaines sont des républiques fédérales.

XLVII.

L'espèce humaine est distinguée, d'après la conformation extérieure et la couleur de la peau, en *quatre* variétés ou *races* principales : la race *blanche*, la race *jaune*, la race *nègre* et la race *rouge*.

La race *blanche* peuple l'Europe, l'Asie occidentale, l'Afrique septentrionale et une partie des deux Amériques. Sous le rapport de la *civilisation*, cette race l'emporte de beaucoup sur les trois autres.

La race *jaune* est répandue dans l'Asie orientale et dans l'Océanie.

La race *nègre* peuple la plus grande partie de l'Afrique, et s'étend jusque dans l'Océanie.

La race *rouge* est particulière à l'Amérique.

DEUXIÈME PARTIE.

GÉOGRAPHIE, OU DESCRIPTION DE LA TERRE.

§ Ier. — NOTIONS GÉNÉRALES SUR LES GRANDES DIVISIONS NATURELLES ET GÉOGRAPHIQUES DE LA TERRE ET DES MERS.

XLVIII.

La surface du globe est inégalement partagée en *terres* et en *mers*, les mers ayant à peu près le double de l'étendue des terres.

La plus grande partie des terres se trouve entre l'équateur et le pôle arctique, c'est-à-dire dans l'hémisphère boréal; l'hémisphère austral est presque entièrement occupé par l'Océan.

Les terres sont divisées en deux grands *continens* et en un très-grand nombre d'*îles* plus ou moins étendues (xxxi).

XLIX.

Les deux continens sont distingués en *ancien* et en *nouveau* continent (xxxi).

L'ancien continent est compris entre le 20e degré à l'ouest et le 187e degré à l'est de Paris; le 35e degré de latitude sud, et le 76e degré de latitude nord.

Le nouveau continent est compris entre les 30e et 170e degrés à l'ouest de Paris, le 55e degré de latitude sud et le 80e degré de latitude nord.

L.

La partie de l'Océan (xxxix) comprise entre les côtes orientales de l'ancien continent et les côtes occidentales du nouveau, est appelée *grand Océan*, parce que c'est la partie de l'Océan la plus étendue. On nomme à tort le grand Océan *mer du Sud* et *océan Pacifique*.

La partie de l'Océan comprise entre les côtes orientales du

nouveau continent et les côtes occidentales de l'ancien, est appelée *océan Atlantique*. Il n'a guère que le tiers du grand Océan en largeur.

La partie de l'Océan circonscrite par les côtes septentrionales des deux continens, et dans l'étendue de laquelle se trouve le pôle arctique, est appelée *océan Glacial arctique*. On donne, par opposition, le nom d'*océan Glacial antarctique* à l'extrémité méridionale du grand Océan et de l'océan Atlantique; mais ce second océan Glacial n'a pas, comme celui du Nord, de limites naturelles, puisqu'on ne connaît aucune terre d'une certaine étendue dans cette partie de l'hémisphère austral.

Le grand Océan et l'océan Atlantique sont distingués en *océan Équinoxial* entre les deux tropiques, en *océan Boréal* ou *Septentrional* entre le tropique du Cancer et le cercle polaire arctique, en *océan Austral* ou *Méridional* entre le tropique du Capricorne et le cercle polaire antarctique.

LI.

Les deux principaux accidens naturels communs aux deux continens sont la *mer de Behring*, partie septentrionale du grand Océan circonscrite par les îles Aléoutiennes, l'Amérique et l'Asie; et le *détroit de Behring*, qui communique de la mer de Behring à l'océan Glacial arctique, entre la pointe N.-E. de l'ancien continent et la pointe N.-O. du nouveau.

LII.

Les deux continens sont divisés en grandes portions qu'on nomme *parties du monde*. L'ancien continent en comprend trois : l'*Europe*, l'*Asie* et l'*Afrique*. Le nouveau continent en comprend deux : l'*Amérique septentrionale* et l'*Amérique méridionale*. Enfin une multitude d'îles disséminées dans le grand Océan ont été réunies sous une seule dénomination, celle d'*Océanie*, et on en a formé une partie du monde. Ainsi on compte *six parties du monde* : l'Europe, l'Asie, l'Afrique, l'Amérique septentrionale, l'Amérique méridionale et l'Océanie.

LIII.

L'*Europe*, qui occupe la partie nord-ouest de l'ancien continent, est la plus petite des parties du monde; elle forme à peu près la huitième partie du continent et moins de la cinquantième partie de la surface du globe (1).

(1) Cette surface est de 25,772,913 lieues carrées, de 25 au degré,

L'*Asie* occupe la partie orientale de l'ancien continent, dont elle forme environ la moitié; c'est la plus grande des parties du monde. Elle occupe la douzième partie de la surface du globe.

L'*Afrique* forme la partie sud-ouest de l'ancien continent, auquel elle ne tient que par l'isthme de Suez. Elle est moins grande que l'Asie, et quatre fois aussi grande que l'Europe; elle forme à peu près la quatorzième partie de la surface du globe.

L'*Amérique septentrionale* est, comme son nom l'indique, la partie septentrionale du nouveau continent. Elle est grande comme la moitié de l'Asie, et plus de deux fois grande comme l'Europe. Elle forme la vingt-troisième partie de la surface du globe.

L'*Amérique méridionale*, c'est-à-dire la partie méridionale du nouveau continent, est moins grande que l'Amérique septentrionale. Elle ne forme que la vingt-huitième partie de la surface du globe. Elle est réunie à l'Amérique septentrionale par l'isthme de Panama.

L'*Océanie* comprend toutes les îles répandues dans le grand Océan entre l'Amérique et l'Asie. Toutes ces îles présentent une surface un peu plus grande que celle de l'Europe, et qui forme la quarante-huitième partie de celle du globe.

LIV.

Puisque toutes les eaux continentales, c'est-à-dire tous les fleuves des deux continens, s'écoulent dans l'Océan (XXXVIII), il faut nécessairement que les eaux de ces fleuves aillent se perdre ou dans le grand Océan ou dans l'Atlantique, ou dans l'océan Glacial arctique. Les deux continens sont donc partagés entre les bassins du grand Océan, de l'Atlantique et de l'océan Glacial arctique.

LV.

Si nous examinons, la mappemonde à la main, quelles sont les parties des deux continens qui sont comprises dans chacun de ces trois bassins généraux, nous voyons que celui du grand Océan comprend une petite portion de l'Afrique orientale, à peu près un tiers de l'Asie au sud et à l'est, et une très-petite étendue des deux Amériques le long des côtes occidentales.

Chaque lieue carrée contient 5,198,400 toises carrées, et chaque toise carrée, 36 pieds carrés. Ainsi, la surface totale du globe terrestre est de 4,823,928,162,374,400 pieds carrés.

Le bassin de l'Atlantique comprend l'Afrique, l'Europe et l'Amérique méridionale presque entières, avec la moitié environ de l'Amérique septentrionale.

Le bassin de l'océan Glacial comprend une petite portion de l'Europe septentrionale, le tiers septentrional de l'Asie, et presque la moitié de l'Amérique septentrionale.

La limite de ces trois bassins est dessinée par *leurs lignes de faîte* (XXXVIII). Ces lignes de faîte, dans toute leur étendue, sont donc les parties les plus élevées des deux continens.

Mais on remarque au centre de l'ancien continent un très-grand espace dont les eaux ne s'écoulent ni dans le grand Océan, ni dans l'Atlantique, ni dans l'océan Glacial. Cet espace ne fait donc partie d'aucun de ces trois bassins. Son étendue en a fait faire un bassin particulier qui a été nommé, d'après sa situation, *bassin central de l'ancien continent*.

La partie orientale de ce dernier bassin est occupée par le grand plateau d'Asie; la partie occidentale, par la mer Caspienne, où vient se perdre le Volga.

LVI.

Les lignes de faîte de ces quatre bassins généraux du globe sont formées, sur les deux continens, par de très-grandes chaînes de montagnes.

La ligne de faîte du bassin de l'océan Glacial, commune aux trois autres grands bassins, porte, en Europe, les noms de monts de *Laponie*, de monts *Olonetz*, de monts *Chémokonski*; de monts *Oural* entre l'Europe et l'Asie; de monts *Gouberlinski*, de *grands Altaï* et de monts *Stavonnoï* en Asie. Elle franchit le détroit de Behring et prend, en Amérique, le nom de monts *Rocheux*; puis elle se dirige à l'est entre la Nouvelle-Bretagne et les États-Unis, et va se terminer sur la côte du Labrador.

Cette première ligne de faîte court en général de l'ouest à l'est sur la partie septentrionale des deux continens. Deux autres grandes lignes de faîte se détachent de ses deux extrémités occidentale et orientale, et courent du nord au sud, la première sur l'ancien, la seconde sur le nouveau continent. Ces deux lignes de faîte séparent les bassins du grand Océan et de l'Atlantique.

Celle des lignes qui court sur l'ancien continent se sépare de celle de l'océan Glacial entre les monts Olonetz et Chémokonski, en Russie, où elle est appelée plus loin monts *Valdaï*; reçoit, entre la mer Noire et la mer Caspienne, le nom de *Caucase*; prend en Syrie celui de mont *Liban*; puis franchit l'isthme de Suez pour entrer en Afrique, où elle est appelée monts de la *Lune* au sud de l'Abyssinie, et monts *Sneeuweld* près du cap de Bonne-Espérance, sur lequel elle se termine.

La seconde ligne de faîte, qui traverse du nord au sud toute la longueur des deux Amériques, est appelée dans l'Amérique septentrionale monts *Rocheux*, sierra *Verde*, sierra de *Mimbres*, monts de *Guatemala*; franchit l'isthme de Panama, et reçoit, en entrant dans l'Amérique du Sud, le nom général de grande *Cordillère des Andes*, qu'elle ne quitte plus jusqu'au cap Horn, où elle va se terminer.

Dans l'espace circonscrit par les trois grandes lignes de faîte qu'on vient de suivre, est compris, vers le centre de l'ancien continent, le bassin central dont celui de la mer Caspienne fait partie. La limite particulière du bassin central est formée par le mont *Caucase* à l'ouest, qui lui est commun avec le bassin de l'Atlantique; par les monts *Chémokonski*, *Oural*, *Gouberlinski* et grands *Altaï* au nord, qui lui sont communs avec le bassin de l'océan Glacial; par le mont *King-chan*, qui forme la crête orientale du grand plateau d'Asie, à l'est; et par les monts *Kan-ti-sse* (qui forment la crête méridionale du grand plateau), les monts du *Mekran* et le mont *Elvend* au sud, qui lui sont communs avec le bassin du grand Océan.

LVII.

Les mers communes à plusieurs parties du monde, sur l'ancien continent sont :

La *Méditerranée*, commune à l'Europe, à l'Asie et à l'Afrique, et qui communique avec l'Atlantique, dont elle dépend, par le détroit de Gibraltar;

L'*Archipel*, ou mer *Égée*, formée par la Méditerranée, entre l'Europe et l'Asie;

La *mer de Marmara*, qui communique à l'Archipel par le détroit des Dardanelles, entre l'Europe et l'Asie;

La *mer Noire*, qui communique à la mer de Marmara par le détroit de Constantinople, entre l'Europe et l'Asie;

La *mer Caspienne*, située dans la partie occidentale du grand bassin central, et qui baigne l'Europe et l'Asie : elle est sans aucune communication avec les autres mers;

La *mer Rouge*, qui communique à la mer des Indes par le détroit de Bab-el-Mandeb, entre l'Asie et l'Afrique;

La *mer des Indes*, partie occidentale du grand Océan, renfermée entre la côte orientale d'Afrique et la côte méridionale d'Asie;

La *mer de Chine*, formée par le grand Océan équinoxial, entre la côte orientale d'Asie et les îles occidentales de l'Océanie.

LVIII.

Les détroits communs à plusieurs parties du monde, sur l'ancien continent sont:

Le détroit de *Gibraltar*, qui conduit de l'Atlantique à la Méditerranée, entre la pointe S.-O. de l'Europe et la pointe N.-O. de l'Afrique; sa largeur est de 4 lieues;

Le détroit des *Dardanelles*, ou *Hellespont*, qui communique de l'Archipel à la mer de Marmara, entre l'Europe et l'Asie;

Le détroit de *Constantinople*, ou *Bosphore*, qui communique de la mer de Marmara à la mer Noire, entre l'Europe et l'Asie;

Le détroit de *Bab-el-Mandeb*, qui conduit de la mer des Indes à la mer Rouge, entre l'Afrique et l'Asie;

Le détroit de *Malacca*, qui conduit du golfe du Bengale à la mer de la Chine, entre la presqu'île de Malaya, en Asie, et l'île de Sumatra, la plus occidentale de l'Océanie.

LIX.

Le *golfe de Kara*, formé par l'océan Glacial arctique, est commun à l'Europe et à l'Asie.

L'*isthme de Suez*, entre la Méditerranée et la mer Rouge, est commun à l'Asie et à l'Afrique, qu'il réunit.

Les monts *Oural*, entre la Russie d'Europe et la Sibérie, et les monts *Caucase*, entre la Russie d'Europe et la Géorgie, sont deux chaînes communes à l'Europe et à l'Asie.

La *Kara*, rivière peu importante qui sort de l'Oural, coule au nord et se jette dans le golfe de Kara; et l'*Oural*, grand fleuve qui sort aussi des monts Oural, coule au sud et se jette dans la mer Caspienne, sont communs à l'Europe et à l'Asie, qu'ils séparent.

LX.

Sur le nouveau continent, la *mer des Antilles*, appelée aussi *des Caraïbes*, formée par l'océan Atlantique, est la seule qui soit commune à l'Amérique du Nord et à l'Amérique du Sud.

Le *golfe de Panama*, formé par le grand Océan équinoxial, est commun aussi aux deux parties de l'Amérique.

Ces deux parties sont liées entre elles par l'*isthme de Panama*, qui s'étend entre le golfe du même nom et la mer des Antilles.

Les *îles Antilles*, qui forment une chaîne demi-circulaire en avant de la mer à laquelle elles donnent leur nom, sont aussi communes aux deux parties de l'Amérique.

EUROPE.

Limites naturelles.—*Au nord*, océan Glacial arctique; *à l'ouest*, océan Atlantique septentrional; *au sud*, détroit de Gibraltar, Méditerranée, Archipel, Dardanelles, mer de Marmara, détroit de Constantinople, mer Noire, monts Caucase, mer Caspienne; *à l'est*, fleuve Oural, monts Oural, Kara.

GRANDES DIVISIONS POLITIQUES.

Au nord.	*Au centre.*	*Au sud.*	*A l'est.*
Iles Britanniques.	France.	Portugal.	Russie.
Suède et Norvége.	Pays-Bas.	Espagne.	
	Suisse.	Italie.	
	Allemagne.	Turquie.	
	Danemark.		
	Prusse.		
	Autriche.		
	Pologne.		

Accidens naturels communs ou faisant limite entre plusieurs de ces grandes divisions.

Mers : Baltique, d'Allemagne, Manche, Adriatique.
Golfes : de Bothnie, de Gascogne, de Gênes.
Détroits : Skager-Rak, Cattegat, Sund, Pas-de-Calais, canal d'Otrante.
Grande ligne du partage des eaux ; — *Montagnes :* Monts de Laponie, Karpathes, Alpes, Jura, Pyrénées, Alpes scandinaves ou Dofrines, Hémus, Apennins.
Lacs : de Constance, de Genève.
Fleuves et rivières : (bassin de la mer Baltique) Tornéa, Niemen, Vistule, Oder.—(Bassin de la mer d'Allemagne) Elbe, Wéser, Rhin (*affluent :* Moselle), Meuse, Escaut. — (Bassin de l'Atlantique) Bidassoa, Minho, Duero, Tage, Guadiana. — (Bassin de la Méditerranée) Rhône, Var, Danube (*affluent :* Inn, Save, Prouth), Dniester.
Iles dépendantes de l'Europe dans l'océan Glacial : Spitzberg, Islande, Feroé.

§ II. — Description de l'Europe.

LXI.

L'Europe est comprise entre 35°—71° latitude N., et entre 12°, longitude O., et 68° longitude E. A l'est et au sud-est elle touche à l'Asie, dont elle est séparée par la Kara, les monts Oural, le fleuve Oural, la mer Caspienne et les monts Caucase. De tout autre côté elle est baignée par la mer.

Elle a au nord l'océan Glacial, qui y forme la mer Blanche; à l'ouest, l'océan Atlantique, qui y forme la mer Baltique, la mer du Nord ou d'Allemagne, et la Manche; au sud, la Méditerranée, qui y forme la mer Adriatique, l'Archipel, la mer de Marmara, la mer Noire et la mer d'Azof.

L'Europe renferme environ 215 millions d'habitans.

LXII.

L'Europe est partagée en *quinze* grandes divisions politiques.

Deux au nord: les îles Britanniques et le royaume de Suède et Norvége.

Huit au centre: le royaume de France, le royaume des Pays-Bas, la république Suisse, l'Allemagne ou confédération Germanique, le royaume de Danemark, le royaume de Prusse, l'empire d'Autriche et la Pologne.

Quatre au sud: le royaume de Portugal, le royaume d'Espagne, l'Italie et la Turquie d'Europe.

Une à l'est: la Russie d'Europe.

LXIII.

Les mers communes à plusieurs des quinze grandes divisions politiques de l'Europe sont:

La *mer Baltique*, formée par l'océan Atlantique, entre la Suède, la Russie, la Prusse, l'Allemagne et le Danemark;

La *mer d'Allemagne* ou *mer du Nord*, formée par l'océan Atlantique, entre la Norvége, le Danemark, l'Allemagne, les Pays-Bas, la France et l'Angleterre;

La *Manche*, formée par l'Atlantique, entre l'Angleterre et la France, et qui communique à la mer d'Allemagne par le Pas-de-Calais;

La *mer Adriatique*, formée par la Méditerranée, avec laquelle

elle communique par le canal d'Otrante, entre l'Italie, la Dalmatie et la Turquie.

LXIV.

Les golfes communs à plusieurs des grandes divisions politiques de l'Europe sont :

Le *golfe de Bothnie*, formé par la mer Baltique, entre la Suède et la Finlande ;

Le *golfe de Gascogne*, formé par l'Atlantique, entre la France et l'Espagne ;

Le *golfe de Gênes*, formé par la Méditerranée, entre la France et l'Italie.

LXV.

Les principaux détroits communs à plusieurs des grandes divisions politiques de l'Europe sont :

Le *Skager-Rak*, qui communique de la mer d'Allemagne au Cattegat, entre le Danemark et la Norvége ;

Le *Cattegat*, qui communique du Skager-Rak au Sund, est un bras de mer entre le Danemark et la Suède ;

Le *Sund*, qui conduit du Cattegat à la mer Baltique, entre l'île Sceland, la plus orientale des îles danoises, et la Suède : sa largeur est de 5 lieues ;

Le *Pas-de-Calais*, qui communique de la mer d'Allemagne à la Manche, entre la France et l'Angleterre : sa largeur est de 7 lieues ;

Le *canal d'Otrante*, qui conduit de la Méditerranée à la mer Adriatique, entre l'Italie et la Turquie. Il a 14 lieues de largeur.

LXVI.

La majeure partie de l'Europe est située sur le bassin de l'océan Atlantique ; sa partie orientale seulement appartient au bassin central et à celui de l'océan Glacial.

La ligne de faîte entre le bassin de l'Atlantique d'un côté, et ceux de l'océan Glacial et Central de l'autre, commence au cap Nord, pointe septentrionale de la Norvége, se dirige au sud, à travers la Russie, sous les noms de monts de Laponie, Olonetz, Valdaï ; passe entre le Volga et le Don, et vient se lier au Caucase, entre la mer Noire et la mer Caspienne (LVI).

L'Europe entière est partagée en deux versans généraux, l'un au nord et à l'ouest, qui conduit ses eaux dans l'océan Glacial, la mer Baltique, la mer d'Allemagne, la Manche et l'Atlantique ;

l'autre à l'est et au sud, dont les eaux s'écoulent dans la Méditerranée ou les petites mers qui en dépendent. La partie européenne du grand bassin central, où coule le Volga, affluent de la mer Caspienne, est également inclinée au sud.

La ligne de faîte entre ces deux pentes générales se dirige du nord-est au sud-ouest. Elle se détache aux monts *Valdaï*, en Russie, de la grande ligne de faîte du bassin de l'Atlantique; reçoit en Autriche les noms de monts de *Gallicie* et de monts *Karpathes* ou *Krapaks*; et en Allemagne, celui d'*Alpes de Souabe*; prend celui d'*Alpes* sur les confins de la Suisse et de l'Italie; de *Jura* en entrant en France; de *Cévennes* dans l'étendue de ce dernier pays; de *Pyrénées* entre la France et l'Espagne, et vient enfin se terminer sur le détroit de Gibraltar.

La partie la plus élevée de cette longue ligne de faîte est celle qui reçoit le nom d'*Alpes*.

Différentes ramifications se détachent de cette grande ligne de faîte, qu'on peut appeler *européenne*, et, parcourant les deux pentes que sépare cette ligne, elles y servent de lignes de faîte entre les petites mers que l'océan Glacial, l'Atlantique ou la Méditerranée forment sur les côtes d'Europe.

Les principales de ces ramifications sont, au nord, les *Dofrines* ou *Alpes scandinaves*; au sud, le mont *Hémus* et les *Apennins*.

Les *Dofrines* s'élèvent entre la Suède et la Norvège, et séparent le bassin de l'Atlantique proprement dit, de celui de la mer Baltique.

Le mont *Hémus* ou *Balkan* se lie aux Alpes, traverse la Turquie, et sépare le bassin de la mer Noire de ceux de la mer de Marmara, de l'Archipel, de la Méditerranée et de la mer Adriatique.

Les *Apennins* se détachent aussi des Alpes, traversent l'Italie dans sa longueur, et séparent le bassin de la Méditerranée proprement dite, de celui de la mer Adriatique.

LXVII.

Les seuls lacs d'Europe dignes de remarque, communs à plusieurs de ses grandes divisions, sont ceux de *Constance*, entre la Suisse et l'Allemagne; et de *Genève*, ou lac *Léman*, entre la Suisse et la Savoie.

LXVIII.

Les principaux fleuves ou rivières d'Europe communs à plusieurs grandes divisions politiques sont :

Sur le bassin de la mer Baltique: la *Tornéa*, rivière de Laponie, qui sert de limite entre la Suède et la Russie, et se jette dans le fond du golfe de Bothnie; le *Niémen*, commun à la Russie et à la Prusse, et qui se jette dans la même mer; la *Vistule*, commune à la Pologne et à la Prusse, et qui se jette aussi dans la mer Baltique, ainsi que la suivante; l'*Oder*, qui naît dans la Silésie autrichienne, et traverse la Prusse dans toute sa largeur;

Sur le bassin de la mer d'Allemagne: l'*Elbe* et le *Wéser*, qui appartiennent à la confédération Germanique, dont ils baignent plusieurs états; le *Rhin*, qui sort des Alpes, coule en Suisse, sépare l'Allemagne de ce dernier pays et de la France, puis traverse les provinces prussiennes d'Allemagne et la Hollande. La *Moselle*, commune à la France et à la Belgique, est un des principaux affluens du Rhin. La *Meuse* et l'*Escaut*, communes à la France et à la Belgique appartiennent aussi au bassin de la mer d'Allemagne.

Sur le bassin de l'Atlantique: la *Bidassoa*, petite rivière qui se perd dans le golfe de Gascogne, après avoir servi de limite entre la France et l'Espagne; le *Minho*, le *Duero*, le *Tage* et la *Guadiana*, communes à l'Espagne et au Portugal;

Sur le bassin de la Méditerranée: le *Rhône*, commun à la Suisse et à la France, où il reçoit la Saône, l'Isère et la Durance; le *Var*, rivière peu étendue, qui sort des Alpes, et sert de limite entre la France et l'Italie; le *Danube*, le plus grand fleuve d'Europe après le Volga. Il a sa source en Allemagne, traverse tout l'empire d'Autriche, où il reçoit l'*Inn* et la *Save*; arrose ensuite la Turquie, et se jette dans la mer Noire par plusieurs embouchures, après avoir reçu le *Pruth*, qui sert de limite entre la Turquie et la Russie. Le *Dniester*, autre affluent de la mer Noire, est commun à l'empire d'Autriche et à la Russie.

Le *Volga*, qui est le plus grand fleuve d'Europe, appartient au grand bassin central, et est particulier à la Russie.

LXIX.

Trois îles ou groupes, situées dans l'océan Glacial arctique, et quoique fort éloignées des côtes d'Europe, sont regardées comme dépendantes de ce continent:

Le *Spitzberg*, grand amas d'îles inhabitées, au nord de la Norvége, entre 75° et 80° lat. N. — 10° et 20° long. E.

L'*Islande*, île étendue au nord-ouest de l'Europe, entre le 63^e

degré lat. N. et le cercle polaire ; — les 19° et 28° long. O. L'Islande appartient au Danemark. On y trouve le volcan fameux d'*Hécla*.

Les îles *Feroé*, archipel peu étendu, situé au sud-est de l'Islande, et au nord des îles Britanniques, par 8° long. O.—62° lat. N.

LXX.

Les ILES BRITANNIQUES, qui forment le *royaume d'Angleterre*, sont situées dans l'océan Atlantique, entre 50°— 61° lat. N. et 0°—13° de long. O.; elles sont séparées de la Norvége et du Danemark par la mer d'Allemagne et du Nord; le Pas-de-Calais et la Manche les séparent de la France.

Les îles Britanniques sont au nombre de deux grandes et plusieurs petites. La plus étendue des deux premières comprend l'*Angleterre*, qui donne son nom au royaume, et l'*Ecosse*. L'autre grande île, qui est à l'ouest, est l'*Irlande*.

Parmi les petites îles les plus notables sont celles de *Wight*, dans la Manche, sur la côte méridionale de l'Angleterre; les *Orcades*, à la pointe septentrionale de l'Ecosse; les *Hébrides*, sur la côte occidentale du même pays; les îles de *Man* et d'*Anglesey*, dans la *mer d'Irlande*, qui est entre l'Irlande et l'Angleterre.

La plus grande île, où sont l'Angleterre et l'Ecosse, a environ 200 lieues de long et 60 lieues de largeur moyenne. L'Irlande a 100 lieues de long sur 50 de large.

L'Angleterre est grande à peu près comme le quart de la France; l'Écosse n'a guère que la moitié de l'Angleterre, et l'Irlande est un peu plus petite que l'Écosse. La population des deux îles est de 21,000,000 d'âmes au plus, dont les trois quarts pour l'Angleterre.

L'*Angleterre* se divise en quarante comtés ou *shires*, non compris le *pays de Galles*, situé à l'ouest, et qui forme douze comtés : en tout cinquante-deux. La capitale est LONDRES, grande et belle ville sur la Tamise; elle renferme 1,000,000 d'habitans. Les villes principales de l'Angleterre après Londres sont *York*, ville très-ancienne, dans le nord; *Liverpool* et *Bristol*, deux ports de mer sur la côte de l'ouest; *Plymouth* et *Portsmouth*, deux autres ports de la côte du sud, sur la Manche, où l'on construit la plus grande partie des vaisseaux de guerre de l'Angleterre; *Manchester*, ville de l'intérieur, importante pour ses manufactures (N.-O.) (1); *Ox-*

(1) Les indications que nous plaçons ainsi entre deux parenthèses (N., S.,

ford (O.), et *Cambridge* (N.), deux autres villes de l'intérieur, où sont les deux plus célèbres universités du royaume. La petite ville de *Douvres*, sur le Pas-de-Calais, est le lieu le plus ordinaire de débarquement de France en Angleterre.

L'Angleterre est arrosée par de nombreuses rivières et coupée d'une infinité de canaux. Elle a quatre rivières principales : la *Tamise*, qui passe à Londres; l'*Ouse* et l'*Humber*, qui coulent à l'est et se jettent dans la mer du Nord; la *Severn*, qui coule au sud et se jette dans l'Atlantique par un large æstuaire qu'on appelle le *canal de Bristol*. On ne trouve de montagnes remarquables qu'à l'ouest, dans le pays de Galles.

L'*Écosse* est divisée en trente-deux comtés. Les villes principales sont *Édimbourg*, capitale, sur le golfe de Forth : elle a 100,000 habitans; *Perth*, sur le Tay (N.); *Aberdeen*, port de mer à l'embouchure de la Dée (N.-E.); *Glascow*, sur la Clyde (O.); Glascow est la première ville d'Écosse, par sa population de 150,000 âmes.

L'Écosse est un pays très-montagneux; ses côtes sont découpées en une infinité de golfes. Ses principales rivières sont la *Twed*, qui la sépare de l'Angleterre; le *Forth*, le *Tay* et la *Dée*. Toutes ces rivières coulent à l'est, et se jettent dans la mer du Nord.

L'*Irlande* est divisée en quatre provinces, le *Leinster* à l'est, l'*Ulster* au nord, le *Connaught* à l'ouest, et le *Munster* au sud. Ces quatre provinces sont subdivisées en trente-deux comtés. La capitale est *Dublin*, ville de 70,000 âmes, sur la côte orientale.

L'Irlande est un pays plat, parsemé d'un grand nombre de lacs. Le plus remarquable est celui de *Neagh* dans la province d'Ulster. Sa rivière principale est le *Shannon*, qui coule à l'ouest, et se jette dans l'Atlantique par une large embouchure.

Le climat des îles Britanniques est généralement froid; il est humide et brumeux dans les parties basses; d'immenses pâturages y nourrissent une quantité prodigieuse de bestiaux. Le blé y vient en abondance. La bière est la boisson universelle. Son sol abonde en mines de houille, et l'étain de Cornwall était célèbre dès l'antiquité.

Le gouvernement anglais est une monarchie héréditaire et constitutionnelle. La religion dominante est la protestante, sous le nom d'*Église anglicane* (XLIV).

E., etc., Nord, Sud, Est, etc.) indiquent la direction de la ville citée par rapport à la capitale du royaume.

LXXI.

Le ROYAUME DE SUÈDE, entre 55°—72° lat. N., et 3°—26° long. E., est compris dans une grande péninsule, appelée quelquefois *presqu'île Scandinave*, formée par l'océan Glacial au nord, l'océan Atlantique et la mer d'Allemagne à l'ouest, la mer Baltique au sud et à l'est. L'extrémité de la mer Baltique, au nord, reçoit le nom de *golfe de Bothnie*. En outre, trois détroits, appelés le *Skager-Rak*, le *Cattegat* et le *Sund*, séparent la presqu'île Scandinave du Danemark. Au nord, cette presqu'île tient à la Finlande, dont elle est séparée par la Tornéa.

La longueur de la péninsule est de 400 lieues, et sa moyenne largeur de 100. C'est le plus grand pays de l'Europe après la Russie. C'est aussi l'un des moins peuplés; on n'y compte que 3,700,000 âmes.

La péninsule est traversée, dans toute sa longueur, par une chaîne de montagnes fort élevée qui forme la ligne de faîte entre la mer Baltique à l'est, l'Atlantique et la mer du Nord à l'ouest. Cette chaîne a différens noms; le plus général est celui de *Dofrines*.

Le royaume de Suède comprend deux grands pays, séparés par les Dofrines: la *Norvége*, à l'ouest, entre ces montagnes, la mer d'Allemagne, l'Atlantique et l'océan Glacial; la *Suède*, à l'est, entre la Norvége et la mer Baltique.

La *Suède* est divisée en trois grandes provinces, le *Norrland* au nord, la *Suède propre* au milieu et le *Gothland* au sud. Ces trois provinces sont subdivisées en vingt-six préfectures. Les villes principales sont: STOCKHOLM, capitale du royaume, ville de 75,000 habitans, bâtie dans plusieurs îles près de la mer Baltique; *Upsal*, au nord de Stockholm, siége d'une université fameuse; *Gotheborg*, port de mer sur le Cattegat.

La Suède renferme un nombre immense de lacs. Les deux plus remarquables sont ceux de *Vener* et *Vetter* dans le Gothland, et celui de *Métar*, à l'issue duquel est bâtie Stockholm, dans la Suède propre.

Parmi ses rivières on peut citer la *Luléa*, la *Pitéa*, l'*Uméa*, la *Dal*. Elles coulent toutes à l'est vers le golfe de Bothnie.

La *Norvége* est un pays montagneux, humide, froid et très-peu peuplé. Sa capitale est *Christiana*, au fond d'un golfe du même nom. On y cite encore *Bergen* et *Drontheim*, toutes deux sur l'Atlantique.

La rigueur du climat permet à peine aux Suédois de recueillir la quantité de grains nécessaire à leur consommation; en Norvége c'est pis encore : on n'y cultive guère que de l'orge et de l'avoine. Les principales ressources du pays sont dans ses bois et ses mines.

La religion dominante en Suède est le *luthéranisme* (XLIV). Le gouvernement est une monarchie constitutionnelle.

LXXII.

La FRANCE, comprise entre 42°—51° lat. N., et 7° O.—6° E. du méridien de Paris, est bornée au nord-est par les Pays-Bas; à l'est, par l'Allemagne, la Suisse et l'Italie, dont la séparent le Rhin, le Jura et les Alpes; au sud, par la Méditerranée et les monts Pyrénées, qui la séparent de l'Espagne. L'océan Atlantique la baigne à l'ouest, et la Manche au nord. Sa longueur, du nord au sud, est de 220 lieues, sa largeur moyenne de 150. On y compte près de 31,000,000 d'habitans.

La France est divisée en quatre-vingt-six départemens, qui prennent tous le nom de quelque localité remarquable, telle qu'une montagne, une rivière, etc. L'*île de Corse*, dans la Méditerranée, forme un de ces départemens; *Ajaccio* en est le chef-lieu.

PARIS, capitale de la France, renferme près de 900,000 habitans. Elle est sur la Seine, à 50 lieues de son embouchure. Après Paris, les villes les plus remarquables sont : *Lille*, ville manufacturière de 65,000 habitans, chef-lieu du département du Nord (N.); *Rouen*, ville commerçante de 90,000 âmes, chef-lieu du département de la Seine-Inférieure, sur la Seine, à 32 lieues au-dessous de Paris (N.-O.); *Cherbourg*, port de mer sur la Manche (N. O.); *Brest* et *Lorient*, deux autres ports sur l'Atlantique (O.); *Nantes*, ville de 68,000 âmes, sur la Loire (S.-O.); *Rochefort*, port de mer sur l'Atlantique, chef-lieu du département de la Charente-Inférieure (S.-O.); *Bordeaux*, ville de 95,000 habitans, avec un port magnifique formé par la Garonne (S.-O); *Marseille* et *Toulon*, ports de mer sur la Méditerranée (S.); *Lyon*, ville de 131,000 âmes, au confluent de la Saône et du Rhône, célèbre par ses manufactures de soieries (S.-E.); *Strasbourg*, ville de guerre près du Rhin (E.).

Le mont *Jura*, la *Côte-d'Or*, les monts *Cévennes* et les *Pyrénées* forment une ligne de faîte, d'une hauteur inégale, qui traverse la France dans l'est et dans le sud, et sépare le bassin de la Méditerranée de ceux de la mer du Nord, de la Manche et de l'Atlantique. Les autres montagnes remarquables sont les *Vosges*, qui se prolongent sur le bassin de la mer du Nord; le *Cantal*, le *Puy-de-Dôme* et le *Mont-d'Or*, qui sont sur celui de l'Atlantique propre.

Les rivières principales, dont les sources sont dans l'étendue de cette ligne de faîte, sont au nombre de six, savoir : la *Moselle* et la *Meuse*, qui coulent sur le bassin de la mer du Nord, et se réunissent au Rhin dans le royaume des Pays-Bas; la *Seine*, qui coule au N.-O. et se jette dans la Manche; la *Loire* et la *Gironde*, qui coulent vers l'ouest et ont leurs embouchures dans l'Atlantique; le *Rhône*, qui coule au sud et se jette dans la Méditerranée après avoir reçu la *Saône*. Le Rhin n'appartient à la France que comme limite.

Nous avons ajouté, à la suite de la Géographie générale, une Géographie particulière de la France. Il faut y recourir pour plus de détails.

LXXIII.

Le ROYAUME DES PAYS-BAS, entre 49°—54° lat. N. et 0°—5° long. E., est borné au sud par la France, à l'est par le grand duché du Bas-Rhin, qui appartient au roi de Prusse, et par le Hanovre, qui appartient au roi d'Angleterre; au nord et à l'ouest, il est baigné par la mer du Nord. Cette mer forme dans la partie septentrionale du royaume, c'est-à-dire en Hollande, un grand golfe qu'on nomme le *Zuyder-Zée*.

La longueur du royaume des Pays-Bas, du nord au sud, est de 100 lieues, sa largeur moyenne de 40. Il y a environ 6,000,000 d'habitans.

Le royaume se compose de trois pays distincts : la *Hollande* au nord, la *Belgique* au sud, et le *grand-duché de Luxembourg* au sud-est.

AMSTERDAM est la capitale de la Hollande, et BRUXELLES de la Belgique. Ces deux villes sont alternativement, pendant six mois, le séjour du roi des Pays-Bas. Amsterdam a 220,000 habitans; Bruxelles, 80,000. *Luxembourg*, capitale du grand-duché, n'en compte que 8 à 9,000.

Les principales villes de la Hollande, après Amsterdam, sont *La Haye* (S.-O. d'Amsterdam), *Leyde* (S.-O.), *Rotterdam* (S.-O.), *Utrecht* (S.-E.), et *Groningue* (N.-E.). Les principales villes de la Belgique sont : *Anvers*, sur l'Escaut (N. de Bruxelles); *Gand* (N.-

O.), *Mons* (S.-O.), *Namur*, au confluent de la Meuse et de la Sambre, (S.-E.); *Liége* et *Maestrecht*, toutes deux sur la Meuse (E.).

Le royaume des Pays-Bas est situé tout entier sur le bassin de la mer du Nord. Aucun point de la ligne de faîte ne le traverse; elle y jette seulement quelques rameaux.

Le royaume des Pays-Bas est un pays plat et humide. Quelques parties sont plus basses que la mer; mais l'industrie des habitans les préserve des inondations, au moyen des *digues* qui bordent les côtes.

Les principales rivières qui arrosent le royaume sont: le *Rhin*, qui y a ses embouchures; la *Meuse*, qui se joint au Rhin avant de se jeter à la mer; la *Sambre*, qui se jette dans la Meuse à Namur; l'*Escaut*, qui se jette dans la mer par deux larges embouchures.

Le commerce est la source principale de la richesse du royaume des Pays-Bas, surtout de la Hollande.

Son gouvernement est une *monarchie constitutionnelle*. La plupart des Hollandais sont *calvinistes*; le plus grand nombre des Belges, au contraire, est *catholique*.

LXXIV.

La Suisse est bornée au nord par l'Allemagne, dont le Rhin la sépare; à l'est, par l'empire d'Autriche; au sud, par les Alpes, qui la séparent de l'Italie; à l'ouest, par la France. Elle s'étend entre $45°-48°$ lat. N., et $3°-8°$ long. E. Elle a 65 lieues de l'est à l'ouest, et 50 lieues du nord au sud. Sa population est de 1,700,000 âmes.

La Suisse est une *république fédérale* (XLVI) composée de *vingt-deux états* ou *cantons*, qui ont leurs autorités et leur administration séparées.

Les principales villes de la confédération sont: *Berne*, sur l'Aar: on y compte 18,000 habitans; *Zurich*, sur le lac du même nom (N.-E.); *Bâle*, sur le Rhin (N.); *Lucerne*, sur le lac du même nom (E.); *Fribourg* (S.-O.); *Neufchâtel*, sur le lac du même nom (O.); *Genève*, sur le Rhône, à son issue du lac Léman (S.-O.); *Lausanne*, sur le bord septentrional du même lac (S.-O). Genève est célèbre par son commerce d'horlogerie: on y compte 23,000 habitans.

La Suisse est le pays le plus élevé d'Europe; les Alpes, qui en couvrent la partie méridionale, y conservent des glaces éternelles. Les Alpes font partie de la grande ligne de faîte continentale d'Europe (LXVI), et partagent la Suisse entre les bassins de la mer du Nord, de la Méditerranée, de la mer Adriatique et de la mer Noire. Sur le premier de ces bassins coulent le *Rhin* et l'*Aar*, son affluent; sur le second, le *Rhône*; sur le troisième, divers affluens du *Pô*; sur le quatrième, l'*Inn*, affluent du Danube.

Les cimes les plus remarquables des Alpes de Suisse sont : le *Simplon*, où les Français ont percé une route magnifique en 1801; le *Mont-Rosa*, le *grand Saint-Bernard*, célèbre par le passage de l'armée française en 1800 : un hospice y est entretenu pour secourir les voyageurs.

La nature montagneuse de la Suisse y forme un grand nombre de lacs. Les plus remarquables sont ceux de *Genève* ou *Léman*, sur la frontière de la Savoie; de *Constance*, sur la frontière de l'Allemagne; de *Neufchâtel*, de *Lucerne*, de *Zug* et de *Zurich*, dans l'intérieur.

Il n'y a guère que les cantons voisins de la France qui se livrent à l'industrie manufacturière. Au centre et à l'est, la nourriture des bestiaux est la principale occupation des habitans.

On professe en Suisse la religion *réformée-calviniste*, et la religion *catholique*. L'allemand est la langue nationale.

LXXV.

L'ALLEMAGNE ou CONFÉDÉRATION GERMANIQUE est la réunion de plusieurs états qui ont chacun leur souverain et qui sont tout-à-fait indépendans les uns des autres, mais qu'un acte de fédération lie ensemble pour leur sûreté commune.

Les états qui composent la *Confédération germanique* sont au nombre de *trente-cinq*. Leur étendue et leur importance varient fort. Sur ces trente-cinq états, il y a quatre *royaumes*, six *grands-duchés*, cinq *duchés*, un *électorat*, un *landgraviat*, quatre *villes libres* et quatorze *principautés*.

Outre ces trente-cinq états, la Confédération comprend encore seize provinces qui font partie des royaumes de Danemark, de Prusse, des Pays-Bas et de l'empire d'Autriche. Ainsi, le nombre total des états ou provinces de la Confédération est de cinquante-un.

LXXVI.

Les *quatre royaumes* de la Confédération sont ceux: 1° de SAXE, capitale *Dresde*, 1,250,000 habitans; 2° de HANOVRE, capitale *Hanovre*, 1,300,000 habitans; 3° de BAVIÈRE, capitale *Munich*, 3,560,000 habitans; 4° de WURTEMBERG, capitale *Stuttgard*,

1,400,000 habitans. Le royaume de Hanovre appartient au roi d'Angleterre, qui le fait administrer par un vice-roi.

Les *six grands-duchés* sont ceux : 1° de BADE, capitale *Carlsruhe*, 1,040,000 habitans ; 2° de HESSE-DARMSTADT, capitale *Darmstadt*, 620,000 habitans ; 3° de SAXE-WEIMAR, capitale *Weimar*, 200,000 habitans ; 4° de HOLSTEIN-OLDENBOURG, capitale *Oldenbourg*, 220,000 habitans ; 5° de MECKLEMBOURG-SCHWERIN, capitale *Schwerin*, 360,000 habitans ; 6° de MECKLEMBOURG-STRELITZ, capitale *Strelitz*, 48,000 habitans.

Les *cinq duchés* sont ceux : de *Brunswich*, de *Nassau-Usingen*, de *Saxe-Meinungen*, de *Saxe-Altenbourg*, de *Saxe-Cobourg et Gotha*.

L'*électorat* est celui de *Hesse-Cassel*, capitale *Cassel*, 540,000 habitans.

Le *landgraviat* est celui de *Hesse-Hombourg*.

Les *quatre villes libres* sont celles : de *Francfort* sur le Mein ; 48,000 habitans ; *Brême*, sur le Wéser ; 50,000 habitans ; *Hambourg*, sur l'Elbe ; 130,000 habitans ; *Lubeck*, dans le Holstein ; 40,000 habitans.

Les *quatorze principautés* sont celles de *Nassau-Weilburg*, *Anhalt Dessau*, *Anhalt-Bernbourg*, *Anhalt-Coethen*, *Schwartzbourg-Sondershausen*, *Schwartzbourg-Rudolstadt*, *Lichtenstein*, *Waldeck*, *Reuss* branche aînée, *Reuss* branche cadette, *Lippe-Schaumbourg*, *Lippe-Detmold*, *Hohenzollern-Sigmaringen* et *Hohenzollern-Hechingen*.

Le roi de Danemark a, dans la Confédération germanique, 1° le *duché de Lauembourg* ; 2° le *Holstein* (LXXVIII).

Le roi de Prusse a, dans la Confédération : 1° la province de *Saxe* ; 2° le grand-duché du *Bas-Rhin* ; 3° la *Poméranie* ; 4° la *Silésie* ; 5° le *Brandebourg* (LXXIX).

Le roi des Pays-Bas a, dans la Confédération, le grand-duché de *Luxembourg* (LXXIII).

L'empereur d'Autriche a, dans la Confédération : 1° la *Bohême* ; 2° la *Silésie autrichienne* ; 3° l'*archiduché d'Autriche* ; 4° la *Moravie* ; 5° le *Salzbourg* ; 6° la *Styrie* ; 7° le *Tyrol* ; 8° le *royaume d'Illyrie* (LXXXI).

LXXVII.

La *Confédération germanique*, comprise entre 45° — 55° lat. N., et 2°—17° long. E., embrasse une étendue de pays de 230 lieues du nord au sud, et de 200 de l'ouest à l'est. Elle renferme 30,000,000 d'habitans.

Le *Bohœmer-Wald* et les *Alpes de Souabe* y forment, de l'est à l'ouest, la ligne de faîte qui sépare le bassin de la mer du Nord et de la mer Baltique, de celui de la mer Noire ou de la Méditerranée. Les principales rivières qui sortent de cette ligne de faîte pour arroser ces trois bassins sont : l'*Oder*, qui se jette dans la mer Baltique; l'*Elbe*, le *Wéser*, l'*Ems* et le *Rhin*, qui ont leurs embouchures dans la mer du Nord; le *Danube*, qui va se perdre dans la mer Noire. Celui-ci coule à l'est; les autres coulent au nord.

LXXVIII.

Le ROYAUME DE DANEMARK, entre 53°—58° lat. N., et 5°—10° long. E., est le moins important de ceux d'Europe. Il comprend une péninsule connue autrefois sous le nom de *Chersonèse cimbrique*, et plusieurs îles situées à l'entrée de la mer Baltique, entre cette péninsule et l'extrémité méridionale de la Suède.

La longueur de la péninsule est de 115 lieues du nord au sud, sur 20 environ de largeur moyenne. Elle comprend trois divisions principales : 1° le *Jutland* au nord, chef-lieu *Viborg*; 2° le *Sleswick* au centre, avec un chef-lieu du même nom; 3° le *grand-duché de Holstein*, chef-lieu *Kiel*, auquel est réuni le *duché de Lauenbourg*, au sud. Le Lauenbourg et le Holstein font partie de la Confédération germanique (LXXVI).

La ligne de faîte entre la mer d'Allemagne et la Baltique est une ramification des Krapaks. Elle traverse le Danemark dans sa longueur, sous la forme d'une élévation de terre peu sensible. A cause du peu de largeur du pays, on n'y trouve aucune rivière notable.

Entre les îles danoises les deux principales sont celles : 1° de *Funen* ou *Fionie*, séparée de la côte orientale du Sleswick par un détroit appelé le *petit Belt*; capitale, *Odensée*; 2° de *Séeland*, séparée de Fionie par un autre détroit appelé le *grand Belt*, et de la Suède par le Sund. COPENHAGUE, capitale du Danemark, est sur la côte orientale de cette île. Les autres sont moins remarquables : ce sont : *Femern*, *Laaland*, *Falster*, *Moen*, *Bornholm*, etc.

Le sol du Danemark est fertile; le Holstein nourrit d'excellens chevaux.

Le gouvernement est une *monarchie absolue*.

La religion de l'état est le *luthéranisme*. La population ne s'élève guère au-dessus de 1,700,000 habitans.

La langue danoise est un dialecte du *teuton*.

LXXIX.

Le ROYAUME DE PRUSSE est divisé, par le Hanovre et quelques petites principautés allemandes, en deux parties inégales, l'une à l'est et l'autre à l'ouest. Il est compris, dans son ensemble, entre 50°—56° lat. N., et 3°—21° long. E.

La partie orientale est la plus étendue; elle a 200 lieues de l'ouest à l'est, et 70 lieues de moyenne largeur. Ses bornes sont : à l'est, la Russie et la Pologne; au sud, la Bohème et le royaume de Saxe; à l'ouest, le royaume de Hanovre et les principautés allemandes qui le séparent de la partie occidentale; au nord, les duchés de Mecklembourg et la mer Baltique.

La partie occidentale porte le nom de *grand-duché du Bas-Rhin*; elle est traversée par le Rhin, dans le bas de son cours, et touche, à l'ouest, au royaume des Pays-Bas.

Le royaume de Prusse est divisé en dix provinces, sept pour la partie orientale, trois pour la partie occidentale.

Les provinces de la partie occidentale sont celles : 1° du *Bas-Rhin*, chef-lieu *Aix-la-Chapelle*, capitale de tout le grand-duché du Bas-Rhin; villes principales: *Coblentz*, au confluent de la Moselle et du Rhin; *Trèves*, sur la Moselle; 2° de *Clèves et Berg*, chef-lieu *Cologne*, sur le Rhin; villes principales : *Dusseldorf* et *Bonn*, sur le Rhin; *Clèves*, sur la Nierr; 3° de *Westphalie*, chef-lieu *Munster*; ville principale : *Paderborn*, sur la Pader.

Les provinces de la partie orientale du royaume sont: 1° *Saxe*, chef-lieu *Magdebourg*, sur l'Elbe; 2° *Brandebourg*, chef-lieu BERLIN, capitale du royaume, ville de près de 200,000 âmes, sur la Sprée; *Postdam*, avec 18,000 habitans, à 6 lieues S.-O. de Berlin, célèbre par son château royal ; 3° *Silésie*, chef-lieu *Breslau*, sur l'Oder ; 4° *grand-duché de Posen*, ou *Pologne prussienne*, chef-lieu *Posen*, sur la Wartha; 5° *Poméranie*, chef-lieu *Stettin*, sur l'Oder, près de son embouchure ; 6° *Prusse-Occidentale*, chef-lieu *Dantzick*, sur la Vistule, près de son embouchure ; villes principales : *Culm* et *Thorn*, sur la Vistule; 7° *Prusse orientale*, chef-lieu *Kœnigsberg*, sur le Prégel; ville principale : *Tilsitt*, sur le Niémen.

La Prusse est un pays généralement plat, situé sur les bassins de la mer Baltique et de la mer d'Allemagne. La ligne de faîte de ces deux mers passe au sud de la Prusse, et n'y pénètre pas; mais elle donne naissance à toutes les rivières qui l'arrosent, et qui coulent au nord. Les deux principaux affluens de la mer d'Allemagne sont: le *Rhin*, qui traverse le grand-duché du Bas-Rhin, où il reçoit la *Moselle*; l'*Elbe*, qui arrose la province de Saxe avant de séparer le Mecklembourg du Hanovre. Les suivans ont leur embouchure dans la mer Baltique. L'*Oder* traverse la Silésie, le Brandebourg et la Poméranie; son principal affluent est la *Wartha*. La *Vistule* traverse la Prusse occidentale, où elle baigne Thorn, Culm et Dantzick. Le *Prégel* et le *Niémen* coulent sur la Prusse orientale. Le premier se jette dans le *Frische-Haff*, le second dans le *Curische-Haff*, deux golfes formés par la mer Baltique.

La population du royaume de Prusse est de 11 à 12,000,000 d'âmes. La religion dominante est le *luthéranisme*, mais tous les cultes y sont tolérés. Le gouvernement est une *monarchie tempérée*.

LXXX.

L'empire d'Autriche est le plus grand état de l'Europe centrale; il a 320 lieues de l'ouest à l'est, et 130 lieues de largeur moyenne. Sa population est de 27,000,000 d'âmes.

Il est compris entre 42°—51° lat. N., et 6°—25° long. E. Ses bornes sont, au nord, les royaumes de Prusse et de Pologne; à l'est, la Russie et la Turquie; au sud, la Turquie, la mer Adriatique et le Pô; à l'ouest, le royaume de Sardaigne, la Suisse et la Bavière.

Cet empire comprend quatre territoires distincts; ce sont : 1° les *états d'Allemagne*; 2° les *états d'Italie*; 3° la *Hongrie*, avec la Transylvanie, l'Esclavonie, la Croatie et la Dalmatie; 4° la *Gallicie* ou *Pologne autrichienne*.

Ces quatre territoires forment *treize* grandes provinces : chacune d'elles est subdivisée en cercles, qui correspondent à nos départemens.

LXXXI.

Les *états d'Allemagne* forment six grandes provinces :

1° L'archiduché d'*Autriche* et le *Salzbourg*; chef-lieu Vienne, ville de 270,000 âmes, capitale de tout l'empire, sur la droite du Danube.

2° La *Bohème*, au nord de l'Autriche; chef-lieu *Prague*, ville de 80,000 habitans.

3° La *Moravie* et la *Silésie autrichienne*, à l'est de la Bohème. *Olmutz*, ville de 11,000 habitans, est la capitale de la Moravie. *Teschen*, petite ville de 5 à 6,000 âmes, est la capitale de la Silésie.

4° La *Styrie*, au sud de l'Autriche; chef-lieu *Grætz*, ville de 30,000 habitans.

5° Le *royaume d'Illyrie*, au sud de la Styrie; capitale *Laybach*, ville de 9,000 âmes. Le royaume d'Illyrie comprend les provinces de *Carinthie*, chef-lieu *Klagenfurth*; de *Carniole*, chef-lieu *Laybach*; de *Frioul*, chef-lieu *Gorizia*; d'*Istrie*, chef-lieu *Trieste*; de *Croatie*, chef-lieu *Carlstadt*.

6° Le *Tyrol*, à l'ouest du royaume d'Illyrie; chef-lieu *Inspruck*, ville de 10 à 11,000 habitans, sur l'Inn; ville principale, *Trente*, sur l'Adige.

Ces six provinces de l'empire d'Autriche font partie de la Confédération germanique (LXXVI).

LXXXII.

En Italie, l'empereur d'Autriche possède le *royaume Lombard-Vénitien* (capitale *Milan*), formé de l'ancienne *Lombardie* (capitale *Milan*), et des états de *Venise* (capitale *Venise*) (XCXII).

LXXXIII.

La *Hongrie* formait jadis un grand royaume; elle a au nord la Gallicie, dont elle est séparée par les monts Krapaks.

Villes principales : *Presbourg*, capitale, sur le Danube, à l'est de Vienne : 35,000 habitans; *Bude* ou *Offen*, sur la droite du Danube, au-dessous de Presbourg (E.), vis-à-vis de *Pesth*; *Temesvar*, capitale de l'ancien bannat du même nom (S.-E.).

Les territoires annexes de la Hongrie sont : la *Transylvanie*, l'*Esclavonie*, la *Croatie* et la *Dalmatie*.

La *Transylvanie* touche au sud-est de la Hongrie; capitale *Hermannstadt*, ville de 12,000 âmes.

L'*Esclavonie* touche au sud de la Hongrie, dont elle est séparée par la Drave. Elle est comprise entre la Drave et la Save; cette dernière la sépare de la Turquie. Capitale, *Eszeg*, sur la Drave; ville principale : *Petervardein* ou *Petervaradin*, sur le Danube.

La *Croatie* est au sud-ouest de l'Esclavonie et au sud du royaume d'Illyrie, entre la Drave et la mer Adriatique; capitale *Agram*, ville de 17,000 habitans. On la distingue en *Croatie civile*, au nord de la Save, et en *Croatie militaire*, au sud.

La *Dalmatie* est au sud de la Croatie; elle borde la côte orientale de la mer Adriatique; capitale *Zara*; villes principales : *Raguse* et *Cattaro*. Ces trois villes sont sur la mer Adriatique.

La Hongrie et ses annexes forment ainsi *cinq* grandes provinces.

LXXXIV.

La *Gallicie* ou *Pologne autrichienne* est au nord de la Hongrie, dont elle est séparée par les monts Krapaks; capitale *Lemberg*, ville de 42,000 âmes, vers l'est de Vienne.

L'extrémité méridionale de la Gallicie porte le nom de *Bukowine*. Le chef-lieu en est *Tschernovitz*, sur le Pruth.

LXXXV.

La ligne de faîte *continentale* d'Europe, qui sépare le bassin de la Méditerranée, au sud, de ceux de la mer Baltique et de la mer d'Allemagne, au nord, court de l'est à l'ouest dans la partie septentrionale de l'empire d'Autriche, où elle est formée par les monts de *Gallicie*, les *Krapaks*, les *monts de Moravie*, le *Bohèmerwald* et l'*Arlberg*. L'empire est inégalement partagé entre ces trois grands bassins. La Bohème est sur celui de la mer d'Allemagne; la Silésie et une partie de la Gallicie, sur celui de la mer Baltique; tout le reste, sur celui de la Méditerranée, c'est-à-dire de la mer Adriatique et de la mer Noire, principalement sur ce dernier. Les bassins de la mer Noire et de l'Adriatique ont pour ligne de faîte commune une longue ramification des Alpes, laquelle se dirige à l'est et au sud-est, et qui enveloppe au nord, et à peu de distance, le fond de la mer Adriatique. Cette ramification est formée par les *Alpes rhétiennes*, les *Alpes carniques*, les *Alpes juliennes* et les *Alpes dinariques*. Elle prend plus loin le nom de mont Hémus.

La ligne de faîte entre les mers Baltique et d'Allemagne se détache des monts Krapaks sous le nom de *monts Sudètes* ou *des Géans*, et se dirige au nord-ouest, entre l'Oder et l'Elbe, vers le Danemark, qu'elle traverse ensuite.

Les principales rivières de l'empire sont: Sur le bassin de la mer Baltique: la *Vistule*, qui sépare la Gallicie de la Pologne;

Sur le bassin de la mer d'Allemagne: l'*Elbe*, qui arrose la Bohème, où elle prend naissance, et où elle reçoit la *Moldau*, avant d'entrer en Saxe;

Sur le bassin de la mer Adriatique: le *Pô*, qui sépare le royaume Lombard-Vénitien du reste de l'Italie; l'*Adige*, commun au Tyrol et au royaume Lombard-Vénitien;

Sur le bassin de la mer Noire: le *Danube*, qui est le premier fleuve de l'empire, dont il traverse le centre de l'ouest à l'est, et auquel se réunissent plusieurs rivières considérables, telles que la *March* et la *Theiss*, grossie de la *Marosch*, par la gauche; l'*Inn*, la *Drave* et la *Save*, par la droite.

L'empire d'Autriche a plusieurs lacs remarquables. Les lacs *Majeur*, de *Côme*, *Iséo*, de *Garde*, sont en Italie (xcv). Ceux de *Neusiedler* et de *Platten* ou *Balaton*, sont en Hongrie, à droite du Danube.

LXXXVI.

Le sol de l'empire est généralement fertile; ses nombreuses montagnes renferment des mines de toute espèce.

Le gouvernement est une *monarchie absolue*. Néanmoins quelques provinces, telles que la Hongrie, ont une sorte d'administration représentative et des assemblées de députés, appelées *diètes*.

La religion *catholique* est dominante dans le plus grand nombre des provinces. Ce n'est qu'en Hongrie, en Transylvanie et en Esclavonie que l'Église réformée est florissante.

LXXXVII.

Le ROYAUME DE POLOGNE fut autrefois très-étendu. Mais démembré à trois reprises, en 1772, 1793 et 1795, par les trois puissances environnantes, la Russie, la Prusse et l'Autriche, il fut enfin totalement anéanti par le dernier de ces démembremens.

En 1814, un *nouveau royaume de Pologne* a été créé; mais ce nouveau royaume, qui ne comprend qu'une petite partie de l'étendue de l'ancienne Pologne, n'est pas un état indépendant. Il appartient à l'empereur de Russie, qui le fait gouverner par un vice-roi.

Il est compris entre $50°$—$55°$ lat. N., et $15°$—$22°$ long. E.; ses bornes sont au nord et à l'est la Russie; au sud, la Gallicie; à l'ouest, la Prusse.

La ligne de faîte continentale d'Europe, entre la mer Baltique et la mer Noire, passe à l'est et au sud du royaume de Pologne, mais elle n'y pénètre pas. Elle donne naissance à la *Vistule*, qui traverse le royaume, où elle reçoit le *Bug* par la droite, et la *Pelica* par la gauche, et qui va plus bas, à travers la Prusse, se jeter dans la Baltique.

Les villes principales de la Pologne sont: VARSOVIE, capitale, sur la Vistule: 104,000 habitans; *Plock*, sur le même fleuve, au-dessous de Varsovie (O.); *Lublin* (S.-E.); *Krakovie*, sur la Vistule, vers le sud-ouest de Varsovie : 24,000 habitans.

Krakovie est à présent une ville libre, avec son territoire, sous la protection de la Russie, de l'Autriche et de la Prusse.

Le royaume de Pologne a 2,732,000 habitans. Le sol, généralement uni, est fertile, quoique le climat soit humide et froid.

Le culte dominant est le *catholique romain*. La langue polonaise est un dialecte de la langue *slave* (XLIII).

LXXXVIII.

Le royaume de Portugal, compris entre 37°—42° lat. N., et 9°—12° long. O., est à l'extrémité sud-est de l'Europe; il occupe la partie occidentale de la *péninsule Hispanique*, qui comprend ce royaume et celui d'Espagne. Il est borné au nord et à l'est par l'Espagne, à l'ouest et au sud par l'océan Atlantique. Sa longueur est de 130 lieues, sa largeur de 40. Il a 3,815,000 habitans.

Ses villes principales sont : Lisbonne, capitale, à l'embouchure du Tage : 260,000 habitans; *Bragance* (N.); *Oporto*, port de mer (N.); *Coimbre*, sur le Mondego, avec une université renommée (N.); *Évora*, place forte, située sur une montagne escarpée (E.); *Faro*, sur l'Atlantique, chef lieu du pays des Algarves (S.).

Le Portugal est divisé en six provinces, qui sont, du nord au sud, *Tras-os-Montes*, *Entre-Duero-et-Minho*, *Beira*, *Estramadure*, *Alentejo* et *Algarves*.

L'extrémité occidentale de la ligne de faîte continentale d'Europe, entre l'Atlantique et la Méditerranée, traverse la péninsule Hispanique du nord au sud. Les principales rivières du Portugal en sortent et coulent à l'ouest. Ces rivières sont, du nord au sud, le *Minho*, le *Duero*, le *Tage* et la *Guadiana*. Le Minho et la Guadiana servent de limite entre l'Espagne et le Portugal, la première au nord, la seconde au sud.

Le climat de Portugal est sec et chaud, son sol extrêmement fertile.

La seule religion tolérée est la *catholique*. Le gouvernement est une *monarchie constitutionnelle*.

La langue portugaise est dérivée du latin; elle ressemble beaucoup à l'espagnole, mais elle en diffère assez cependant pour que les habitans ne puissent s'entendre sans une étude particulière.

LXXXIX.

Le ROYAUME d'ESPAGNE, compris entre 36°—44° lat. N., et 1° long. E.—12° long. O., occupe la majeure partie de la péninsule Hispanique. Il a au nord les monts Pyrénées, qui le séparent de la France, et le golfe de Gascogne; à l'ouest, l'océan Atlantique et le Portugal; au sud, le détroit de Gibraltar, qui le sépare de l'Afrique; à l'est, la Méditerranée. Sa longueur, du nord au sud, est de 200 lieues; sa largeur moyenne, de 140. Sa surface est d'un quart moins grande que celle de la France, et sa population n'est que de 10,000,000 d'âmes environ.

Il n'y a pas en Europe de pays plus beau, plus fertile que l'Espagne; il n'y en a pas de plus improductif et de plus pauvre. La paresse du peuple espagnol et les vices de son gouvernement ont produit ce triste état de choses.

L'Espagne est divisée en *dix* grands territoires, qui ont le titre de royaumes, parce que ce furent autrefois en effet autant de royaumes séparés; ces deux royaumes sont subdivisés en *trente* provinces.

1° Le royaume d'*Aragon*, formé des trois provinces de *Catalogne*, d'*Aragon* et de *Valence*; villes principales : *Barcelone*, sur la Méditerranée, chef-lieu de la province de Catalogne; *Tarragone*, sur la Méditerranée; *Tortose*, sur l'Èbre, près de ses embouchures; *Saragosse*, sur l'Èbre, chef-lieu de la province et de tout le royaume d'Aragon; *Valence*, sur le Guadalaviar, près de son embouchure dans la Méditerranée, chef-lieu de la province du même nom.

2° La *Navarre*, chef-lieu *Pampelune*, sur l'Arga.

3° Le royaume de *Murcie*, chef-lieu *Murcie*, sur la Ségura; ville principale : *Cartagène*, port de mer sur la Méditerranée.

4° La *Galice*, chef-lieu *Santiago*; ville principale *la Corogne*, port de mer sur l'Atlantique.

5° Le royaume de *Léon*, formé de sept provinces; es principales : *Oviedo*, chef-lieu de la province des Asturies; *Léon*, chef-lieu de la province du même nom et de tout le royaume; *Palencia*, chef-lieu de province, sur le Carrion; *Valladolid*, chef-lieu de province, sur la Pisuerga; *Toro, Zamora, Salamanque*, tous trois chefs-lieux de provinces.

6° L'*Estramadure*, chef-lieu *Badajos*, sur la Guadiana.

7° La *Vieille-Castille*, formée de quatre provinces; villes principales : *Burgos*, sur l'Arlanzon, chef-lieu de province ; *Santander*, port de mer sur le golfe de Gascogne ; *Soria*, chef-lieu de province, près de la source du Duéro ; *Ségovie*, chef-lieu de province, sur l'Eresma.

8° Les trois *provinces basques* de *Biscaye*, de *Guipuscoa* et d'*Alava* ; villes principales : *Bilbao*, chef-lieu de la Biscaye ; *San-Sébastian*, beau port de mer sur le golfe de Gascogne, chef-lieu du Guipuscoa ; *Vittoria*, chef-lieu de l'Alava.

9° La *Nouvelle-Castille*, qui comprend cinq provinces ; villes principales : Madrid, capitale de l'Espagne, ville de 160,000 âmes, sur le Manzanarès ; *Tolède*, sur le Tage, chef-lieu de province (S.) ; *Toboso*, bourg illustré par Cervantes dans son Don Quichotte.

10° L'*Andalousie*, qui comprend les quatre provinces de *Jaën*, *Cordoue*, *Séville* et *Grenade* ; villes principales : *Jaën*, sur une rivière du même nom ; *Cordoue*, sur le Guadalquivir ; *Séville*, sur le même fleuve, au-dessous de Cordoue ; *Grenade*, sur le Génil, toutes quatre chefs-lieux de province ; *Xérès de la Frontera*, près de Cadix, célèbre par ses bons vins ; *Cadix*, dans l'*île de Léon*, séparée du continent par un étroit canal ; c'est un des plus beaux ports de l'Espagne, et l'on y compte 70,000 habitans ; *Gibraltar*, autre port fameux sur le détroit du même nom ; *Malaga*, port sur la Méditerranée, entre Gibraltar et Cartagène : 50,000 habitans. On en exporte des vins renommés.

Dans la Méditerranée, les trois îles *Minorque*, *Majorque* et *Iviça*, avec les deux plus petites, *Cabrera* et *Fromentera*, forment une onzième division, avec le titre de *royaume de Majorque*. Ce sont les îles *Baléares* des anciens.

XC.

L'Espagne est traversée dans toute sa longueur, du nord au sud, par une ligne de faîte élevée, qui tient d'un côté aux Pyrénées, et qui se termine de l'autre sur le détroit de Gibraltar. Cette ligne de faîte, dont la partie méridionale porte le nom de *sierra Nevada*, ou *montagnes neigeuses*, envoie des eaux à l'est, dans la Méditerranée ; à l'ouest, dans l'océan Atlantique. Les principales rivières du bassin de la Méditerranée sont : l'*Ebre*, commune à la Vieille-Castille, à la Navarre, à l'Aragon et à la Catalogne ; le *Guadalaviar*, qui baigne Valence ; le *Xucar*, commun à la Nouvelle-Castille et à la province de Valence ; la *Segura*, qui arrose le royaume de Murcie.

Les fleuves qui coulent sur le bassin de l'Atlantique sont plus étendus. Les principaux sont : le *Minho*, commun à la Galice et au Portugal; le *Duero*, commun à la Vieille-Castille, au royaume de Léon et au Portugal; le *Tage*, le plus grand fleuve d'Espagne, commun à la Nouvelle-Castille, à l'Estramadure et au Portugal; le *Guadiana*, qui baigne aussi la Nouvelle-Castille, l'Estramadure et le Portugal; le *Guadalquivir*, qui traverse l'Andalousie.

La grande ligne de faîte d'Espagne envoie, à l'ouest, vers l'Atlantique, de nombreuses ramifications, qui forment des vallées larges et profondes, où coulent le Minho, le Duéro, le Tage, la Guadiana et le Guadalquivir. Entre ces ramifications on distingue les *Pyrénées asturiques*, entre la côte septentrionale d'Espagne et le Duéro; et la *sierra Morena*, ou *montagnes noires*, entre la Guadiana et le Guadalquivir.

Le gouvernement d'Espagne est une *monarchie absolue*. La religion *catholique* y est seule tolérée.

La langue espagnole est dérivée du latin.

XCI.

L'ITALIE est une péninsule comprise entre 38°—47° lat. N., et 3°—17° long. E. Les Alpes l'enveloppent au nord, et la séparent de la France, de la Suisse et de l'Allemagne. La Méditerranée la baigne à l'ouest, la mer Adriatique à l'est, et le canal de Messine la sépare au sud de l'île de Sicile.

La longueur de l'Italie, depuis les Alpes jusqu'au détroit de Messine, est de 240 lieues; sa largeur moyenne entre les deux mers est de 40 lieues. Sa population est portée à 20,000,000 d'âmes, y compris les îles.

Quoiqu'elle ne soit guère plus étendue que la moitié de la France, l'Italie renferme *dix* états séparés, d'inégale étendue. Il y a *deux royaumes, quatre duchés, une république, un grand-duché*, et *un état Ecclésiastique*.

De ces dix états, six sont au nord; ce sont : le *royaume Lombard-Vénitien*, le *royaume de Sardaigne*, les duchés de *Parme*, de *Modène*, de *Massa* et de *Lucques*.

Trois sont au centre : la *république de San-Marin*, le *grand-duché de Toscane* et l'*état Ecclésiastique*.

Un est au midi, le *royaume de Naples*.

XCII.

1° Le ROYAUME LOMBARD-VÉNITIEN appartient à l'empereur d'Autriche (LXXXIV); il est formé de l'ancienne *Lombardie* et de *l'état de Venise*; il a les Alpes au nord, le Tessin à l'ouest, le Pô au sud, et le golfe de Venise à l'est. Villes principales : *Milan*, capitale, très-belle ville de 130,000 âmes, sur l'Olona; *Pavie*, sur le Tessin (S.); *Lodi*, sur l'Adda (S.-E.); *Crémone*, au confluent du Pô et de l'Adda (S.-E.); *Bergame* (N.-E.); *Como*, à l'extrémité méridionale du lac du même nom (N.); *Mantoue*, patrie de Virgile, dans une île du Mincio (E.); *Vérone*, sur l'Adige (E.); *Padoue*, sur la Brenta (E.); *Venise*, bâtie sur soixante îles du golfe Adriatique (E.).

2° LE ROYAUME DE SARDAIGNE, entre la Suisse, la France, la Méditerranée, le duché de Parme et le royaume Lombard-Vénitien. Les Alpes l'entourent en partie au nord et à l'ouest.

Le royaume de Sardaigne comprend cinq grandes divisions géographiques, subdivisées en quarante-deux provinces :

La *Savoie*, au nord-ouest, entre les Alpes, le lac de Genève et le Rhône; capitale *Chambéry*, petite ville de 12,000 âmes, à 34 lieues ouest de Turin.

Le *Piémont*, au centre, entre les Alpes, les Apennins, la Trébia, le Pô et le Tessin. Villes principales : TURIN, capitale du royaume, sur le Pô : 90,000 habitans; *Aoste*, sur la grande Doire (N.); *Ivrée*, sur la même rivière (N.-E.); *Verceil*, sur la Sésia (N.-E.); *Suze*, sur la petite Doire (O.); *Asti*, sur le Tanaro (S.-E.); *Alexandrie*, sur la même rivière (E.); *Tortone* (E.).

Le *comté de Nice*, au sud-ouest; chef-lieu *Nice*, port de mer sur la Méditerranée, au sud de Turin : 19,000 habitants.

Le *duché de Gênes*, entre les Apennins et la Méditerranée. Villes principales : *Gênes*, capitale, beau port de mer de 76,000 habitans, au sud-est de Turin; *Chiavari, Novi, Savone, Oneglia*, etc.

L'*île de Sardaigne*, qui donne son nom au royaume. Dans la Méditerranée, à 80 lieues au sud de Gênes. Villes principales : *Cagliari*, capitale, sur la côte méridionale; *Sassari*, dans la partie septentrionale; *Oristagni, Alghieri* et *Bosa*, sur la côte occidentale.

3° LE DUCHÉ DE PARME est entre le Piémont à l'ouest, le Pô au nord, le duché de Modène à l'est, et les Apennins au sud. Villes principales : *Parme*, capitale, sur une rivière du même nom :

30,000 habitans; *Plaisance* ou *Placenza*, sur la droite du Pô (N.-O.); *Guastalla*, près du même fleuve (N.-E.).

4° Le DUCHÉ DE MODÈNE est entre celui de Parme à l'ouest, le Pô au nord, l'état de l'Église à l'est, et les Apennins au sud. Villes principales: *Modène*, capitale: 20,000 habitans; *Reggio* (O.); *Mirandola*, patrie du célèbre Pic de La Mirandole (N.-E.).

5° Le DUCHÉ DE MASSA est entre l'état de Gênes à l'ouest, le duché de Lucques à l'est, les Apennins au nord, et la Méditerranée au sud; capitale *Massa-Carara*, sur le Frigido: 10,000 habitans. Les montagnes voisines fournissent le beau marbre de Carare.

6° Le DUCHÉ DE LUCQUES est entre les Apennins, la mer, le duché de Massa et la Toscane; capitale *Lucques*, sur le Serchio: 18,000 habitans.

XCIII.

7° La RÉPUBLIQUE DE SAN-MARIN, enclavée dans la province ecclésiastique de Forli, ne se compose que de la petite ville de San-Marin: 6,000 habitans.

8° Le GRAND-DUCHÉ DE TOSCANE est entre le duché de Lucques, l'état de l'Église et la mer. On le divise en trois provinces: *Florence*, *Sienne* et *Pise*, avec des capitales du même nom. *Florence*, où est la célèbre galerie des Médicis, est la capitale du grand-duché. Elle est sur l'Arno, et renferme 75,000 habitans.

9° L'ÉTAT DE L'ÉGLISE a pour bornes le Pô, qui le sépare du royaume Lombard-Vénitien; la mer Adriatique, le royaume de Naples, la Méditerranée, la Toscane et le duché de Modène. Il est divisé maintenant en dix-sept provinces ou *légations*.

Villes principales: ROME, capitale, si grande par ses souvenirs historiques: c'est aujourd'hui la résidence du pape, et on y compte maintenant 150,000 habitans environ; *Bologne*, sur la Savéna (N.); *Ferrare*, sur le Pô (N.); *Ravenne*, sur le Ronco (N.); *Rimini*, sur l'Adriatique (N.); *Ancône*, avec un port sur la même mer (N.-E.); *Perugia*, près du Tibre (N.); *Spoletto* (N.); *Nocera*, au pied de l'Apennin (N.); *Viterbe* (N.); *Civita-Vecchia*, port de mer sur la Méditerranée (N.-O.); *Tivoli*, sur le Tévérone (E.); *Terracine*, port de mer sur la Méditerranée, au sud des *Marais Pontins*.

XCIV.

10° Le ROYAUME DE NAPLES a au nord l'état de l'Église, à l'est la mer Adriatique, le canal d'Otrante, qui le sépare de l'Albanie, et la mer Ionienne; au sud le détroit de Messine, qui le sépare de la Sicile; à l'ouest la Méditerranée.

Villes principales : *Naples*, capitale, sur la Méditerranée, à 3 lieues N. O. du mont *Vésuve* : 350,000 habitans; *Manfredonia*, sur l'Adriatique (E.); *Bari*, sur la même mer, au sud-est de Manfredonia (E.); *Otrante*, sur le canal du même nom (S.-E.); *Tarente*, au fond du golfe du même nom (S.-E.); *Capoue*, sur le Vulturno (N.); *Gaëte*, port de mer sur la Méditerranée (N.-O.); *Portici*, village bâti au pied du Vésuve, au-dessus de l'ancienne *Herculanum*, ensevelie par une éruption du volcan (S.-E.); *Pouzzolles*, avec un port sur le golfe de Naples (O.); *Salerne*, port de mer sur la Méditerranée (S.-E.); *Cosenza*, sur le Crati (S.-E.); *Reggio*, sur le détroit de Messine (S.).

L'île de *Sicile* dépend du royaume de Naples. Villes principales : *Palerme*, capitale, avec un bon port sur la côte septentrionale de l'île; 140,000 habitans; *Messine*, sur le détroit qui sépare la Sicile de l'Italie : 70,000 habitans; *Trapani*, port de mer, à la pointe occidentale de l'île; *Girgenti*, l'ancienne *Agrigente*, près de la côte méridionale; *Syracuse*, avec un port sur la côte orientale : elle n'a plus que 15,000 habitans; *Catane*, sur la côte, au pied de l'*Etna*.

XCV.

L'Italie est moins célèbre par la beauté de son climat et la richesse de son sol, que par les grands événemens dont elle a été le théâtre, les antiquités innombrables qu'elle renferme, et surtout par l'ancienne puissance du peuple romain, dont elle fut le berceau.

Une branche des Alpes traverse l'Italie dans toute sa longueur, jusqu'au détroit de Messine, sous le nom générique de *monts Apennins*, et y forme la ligne de faîte entre le bassin de la Méditerranée propre à l'ouest, et celui de la mer Adriatique à l'est.

Les principales rivières du bassin de la Méditerranée sont l'*Arno* et l'*Ombrone*, qui arrosent la Toscane; le *Tibre*, qui traverse du nord au sud une partie des états de l'Eglise, et qui passe à Rome; le *Vulturno*, qui appartient au royaume de Naples, où il baigne Capoue.

Celles qui se jettent dans la mer Adriatique sont le *Pô*, la plus grande rivière de l'Italie, dont elle arrose de l'ouest à l'est la partie septentrionale, et où elle reçoit de nombreux affluens; la

Pisatella, petite rivière bien célèbre sous le nom de *Rubicon*; le *Tronto*, commun au royaume de Naples et à l'état de l'Église; l'*Aterno*, l'*Ofanto*, etc., qui baignent le royaume de Naples.

L'Italie a plusieurs lacs remarquables. Le lac *Majeur* s'écoule dans le Pô par le Tessin; il est sur la limite du royaume Lombard-Vénitien et du Piémont. Les lacs de *Como*, d'*Iseo*, de *Garda*, de *Mantoue*, appartiennent au royaume Lombard-Vénitien. Ceux de *Perugia*, l'ancien *Trasimène*, et de *Bolsena*, sont dans l'état de l'Église. Celui de *Celano* est à l'extrémité septentrionale du royaume de Naples.

Le mont *Vésuve*, près de Naples, et le mont *Etna*, en Sicile, sont deux volcans célèbres.

Vis-à-vis de la côte occidentale de l'Italie, dans la mer Méditerranée, sont répandues plusieurs îles, dont trois surtout sont remarquables, celles de *Corse*, qui appartient à la France (LXXII); de *Sardaigne*, qui donne son nom à un royaume (XCII); et de *Sicile*, qui fait partie de celui de Naples (XCIV). On doit citer ensuite l'*île d'Elbe*, entre la Corse et la Toscane, et les *îles de Lipari*, près de la côte septentrionale de la Sicile. *Malte*, au sud de cette dernière, est une île peu étendue, que possédait autrefois l'ordre de Malte, et qui est maintenant aux Anglais : *la Valette*, chef-lieu. *Gozzo* et *Comino* sont deux îlots dépendans de Malte.

XCVI.

La Turquie d'Europe est comprise entre 36°—48° lat. N., et 13°—28° long. E. Elle est bornée au nord par l'Autriche et la Russie, à l'est par la mer Noire, au sud par la mer de Marmara, l'Archipel et la Méditerranée; à l'ouest par la mer Ionienne (partie de la Méditerranée au sud du canal d'Otrante) et la mer Adriatique. Sa superficie égale presque celle de la France, et il n'y a pas plus de 10 à 12,000,000 d'habitans.

La Turquie forme dix grandes provinces ou *pachaliks*, subdivisées en *sandjaks*.

Les provinces sont : la *Moldavie* et la *Valachie*, au nord du Danube; la *Bosnie*, la *Servie* et la *Bulgarie*, au nord du mont Hémus; l'*Albanie* et la *Roumélie*, au sud de cette chaîne de montagnes; la *Grèce* et la *Morée*, au sud de l'Albanie et de la Roumélie. Ces deux dernières provinces ne reconnaissent pas, depuis cinq ans, l'autorité du *grand-seigneur*, et combattent pour leur indépendance.

Villes principales : Constantinople, sur le Bosphore, dans une position magnifique ; c'est la capitale de l'empire Ottoman : 900,000 habitans, dont la moitié se compose de Turks, l'autre moitié de Juifs, d'Arméniens, de Grecs et de *Francs* (1) ; *Andrinople*, capitale de la Roumélie, sur la Maritza : 100,000 habitans ; *Jassi*, capitale de la Moldavie ; *Boukharest*, capitale de la Valachie ; *Silistri*, *Routschouk* et *Viddin*, sur la rive droite du Danube, en Bulgarie ; *Varna*, en Bulgarie, sur la mer Noire ; *Semendria*, capitale de la Servie, sur la droite du Danube ; *Traunik* et *Bania-louka*, en Bosnie ; *Scutari*, capitale de l'Albanie, sur un lac du même nom, près de la mer Adriatique ; *Dulcigno*, *Durazzo*, la *Valone*, *Delvino* et *Butrinto*, dans la même province, sur la côte ; *Janina*, près d'un lac du même nom ; *Salonique*, l'ancienne *Thessalonique*, sur un golfe du même nom, en Roumélie ; *Sophia* et *Nissa*, dans l'intérieur, etc.

Les principales villes de la Grèce sont *Athènes*, qui n'offre plus que des ruines et quelques misérables cabanes ; *Lépante*, sur un golfe profond, auquel elle donne son nom, et qui s'étend entre la Grèce et la Morée.

Les Turks donnent à la Grèce le nom de *Livadie*.

En *Morée*, l'ancien *Péloponèse*, on doit citer *Tripolitza*, dans l'intérieur : c'était la capitale du pays, sous les Turks ; *Patras*, sur la côte septentrionale ; *Navarin* et *Modon*, sur la côte occidentale ; *Coron*, sur la côte méridionale ; *Naupli de Romanie*, sur la côte orientale.

XCVII.

Une chaîne de montagnes fort élevées, que les anciens appelaient *mont Hœmus*, traverse la Turquie de l'ouest à l'est, depuis la frontière de la Croatie jusqu'au détroit de Constantinople, et forme la ligne de faîte entre le bassin de la mer Noire au nord et à l'est, et ceux de la mer Adriatique, de la Méditerranée, de l'Archipel et de la mer de Marmara, au sud. Cette ligne de faîte est un rameau des Alpes (LXXXVI). Une ramification de l'Hémus court du nord au sud, jusqu'à l'extrémité méridionale de la Morée, et forme la ligne de faîte entre les mers Adriatique et Ionienne à l'ouest, et l'Archipel à l'est. C'est dans cette seconde ligne de faîte que sont les sommets fameux du *Pinde*, du *Parnasse*, de l'*Hélicon* et du *Taygète*. Ce dernier est en Morée. L'*Olympe*,

(1) Les Turks donnent le nom général de *Francs* à tous les Européens.

l'*Ossa*, le *Pélion* et l'*OEta*, non moins célèbres, en sont des ramifications qui courent sur le bassin de l'Archipel.

Les rivières les plus remarquables de la Turquie sont : le *Danube*, qui en arrose la partie septentrionale, où il reçoit l'*Aluta*, le *Sereth* et le *Pruth* par sa gauche, la *Save* et la *Morava* par sa droite. Le Danube appartient au bassin de la mer Noire, dans laquelle il se jette par plusieurs embouchures. La *Maritza*, le *Vardari* et le *Sperchios* coulent en Roumélie sur le bassin de l'Archipel. L'*Aspro-Potamos* coule en Grèce et se perd dans la mer Ionienne. Le *Drin*, rivière d'Albanie, est un affluent de la mer Adriatique.

XCVIII.

L'Archipel est parsemé d'îles nombreuses. *Tasso*, *Samotraki*, *Imbro* et *Lemnos* sont au nord, vers la côte de la Roumélie. *Négrepont*, l'ancienne *Eubée*, avec une capitale du même nom, est une île de 40 lieues de long, sur 5 à 6 de large, près de la côte orientale de la Grèce, dont elle est séparée par un étroit canal, l'*Euripe* des anciens. *Skiro* est à l'est de Négrepont. Au sud-est sont répandues les *Cyclades*. La principale est *Naxia*. Parmi les autres on remarque *Tine*, *Andro*, *Zéa*, *Syra*, *Paro*, *Siphanto*, *Milo*, *Santorin*. *Candie*, autrefois *Crète*, au sud des Cyclades, s'étend de l'ouest à l'est; sa longueur est de 55 lieues, sa plus grande largeur de 12; *la Canée*, capitale.

Dans la mer Ionienne et dans la Méditerranée, depuis le canal d'Otrante jusqu'à la pointe méridionale de la Morée, on trouve, près de la côte de la Grèce, et en montant du sud au nord, les îles de *Cérigo*, de *Zante*, de *Céphalonie*, de *Teaki*, de *Sainte-Maure*, de *Paxo* et de *Corfou*. Ces sept îles, appelées *îles Ioniennes*, forment une république sous la protection des Anglais, qui y envoient un gouverneur.

XCIX.

La Turquie et la Grèce sont au nombre des plus beaux pays de l'Europe; mais ces pays sont pauvres et peu peuplés, parce que l'agriculture n'y est pas protégée par le gouvernement.

Le gouvernement turk est une *monarchie absolue*. Le souverain a le titre de *grand-seigneur* ou de *sultan*; sa cour est appelée *la Porte*. Le *grand-visir* est le premier ministre.

La religion *musulmane* est celle des Turks. Les Grecs sont chrétiens, mais de l'Église d'Orient (LXII).

C.

La Russie d'Europe occupe la moitié orientale de notre partie du monde; elle est comprise entre 42°—71° lat. N., et 15°—62° long. E., et elle s'étend, de l'ouest à l'est, depuis la mer Baltique, les frontières de Prusse, d'Autriche et de Turquie, jusqu'aux monts Oural, qui la séparent de l'Asie; du nord au sud, depuis l'océan Glacial, qui y forme la *mer Blanche*, jusqu'à la mer Noire et au Caucase. Elle a 700 lieues du nord au sud, 500 de l'ouest à l'est. Sa superficie forme plus de la moitié de celle de l'Europe; elle est presque dix fois aussi grande que la France.

La population ne répond pas à cette immense étendue; elle n'est que de 54 à 55 millions d'âmes, tandis que la France en a 31 millions.

La Russie d'Europe est divisée en cinquante-deux gouvernemens, qui presque tous portent le nom de leur chef-lieu.

Les villes les plus remarquables sont: SAINT-PÉTERSBOURG, capitale, sur la Néva: 250,000 habitans; *Arkhangelsk*, sur la Dwina, près de la mer Blanche (N.-E.); *Abo*, capitale de la Finlande, sur le golfe de Finlande (O.); *Revel*, ville commerçante, sur la côte opposée du même golfe, capitale de l'Esthonie (O.); *Riga*, capitale de la Livonie, sur la Duna, à 3 lieues de son embouchure dans le golfe de Courlande (S.-O.); *Mittau*, capitale de Courlande (S.-O.); *Vilna*, ville importante, ancienne capitale de la Lithuanie, située sur la Vilia (S.-O.); *Smolensk*, sur le Dniéper (S.); *Kief*, ville fortifiée, sur la même rivière (S.); *Pultava*, petite ville à 342 lieues de Saint-Pétersbourg (S.), célèbre par la défaite de Charles XII en 1709; *Bender*, place forte sur le Dniester, en Bessarabie (S.); *Kherson*, place forte avec un port, à l'embouchure du Dniéper dans la mer Noire (S.); *Odessa*, port fréquenté, sur la même mer, à l'ouest de Kherson; *Kaffa*, port de mer, dans la Krimée (l'ancienne *Chersonèse Taurique*), sur la mer Noire (S.); *Moscou*, ancienne capitale de la Russie, à peu près au centre du pays, à 175 lieues de Saint-Pétersbourg (S.-E.); *Kazan*, près de la gauche du Volga (S.-O.); *Orenbourg*, ville frontière du pays des Kirghiz, sur l'Oural (S.-E.); *Astrakhan*, à l'embouchure du Volga dans la mer Caspienne (S.-E.); *Derbend*, place forte, sur la côte occidentale de la mer Caspienne, capitale du Daghestan, vers le sud d'Astrakhan.

Dans les cinquante-deux gouvernemens de la Russie d'Europe,

nous n'avons pas compris le *royaume de Pologne* qui en dépend (LXXXVIII), et qui forme huit gouvernemens.

La *Circassie* est une vaste région qui s'étend au nord des monts Caucase, depuis la mer Noire jusqu'au Daghestan, qui longe la mer Caspienne; elle est habitée par des peuplades guerrières, tributaires des Russes.

Au sud des monts Caucase, la Russie possède aussi la *Géorgie*, capitale *Tiflis*; le *Chirvan*; capitale *Chamakhi*, et quelques cantons voisins entre la mer Noire et la mer Caspienne.

CI.

La Russie n'est pour ainsi dire qu'une plaine immense, où l'on remarque à peine quelques montagnes peu élevées, qui forment la ligne de faîte entre le bassin de l'océan Glacial au nord, ceux de la mer Baltique et de la mer Noire, qui dépendent de l'océan Atlantique, à l'ouest, et celui de la mer Caspienne, qui fait partie du bassin Central (LV), au sud. Les seules montagnes à citer sont, sur les frontières, les monts *Oural*, qui s'étendent du nord au sud, séparent la Russie d'Europe de la Sibérie, et l'Europe de l'Asie. Les monts *Caucase*, qui forment de même la limite naturelle de l'Europe et de l'Asie, s'étendent, de l'ouest à l'est, entre la mer Noire et la mer Caspienne.

Un grand nombre de rivières coulent en Russie. La *Petchora* et la *Dwina* coulent au nord, et se rendent à l'océan Glacial ou à la mer Blanche, qui en dépend.

La *Duna* et le *Niémen* coulent à l'ouest, et se perdent dans la mer Baltique.

Le *Dniester*, le *Bug*, le *Dnièper* et le *Don* coulent au sud, et se jettent dans la mer Noire ou dans la mer d'Azof, qui en dépend.

Le *Volga*, qui est le plus grand fleuve d'Europe, et l'*Oural*, coulent au sud-est et au sud, et ont leurs embouchures dans la mer Caspienne, partie du grand bassin Central.

Dans la partie nord-ouest de la Russie on remarque les lacs *Onéga* et *Ladoga*, qui communiquent ensemble et versent leurs eaux dans le golfe de Finlande par la *Néva*, qui baigne Saint-Pétersbourg; le lac *Peipus*, qui se décharge dans le même golfe, etc. La Finlande est couverte de lacs.

CII.

La grande étendue de la Russie d'Europe lui procure tous les climats de cette partie du monde, et la rend propre à tous les genres de culture; mais l'agriculture y est peu avancée.

Les provinces de l'est ont des mines nombreuses, surtout de fer.

Le gouvernement est une *monarchie tempérée*.

La religion *grecque* est celle de l'état, et de la grande majorité des Russes.

Leur langue est dérivée du slave; mais on parle, dans différens gouvernemens, des dialectes du *finnois* ou du *turk*.

CARTE.   ASIE.

LIMITES NATURELLES.—*Au nord*, océan Glacial arctique; *à l'ouest*, la Kara, monts Oural, fleuve Oural, mer Caspienne, monts Caucase, mer Noire, détroit de Constantinople, mer de Marmara, Dardanelles, Archipel, Méditerranée, isthme de Suez, mer Rouge, détroit de Bab-el-Mandeb ; *au sud*, mer des Indes, détroit de Malacca ; *à l'est*, mer de Chine, grand Océan, mer de Behring, détroit de Behring.

GRANDES DIVISIONS POLITIQUES.

Au nord.	*Au milieu.*	*Au sud.*
Sibérie ou Russie d'Asie.	Turquie.	Indo-Chine.
	Perse.	Hindoustan.
	Baloutchistan.	Arabie.
	Afghanistan.	
	Turkestan.	
	Empire chinois.	
	Japon.	

ACCIDENS NATURELS COMMUNS OU FAISANT LIMITE ENTRE PLUSIEURS DE CES GRANDES DIVISIONS.

Mers : d'Oman, de Lieou-Kieou, du Japon, d'Okhotsk.
Golfes : Persique, du Bengale, du Tunkin.
Détroits : d'Ormouz, de Corée, de la Pérouse.
Grande ligne du partage des eaux.—Montagnes : 2 grand Altaï, 6 Stavonnoï ou Yablonnoï, 18 Ararat, 17 Elvend, 15 Mekran, 9 Kan-ti-szu, 37 Koen-lun, 24 Himalaya, 10 Hindou-Kouh.
Fleuves et rivières : (Bassin de l'océan Glacial) Obi (*affluent :* Irtich), Ienissei.—(Bassin de la mer d'Okhotsk) Saghalien-Oula ou Amour.—(Bassin de la mer de Chine) Fleuve de Cambodje, fleuve de Siam ou Meï-nam.—(Bassin de la mer des Indes) Iraouâddi Brâhmapout'r, Gange, Sindh, Euphrate (*affluent :* Tigre). — (Bassin de la mer Caspienne et de l'Aral) Kour, Djihoun ou Amou-Déria.

§ III. — Description de l'Asie.

CIII.

L'*Asie* s'étend du 23ᵉ au 187ᵉ degré à l'est de Paris, et du 1ᵉʳ au 76ᵉ degré de latitude nord; à l'ouest elle confine à l'Europe et à l'Afrique. Les monts et le fleuve Oural, la mer Caspienne, les monts Caucase, la mer Noire, le détroit de Constantinople, la mer de Marmara, les Dardanelles et l'Archipel, la séparent de l'Europe; la mer Rouge et le détroit de Bab-el-Mandeb la séparent de l'Afrique.

De tout autre côté l'Asie est entourée par la mer. Au nord elle a l'océan Glacial, à l'est le grand Océan, qui y forme les mers d'Okhotsk, du Japon, de Lieou-Kieou et de Chine; au sud la mer des Indes, qui y forme le golfe du Bengale; la mer d'Oman et le golfe Persique.

On évalue la population de l'Asie à 550,000,000 d'individus.

CIV.

L'Asie renferme *onze* grandes divisions politiques.

Une au nord : la Sibérie ou Russie d'Asie.

Sept au milieu : la Turquie d'Asie, la Perse, le Baloutchistan, l'Afghanistan, le Turkestan, l'empire Chinois et l'empire du Japon.

Trois au sud : l'Indo-Chine, l'Hindoustan et l'Arabie.

CV.

Les mers communes à plusieurs des grandes divisions politiques d'Asie sont celles :

D'*Oman*, formée par la mer des Indes, entre les côtes d'Arabie, de Perse, du Baloutchistan et de l'Hindoustan;

De *Lieou-Kieou*, formée par le grand Océan, entre la Chine et les îles Lieou-Kieou;

Du *Japon*, formée par le grand Océan, entre la côte de l'empire Chinois et les îles du Japon;

D'*Okhotsk*, formée par le grand Océan, entre les côtes de l'empire Chinois et de la Sibérie.

CVI.

Les golfes communs à plusieurs des grandes divisions de l'Asie sont :

Le *golfe Persique*, formé par la mer d'Oman, entre l'Arabie et la Perse ;

Le *golfe du Bengale*, formé par la mer des Indes, entre l'Hindoustan et l'Indo-Chine ;

Le *golfe du Tunkin*, formé par la mer de Chine, entre le Tunkin, l'un des états de l'Indo-Chine, et la Chine.

CVII.

Les détroits d'Asie communs à plusieurs de ses grandes divisions politiques sont ceux :

D'*Ormouz*, qui communique du golfe Persique à la mer d'Oman, entre l'Arabie et la Perse ;

De *Corée*, qui communique de la mer de Lieou-Kieou à celle du Japon, entre la Corée, partie de l'empire Chinois, et le Japon ;

De *La Pérouse*, qui communique de la mer du Japon à celle d'Okhotsk, entre les îles de Matsmaï et de Tarakaï.

CVIII.

L'Asie est partagée, mais d'une manière inégale, entre les quatre bassins généraux du globe (LIV et LV). Le bassin de l'océan Glacial occupe toute la partie septentrionale ; celui du grand Océan occupe la partie orientale et méridionale ; celui de l'Atlantique ne comprend qu'une très-petite portion à l'ouest ; enfin le grand bassin Central s'étend, entre les trois autres, dans le centre du continent.

En entrant dans l'Asie par l'ouest, et en se dirigeant à l'est, les monts *Oural*, les monts *Gouberlinski*, les *grands Altaï* et les monts *Stavonnoï* ou *Yablonnoï*, qui vont se terminer sur le détroit de Behring, forment la ligne de faîte du bassin de l'océan Glacial. Jusqu'au commencement des monts Stavonnoï, cette ligne de faîte est commune au bassin Central ; à partir de ce point jusqu'au détroit de Behring, elle est commune au bassin du grand Océan.

Du point de cette ligne où commence le nom de Stavonnoï, c'est-à-dire à la source de l'Amour, se détache la ligne de faîte du grand Océan : elle va d'abord au sud, sous le nom de *King-Chan*, tourne à l'ouest, et reçoit successivement ceux de *Kan-ti-szu*, de *Tsoung-ling*, d'*Hindou-Kouh*, de *Suleïman-Kouh*, de *monts du Mekran*, d'*Elvend* ; enveloppe les sources de l'Euphrate, se reploie au sud, prend le nom de mont *Liban*, et pénètre en Afrique par l'isthme de Suez. Depuis la source de l'Amour jusqu'à celle de l'Euphrate, cette ligne de faîte est commune au grand bassin Central: depuis la source de l'Euphrate jusqu'à l'isthme de Suez, elle est commune au bassin de l'océan Atlantique.

Le grand bassin Central occupe ainsi l'espace compris entre le Gouberlinski et le grand Altaï au nord, le King-Chan à l'est, le Kan-ti-szu, le Tsoung-ling, l'Hindou-Kouh, le Suleïman-Kouh, les monts du Mekran et l'Elvend, au sud. Sa partie occidentale s'étend sur l'Europe (LVI).

La surface du bassin Central peut être distinguée en partie basse à l'ouest, où sont la mer Caspienne et le lac d'Aral; et en partie élevée à l'est. Cette dernière partie renferme le *grand plateau d'Asie*, dont la surface, fort élevée au-dessus de l'Océan, est en partie occupée par d'arides déserts, notamment par le *Gobi* ou *Cha-mo*. Les faces ou versans de ce plateau sont tournées vers les quatre points cardinaux. Sa crête septentrionale, formée par le *grand Altaï*, fait partie de la ligne de faîte de l'océan Glacial; sa crête orientale, formée par le *King-chan*, et sa crête méridionale, formée par le *Kan-ti-szu* et le *Tsoung-ling*, font partie du bassin du grand Océan. Enfin sa crête occidentale, appelée mont *Belour-tagh*, forme la ligne de faîte particulière de la mer Caspienne et du lac d'Aral, et détermine la séparation de la région basse et de la région élevée du bassin Central.

En avant du grand plateau, au nord et au sud, s'étendent des terrasses (XXXIV), dont les crêtes sont coupées par des gorges profondes, où coulent les rivières dont les sources sont dans la crête même du plateau. Au nord, il n'y a qu'une terrasse notable, dont la crête reçoit le nom de *petit mont Altaï*; au sud, il y a plusieurs rangées de terrasses superposées en forme d'immenses gradins, qui descendent du plateau aux plaines de l'Hindoustan. La crête la plus remarquable de ces terrasses est celle qu'on nomme *monts Himalaya*.

La ligne de faîte du grand Océan et de la mer des Indes, qui en est une dépendance, est formée par une longue chaîne de montagnes qui se détache de l'angle sud-est du grand plateau, et court au sud, à travers le Tibet et l'Indo-Chine, jusqu'au cap *Romania*, point le plus méridional de l'Asie, à l'extrémité de la presqu'île de Malaya.

CIX.

Les principaux fleuves et rivières d'Asie communs à plusieurs grandes divisions politiques sont:

Sur le bassin de l'océan Glacial, l'*Obi* et le *Jenisseï*, qui ont leurs sources dans les limites de l'empire Chinois, et traversent la Sibérie du sud au nord : l'Obi reçoit l'*Irtich*;

Sur le bassin de la mer d'Okhotsk, l'*Amour* ou *Saghalien-Oula*, commun à la Sibérie et à l'empire Chinois, et dont le cours est de l'ouest à l'est;

Sur le bassin de la mer de Chine, la rivière de *Kambodje* et la rivière de *Siam*, communes à la Chine et à l'Indo-Chine : leur cours est au sud;

Sur le bassin de la mer des Indes, l'*Iraouâddi*, ou rivière d'*Ava*, commune à l'empire Chinois et à l'Indo-Chine; le *Brahmapout'r*, commun à l'empire Chinois et à l'Hindoustan, et qui se jette dans le golfe du Bengale, ainsi que la rivière d'Ava; le *Gange*, affluent du même golfe, commun au Tibet et à l'Hindoustan; le *Sindh* ou *Indus*, affluent de la mer d'Oman, commun au Tibet, à l'Afghanistan et à l'Hindoustan; l'*Euphrate*, dont le *Tigre* est un affluent, commun à la Turquie, à l'Arabie et à la Perse, et qui se jette dans le golfe Persique;

Sur le grand bassin Central, le *Kour*, commun à la Turquie et aux provinces russes du Caucase, sort d'une branche du Caucase, coule à l'est, et se perd dans la mer Caspienne, après avoir reçu l'*Aras*; le *Djihoun* ou *Amou-Déria* sort du versant occidental du grand plateau, coule à l'ouest entre le Turkestan et la Perse, et se jette dans le lac d'Aral.

CX.

La SIBÉRIE ou RUSSIE D'ASIE est une région une fois et demie grande comme l'Europe, et qui forme à peu près le tiers de l'Asie. Comprise entre le 49ᵉ et le 188ᵉ degré de long. à l'est de Paris — le 47ᵉ et le 76ᵉ degré de lat. N.-O., elle a à l'ouest les monts Oural, qui la séparent de la Russie d'Europe; au sud le Turkestan et l'empire Chinois, dont elle est en partie séparée par les petits monts Altaï et les monts Stavonnoï; à l'est la mer d'Okhotsk, la mer et le détroit de Béhring; au nord l'océan Glacial.

Cet immense pays n'est presque qu'une vaste plaine, couverte en grande partie de marécages, de forêts et de steppes ou déserts incultes, et presqu'inhabitée. La rigueur de son climat est extrême, surtout au nord; son sol est en grande partie improductif. Le gouvernement russe en tire principalement des pelleteries; il y a aussi dans les cantons montagneux du sud de nombreuses mines d'or, d'argent, de cuivre et de fer.

La Sibérie renferme au plus 4,000,000 d'habitans. Une partie de cette population est fixée au sud, dans des villes et des villages; l'autre partie erre dans les plaines du centre et du nord, où la pêche et la chasse sont ses seuls moyens de subsistance.

Ces tribus nomades et à demi sauvages sont nombreuses, et une partie d'entre elles diffère entièrement par le langage. On y distingue les *Samoïèdes*, les *Kalmouks*, les *Tungouses*, les *Iakouts*, les *Ostiaks*, etc.

Les Russes ont divisé la Sibérie en trois grands gouvernemens: celui de *Tobolsk* est à l'ouest, celui de *Tomsk* au milieu, et celui d'*Irkoutsk* à l'est. Ces gouvernemens sont subdivisés en provinces.

Villes principales: *Tobolsk*, ville de 20,000 âmes, sur l'Irtisch, au confluent du Tobol; *Tomsk*, ville de 11,000 âmes, sur le Tom; *Irkoutsk*, avec un nombre d'habitans à peu près égal, au confluent de l'Irkoust et de l'Angora : ce sont les chefs-lieux des trois gouvernemens. *Tobolsk* est regardée comme la capitale de la Sibérie. Outre ces villes, on peut citer *Iakoutsk*, sur la Léna, à 600 lieues nord-est d'Irkoutsk; *Nertchinsk*, sur la Rischilka, au sud-est du lac Baïkal; *Kiakta*, non loin de Nertchinsk, sur la frontière chinoise, vis-à-vis du bourg chinois de *Maï-ma-tchin*. Ces deux endroits servent d'entrepôt au commerce que les Chinois et les Russes font ensemble.

Le *Kamtchatka* est une grande péninsule à l'extrémité orientale de la Sibérie, entre les mers d'Okhotsk et de Behring; on y trouve un bon port sur le grand Océan, appelé *Saint-Pierre et Saint-Paul*.

La Sibérie est enveloppée au sud, partie en dehors, partie en deçà des frontières, par la ligne de faîte du bassin de l'océan Glacial. Cette ligne de faîte donne naissance à toutes les rivières qui traversent cette contrée et qui coulent toutes au nord, vers l'océan Glacial. Les plus remarquables, en s'avançant à l'est, sont: l'*Obi*, qui reçoit l'*Irtisch*, dont le *Tobol* est un affluent; le *Ienissei*, dont le principal affluent est la *haute Tungouska* ou *Angara*, par laquelle s'écoule le lac *Baïkal*, qui a reçu lui-même la *Selinga*; la *Léna*, la *Kovima*, etc.

CXI.

La Turquie d'Asie, presque trois fois aussi étendue que la Turquie d'Europe, s'étend de l'Archipel ou mer Égée au Tigre, et de la mer Noire à l'isthme de Suez. Elle touche, au nord-est, au Caucase, qui la sépare de la Russie; à l'est, à la Perse; au sud, à l'Arabie. Elle est comprise entre 23°—48° long. E., et 30°—42° at. N.

La Turquie d'Asie embrasse plusieurs contrées jadis fameuses; ces contrées sont au nombre de six: l'*Asie mineure* ou *Anatolie*, l'*Arménie*, le *Kourdistan*, l'*Irâk-Arabi*, l'*Al-Djézirèh* et la *Syrie*. Chacune d'elles est divisée en plusieurs provinces sous le titre de *pachaliks, sandjaks*, etc.

La population totale est de 12 ou 15,000,000 d'âmes. Toutes ces contrées, autrefois riches et florissantes, sont aujourd'hui pauvres, mal peuplées et couvertes de ruines.

CXII.

L'*Anadoli* ou *Anatolie*, autrefois *Asie mineure*, est la plus grande des six contrées de la Turquie asiatique. Elle est baignée au nord par la mer Noire et la mer de Marmara, à l'ouest par l'Archipel, au sud par la Méditerranée; à l'est elle confine à l'Al-Djézirèh et à l'Arménie, dont elle est en partie séparée par l'Euphrate. Villes principales: *Kutaïèh*, chef-lieu de pachalik; *Angora*, sur le Sakaria; *Sivas*, l'ancienne *Sebaste*; *Koniéh*, l'ancienne *Iconium*; *Sumeisat*, l'ancienne *Samosate*, sur l'Euphrate, dans l'intérieur du pays; *Trébizonde, Sinope, Amaserâh, Érékli*, sur la mer Noire; *Ismid*, l'ancienne *Nicée*; *Is-Nikmid*, l'ancienne *Nicomédie*, et *Burse*, l'ancienne *Prusa*, vers la mer de Marmara; *Scutari*, sur le Bosphore, vis-à-vis de Constantinople; *Smyrne*, la première des villes de l'Anatolie, sur un golfe de l'Archipel; *Satalièh*, sur la Méditerranée.

Parmi les ruines sans nombre de villes célèbres que renferme l'Anatolie, on remarque celles de *Troie*, à l'extrémité nord-ouest, près de l'entrée des Dardanelles.

CXIII.

L'*Arménie* était autrefois un grand royaume entre la mer Noire et la mer Caspienne, en tirant au sud. Aujourd'hui elle est partagée entre les Russes, les Persans et les Turks; ceux-ci en ont la portion la plus étendue.

Les principales villes de l'*Arménie turque* sont *Erz-Roum*, capitale, près des sources de l'Euphrate; *Van*, sur un grand lac du même nom; *Kars*, au nord-est d'Erz-Roum, etc.

Le *Kourdistan* est un pays très-montagneux, situé entre l'Arménie au nord, la Perse à l'est, l'Irâk-Arabi au sud, et l'Al-Djézirèh à l'ouest. Il répond à une portion de l'ancienne *Assyrie*.

Ce pays, en partie occupé par des tribus nomades, n'a pas de ville remarquable. On y voit les ruines de l'ancienne *Arbelles*, près de laquelle Alexandre remporta une victoire fameuse, sur le roi de Perse Darius.

CXIV.

L'*Irâk-Arabi* forme l'extrémité sud-est de la Turquie; il touche à la Perse par l'est, à l'Arabie par l'ouest, au golfe Persique par le sud, au Kourdistan et à l'Al-Djézirèh par le nord. L'*Euphrate* l'arrose et y reçoit le *Tigre*. Villes principales : BAGDAD, capitale, sur le Tigre : 80,000 habitans; *Bassora*, sur l'Euphrate, au-dessus du confluent du Tigre : 50,000 habitans. Les ruines de la fameuse *Babylone* sont sur l'Euphrate, entre Bagdad et Bassora.

L'Irâk-Arabi répond à l'ancienne *Babylonie*, la *Chaldée* des livres saints.

L'*Al-Djézirèh*, appelé autrefois *Mésopotamie*, est un pays compris entre l'Euphrate et le Tigre; il a l'Irâk-Arabi au sud et l'Arménie au nord. Ses villes principales sont : *Mossoul*, capitale, sur le Tigre; *Mardin*, au pied des montagnes; *Diarbékir*, l'ancienne *Amida*, sur le Tigre, vers sa source, etc. Les ruines de *Ninive* se voient sur les bords du Tigre, près de Mossoul.

CXV.

La *Syrie* s'étend entre la Méditerranée et l'Euphrate, depuis la frontière de l'Asie mineure au nord, jusqu'à celle d'Arabie et à l'isthme de Suez au sud. Les villes principales sont : *Alep* ou *Haleb*, au nord; *Antakia*, l'ancienne *Antioche*, sur l'Oronte, entre Haleb et la mer; *Tripoli, Tortose, Saint-Jean-d'Acre, Bérite, Seïde* ou *Sidon, Souz* ou *Tyr*, sur la côte, du nord au sud; *Damas*, dans les terres, à l'est du Liban; *Jérusalem*, l'ancienne capitale des Hébreux, près de la mer Morte, à l'ouest.

Dans les montagnes habitent les *Druses*, sectaires fameux.

CXVI.

La ligne de faîte du grand Océan et de l'Atlantique décrit une ligne circulaire sur la partie orientale de la Turquie d'Asie. Elle traverse l'Arménie, où elle donne naissance au Kour et à l'Euphrate, et prend, en Syrie, le nom de *Liban*, avant d'arriver à l'isthme de Suez. Cette ligne de faîte partage la Turquie entre le bassin de l'Atlantique, qui comprend la Natolie et une partie de la Syrie, le bassin du grand Océan, qui comprend le reste de la

Syrie, l'Al-Djézirèh, le Kourdistan, l'Irâk et la moitié de l'Arménie; et le bassin Central, qui ne comprend que l'autre moitié de l'Arménie. Le mont *Taurus*, qui parcourt de l'est à l'ouest la partie méridionale de la Natolie, est une ramification de cette ligne de faîte; il sépare le bassin de la Méditerranée, proprement dit, de celui de la mer Noire.

La Turquie a deux lacs remarquables : le lac de *Van*, en Arménie, et le lac *Asphaltite* ou *mer Morte*, en Syrie.

Ses principales rivières sont : sur le bassin de la mer Noire, le *Kizil-Ermak* et le *Sakaria*, particulières à la Natolie; sur le bassin de la mer de Marmara, le *Granique*, où Alexandre livra sa première bataille en Asie; sur le bassin de l'Archipel, le *Sarabat* et le *Minder*, l'ancien *Méandre*, qui appartiennent aussi à la Natolie; sur le bassin de la Méditerranée, l'*Oronte* ou *Asi*, qui coule en Syrie; sur le bassin de la mer des Indes, l'*Euphrate*, qui naît en Arménie, sépare l'Al-Djézirèh de la Natolie et de la Syrie, et l'Irâk de l'Arabie, puis se jette dans le golfe Persique par plusieurs embouchures, après avoir reçu le *Tigre*, commun à l'Al-Djézirèh ou Kourdistan, et à l'Irâk-Araby. Le *Jourdain*, rivière célèbre de Syrie, a son embouchure dans la mer Morte, grand lac sans écoulement.

Parmi les îles voisines des côtes, on mentionnera *Métélin* ou *Lesbos*, *Scio*, *Samos*, sur la côte occidentale de la Natolie, dans l'Archipel; *Rhodes* et *Chypre*, près de la côte méridionale de la même contrée, dans la Méditerranée.

CXVII.

Le ROYAUME DE PERSE, compris entre 25°-41° lat. N. et 41°-62° long. E., est à l'est de la Turquie, entre la mer Caspienne au nord et le golfe Persique au sud. De l'est à l'ouest il a 300 lieues, du nord au sud 400 dans sa plus grande dimension. Son étendue est plus que double de celle de la France; sa population n'est que de 12,000,000 d'âmes.

La Perse est aujourd'hui divisée en onze provinces, subdivisées en districts.

Les villes principales sont : TÉHÉRAN, capitale, au sud de la mer Caspienne : 50,000 habitans; *Ispahan*, ancienne capitale, au midi de Téhéran; *Hamadan* (l'ancienne *Ecbatane*, capitale de Médie) (S.-O.); *Goumroun* ou *Bender-Abassy*, port sur le golfe Persique (S.); *Chyraz*, belle ville de 50,000 habitans, dont le territoire produit des vins renommés, et près de laquelle sont les ruines de *Persépolis*, ancienne capitale de la Perse, brûlée par Alexandre; *Asterabád*, à l'autre extrémité de la Perse, près de la mer Caspienne (N.E.); *Tauris*, ville de 100,000 habitans, à 10 l. de la côte orientale du lac d'Ormiâh (N.-O.); *Erivan*, capitale de l'Arménie persane, au nord de Tauris (N.-O.).

La Perse n'a pas de grandes rivières; toute sa partie orientale n'est qu'un plateau aride et sablonneux. La partie occidentale est au contraire extrêmement montagneuse : c'est ce que signifie son nom d'*Al-Djébal*.

La ligne de faîte commune au grand Océan et au bassin Central traverse la partie méridionale de la Perse, et prend, vers son extrémité occidentale, dans l'Al-Djébal, le nom de mont *Elvend*. Elle longe le golfe Persique, auquel elle envoie des rivières peu considérables.

Les monts *Elbourz*, au sud de la mer Caspienne, et les monts du *Khoraçan*, plus loin à l'est, forment une ligne de faîte dans l'intérieur du bassin Central, laquelle se lie à l'ouest au mont Elvend, et à l'est à l'Hindou-Kouh. Elle sépare le bassin particulier de la mer Caspienne et celui du lac d'Aral, de la région plus élevée, où est en grande partie située la Perse.

La Perse est généralement un pays riche et fertile; ce sont de longues guerres intestines qui l'ont dépeuplée et appauvrie.

Le roi de Perse a le titre de *châh*; son pouvoir est absolu.

Les Persans sont mahométans *chütes*; leur idiôme est riche et harmonieux.

CXVIII.

Le BALOUTCHISTAN est un pays habité par les tribus nomades de *Baloutchis*, entre la Perse à l'ouest, l'Hindoustan à l'est, l'Afghanistan au nord, et la mer d'Oman au sud. Il est compris entre 25°-31° lat. N., et 55°-66° long. E. Il n'y a guère de villes remarquables dans ce pays que *Kelat*, qui en est la capitale, et *Pendj-Pour* au sud-ouest.

L'AFGHANISTAN est au nord du Baloutchistan. Il est borné à l'est par l'Indus, qui le sépare de l'Hindoustan; au nord par la grande Boukharie, et à l'ouest par la Perse. Son étendue surpasse celle de la France. Il s'étend du 57e au 74e degré de long. orient., et du 27e au 37e degré de lat. N.

L'Afghanistan comprend quatre grandes contrées, subdivisées

en provinces: le pays de *Balk* au nord, le *Khoraçan* au nord-ouest, le *Sedjistan* au sud-ouest, et l'*Afghanistan* propre au centre et à l'est. Les principales villes sont: KABOUL, capitale du pays, ville de 80,000 âmes; *Ghiznèh*, qui fut autrefois la capitale d'un royaume puissant (S.); *Kandahar*, qui fut long-temps la capitale du pays des Afghans (S.-O.); *Balk*, ville de 7,000 âmes (N.-O.); *Hérat*, capitale du Khoraçan (O.): 100,000 habitans.

Le Baloutchistan et l'Afghanistan ont fait autrefois partie de la Perse.

La ligne de faîte commune au bassin du grand Océan et au bassin Central, après avoir quitté l'angle sud-ouest du grand plateau, traverse la partie orientale de l'Afghanistan, sous le nom de *Suleïman-Kouh*, puis sépare, sous le nom de monts *Vechety*, l'Afghanistan du Baloutchistan, avant de pénétrer dans Perse.

L'Afghanistan est compris presqu'en entier dans une sorte de bassin isolé, dépendant du grand bassin Central, et arrosé par l'*Helmend*, qui se perd dans un lac sans écoulement, appelé *Zorrâh*. Ce bassin est séparé de ceux du lac d'Aral et de la mer Caspienne par les monts du *Khoraçan*, appelés quelquefois *Paropamisan*.

Le Baloutchistan est sur le bassin de la mer des Indes. Il n'a pas de rivière remarquable, à cause de son peu de largeur.

Le climat des deux pays est très-chaud. Le sol est fertile, et les productions variées partout où la culture est en vigueur.

Le souverain du Baloutchistan a le titre de *khan*; celui de l'Afghanistan est appelé *châh*. Les Baloutchis et les Afghans sont mahométans. Le langage des deux peuples a de l'affinité avec le persan.

CXIX.

Le TURKESTAN est une grande contrée située à l'est de la mer Caspienne jusqu'au pied des monts *Belour*, qui forment en partie la crête occidentale du grand plateau d'Asie. Il a au nord la Sibérie, au sud la Perse et l'Afghanistan, et s'étend du 48e au 81e degré de long. E., et du 35e au 55e degré de lat. N.

Le Turkestan est habité par plusieurs peuples en partie nomades, en partie fixés dans des villes. Au nord sont les *Khirgiz*, au sud-ouest, sur la mer Caspienne, les *Turkomans*, au sud les *Ouzbeks*, maîtres actuels de la plus belle partie de cette contrée. Le pays occupé par les Ouzbeks est appelé *grande Boukharie*, du nom de *Boukhara*, sa capitale. *Samarkand*, ville autrefois riche et puissante, est à l'est. Les autres villes les plus remarquables sont : *Khiva*, sur le Djihoun, au sud du lac d'Aral ; *Otrar, Tounkat, Tackhend* et *Khodjend*, sur le Sïr.

Le Turkestan est divisé entre plusieurs petits souverains, qui ont le titre de *khan*. Le plus puissant est celui de Boukhara.

Le Turkestan est compris dans le bassin Central. Le grand lac d'*Aral*, à l'est de la mer Caspienne, reçoit les deux seules rivières notables qui arrosent le pays, le *Sïr*, appelé aussi *Sihoun*, et le *Djihoun* ou *Amou*. Il y a dans le centre et dans le nord des déserts de sable et de vastes *steppes*.

Les peuples du Turkestan sont *mahométans* ; leurs idiomes sont des dialectes du turk.

CXX.

L'EMPIRE CHINOIS est le plus vaste du monde après l'empire Russe. Les pays qu'il comprend ont une étendue de 1200 lieues de l'ouest à l'est, et de 900 lieues du sud au nord. Sa superficie surpasse d'un tiers celle de l'Europe, et comprendrait vingt-quatre fois celle de la France.

Situé entre 67°—139° long. E., et 20°—56° lat. N., il a pour bornes au nord la Sibérie, à l'ouest le Turkestan, au sud l'Hindoustan et l'Indo-Chine, à l'est le grand Océan, qui forme sur ses côtes la mer du Japon, la mer Jaune, la mer de Lieou-Kieou et la mer de Chine. Des montagnes presque inaccessibles l'entourent en grande partie au nord, à l'ouest et au sud.

Ce grand empire comprend sept contrées tout-à-fait distinctes, habitées par des peuples dont le langage, les lois, les mœurs, diffèrent totalement : ces sept pays sont la *Chine*, la *Mandchourie*, la *Corée*, la *Mongolie*, la *Kalmoukie*, le *Turkestan oriental* et le *Tibet*. Une partie de ces pays est seulement tributaire, et non provinces de l'empire.

La Chine, la Corée, et quelques parties du Tibet, du Turkestan et du pays des Kalmouks, sont seules couvertes de villes, et soumises à une administration régulière. Tout le reste est occupé par des tribus nomades qui habitent sous des tentes, et qui n'ont que peu de villages fixes, encore moins des villes.

La langue chinoise diffère totalement de toutes les langues connues. Les langues de la Corée, des Mandchoux, des Mongols, des Tibétains, des habitans du Turkestan, sont tout-à-fait différentes entre elles et du chinois.

La religion de *Bouddha*, dont le *grand-lama* est le chef, est la plus répandue dans l'empire, mais tous les cultes y sont tolérés.

CXXI.

La *Chine* est la plus grande et la première, sous tous les rapports, des diverses contrées qui composent l'empire; elle a au nord la Mongolie, dont elle est séparée par une *muraille* longue de 500 lieues; à l'ouest le Tibet, au sud les Birmans et le Tunkin, à l'est la mer. Sa longueur est de 500 lieues, sa largeur de 400; sa superficie égale sept à huit fois celle de la France, et on porte sa population à 150, et même à plus de 300,000,000 d'âmes.

La Chine est divisée aujourd'hui en dix-neuf provinces. Ses villes les plus connues sont : Péking, capitale, au nord; elle renferme, dit-on, 2,000,000 d'habitants; *Nankin*, sur le fleuve Bleu, à 210 lieues de Péking (S.-S.-E.), avec 1,000,000 d'habitants; *Canton*, au sud, sur un golfe, à 400 lieues de Péking; c'est la seule ville où les Européens puissent débarquer en Chine; *Macao*, ville fondée par les Portugais, dans une île près de Canton : 12,000 habitants. C'est le lieu ordinaire d'entrepôt pour les marchandises européennes.

CXXII.

La *Mandchourie* ou *pays des Mandchoux* est au nord-est de la Chine; la mer du Japon le baigne à l'est. Ce pays, d'où est sorti le peuple qui a conquis la Chine en 1644, et qui y commande encore, a peu de villes; la plupart sont situées sur les bords de l'*Amour*, qui le traverse.

La *Corée* est une péninsule au sud de la Mandchourie. Elle est divisée en huit provinces : sa capitale est *Han-yang-tching*, dans la province de King-ki.

CXXIII.

La *Mongolie* est au nord de la Chine : elle a la Sibérie au nord, le pays des Mandchoux à l'est, et celui des Kalmouks à l'ouest.

Tous les Mongols sont nomades; ils sont divisés en deux grandes branches : les *Kalkas-Mongols* au nord, sur la frontière de la Sibérie, et les *Charras-Mongols* au sud, le long de la grande muraille. Les uns et les autres sont divisés en *hordes* ou *bannières*.

Les *Kalmouks* ont la même origine, et parlent la même langue que les Mongols; on les appelle quelquefois *Mongols occidentaux*. Ils se donnent à eux-mêmes le nom d'*Oïrad*, que les Chinois prononcent *Ælæt*, dont nous avons fait *Eleuths*. Ils se divisent en quatre principales branches : les *Khoskhots* ou *Eleuths de Khou-khou-nor*, les *Dzoungars*, les *Torghotes* et les *Derbètes*.

Les Kalmouks ont des villes; les principales sont : *Tourfan*, *Hami*, *Oroumtsi*, etc.

Le *Turkestan oriental* ou *petite Boukharie* est au sud de la Kalmoukie, au nord du Tibet occidental, et à l'est de la grande Boukharie, dont il est séparé par des montagnes d'un difficile accès. *Yarkand*, *Kachghar*, *Khôtan*, etc., sont les principales villes de ce pays, qu'arrosent plusieurs rivières qui se réunissent toutes à celles de *Yarkand*; celle-ci va se perdre à l'est dans le lac *Lop*.

Le *Tibet* est un grand pays très-montagneux et fort peu connu, situé entre la Chine à l'est, l'Hindoustan au sud, le Turkestan à l'ouest, la petite Boukharie et le pays des Éleuths au nord. Sa capitale, *Lhassa*, est la résidence du *dalaï-lama*, patriarche de la religion *bouddhiste*.

CXXIV.

Le *grand plateau d'Asie* est renfermé tout entier dans les limites de l'empire Chinois; sa surface est occupée par la Mongolie, le pays des Éleuths, la petite Boukharie et un immense désert sablonneux, que les Mongols appellent *Gobi*, et les Chinois *Cha-mo*. Aussi ces pays ont peu de rivières, et toutes celles qu'on y rencontre se perdent dans des lacs sans écoulement.

La face orientale et la face méridionale du plateau font partie de la ligne de faîte du bassin du grand Océan (CVIII); c'est sur ce bassin que sont situées toutes les parties de l'empire Chinois qui ne sont pas comprises dans l'étendue du grand plateau, c'est-à-dire dans les limites du bassin Central.

Le grand Océan forme, sur les côtes de l'empire Chinois, la *mer du Japon*, la *mer Jaune*, la *mer de Licou-Kicou* et la *mer de Chine*; les lignes de faîte de ces quatre mers sont formées par des chaînes de montagnes qui partent de la crête du grand plateau.

Les principaux fleuves ou rivières de l'empire Chinois sont :

Sur le bassin de la mer du Japon, l'*Amour* ou *Seghalien-Oula*, formée par la réunion de l'*Onon* et du *Kerlon*. Elle coule à l'est, et traverse le pays des Mandchoux.

Sur le bassin de la mer de Lieou-Kieou, le *Hoang-Ho* ou *fleuve Jaune*, et le *Yang-tsé-Kiang* ou *fleuve Bleu*, qui traversent la Chine de l'ouest à l'est;

Sur le bassin de la mer de Chine, le *Ta-Kiang*, qui arrose aussi de l'ouest à l'est, l'extrémité méridionale de la Chine.

La Chine a plusieurs lacs remarquables : le plus grand est appelé *Thoung-Thing*. Il est dans la province de Hou-Nan, et s'écoule dans le fleuve Bleu. Les lacs *Khou-Khou-Noor* et *Lop-Noor* sont dans le pays des Éleuths; ceux de *Terkiri* et *Palté* sont les plus remarquables du Tibet.

Les îles *Hai-Nan* et *Formose* sont dans la mer de Chine, la première au sud de la Chine, la seconde à l'est. Les îles *Lieou-Kieou*, qui donnent leur nom à la mer qui baigne les côtes orientales de la Chine, s'étendent au nord-est de Formose.

CXXV.

L'EMPIRE DU JAPON comprend plusieurs îles situées dans le grand Océan, à l'est de la Corée et de la côte des Mandchoux, depuis le 24e jusqu'au 42e deg. lat. N., et depuis le 127e jusqu'au 141e deg. long. E. Il y en a trois principales : *Niphon*, qui est la plus grande de toutes; capitale JEDO, résidence du souverain; *Sikoki*, au sud; *Kiu-siu*, à l'ouest de Sikoki. *Nangasaki*, capitale de Kiu-Siu, est le seul port où les Européens soient admis, dans toute l'étendue du Japon.

Matsmaï ou *Jesso*, au nord de Niphon, est une île étendue et en partie déserte.

Au nord de Jesso s'étend la grande île *Tarakaï*, sur la côte du pays des Mandchoux, vis-à-vis de l'embouchure de l'Amour.

Le Japon a deux souverains. L'un, appelé *cubo-sama*, exerce toute l'autorité temporelle; l'autre, avec le titre de *daïri*, n'a sous sa juridiction que les choses sacrées.

La religion est le *bouddhisme*.

Les Japonnais parlent une langue différente du chinois, quoiqu'ils se servent des mêmes caractères pour l'écriture.

CXXVI.

L'INDO-CHINE, qu'on appelle aussi INDE AU-DELA DU GANGE, est une grande péninsule qui touche au nord à la Chine, au nord-ouest à l'Hindoutan, et qui, de tout autre côté, est baignée par la mer : à l'ouest c'est le golfe du Bengale, au sud-ouest le détroit de Malacca, qui la sépare de Sumatra; à l'est la mer de Chine, qui y forme les deux grands golfes du *Tunkin* et de *Siam.*

L'Indo-Chine, comprise entre l'équateur et le 27e deg. de lat. N. (de 88° à 107° long. E.), est, par conséquent, presque tout entière dans la zone torride; son climat doit donc être très-chaud. Le sol y est généralement fertile, surtout aux bords des grands fleuves, qui produisent cette fertilité particulière par leurs inondations périodiques.

Les peuples de cette péninsule ont beaucoup d'analogie, dans leurs traits et dans leur langage, avec les Chinois à l'est, et avec les Indiens à l'ouest. Le *bouddhisme* y est la religion dominante.

La péninsule comprend cinq états ou grandes divisions géographiques: *l'empire d'Annam* à l'est, le *royaume de Siam* au milieu, la *presqu'île de Malaya* au sud, *l'empire Birman* à l'ouest, et le *royaume d'Assam* au nord-ouest.

CXXVII.

L'empire d'Annam est formé de quatre grands pays: le *Tunkin* au nord-est, capitale *Ké-Tcho*; la *Cochinchine* au sud-est, capitale *Ké-Hoa*; le *Kambodje* au sud-ouest, capitale *Lawek*; le *Laos*, pays peu connu, dans l'intérieur. *Ké-Hoa* ou *Hué*, capitale de la Cochinchine, est aussi la résidence de l'empereur d'Annam.

Le *royaume de Siam* est entre l'Annam à l'est, et les Birmans à l'ouest. *Juthia* et *Bankok* en sont les deux principales villes; toutes deux sont sur le Meï-Nam, grande rivière qui débouche dans le golfe de Siam.

La *presqu'île de Malaya* est une péninsule étroite et longue qui se projette entre le golfe de Siam et la mer de Chine à l'est, le golfe du Bengale et le détroit de Malacca à l'ouest. Une chaîne de montagnes en parcourt toute la longueur. Entre cette chaîne et les deux côtes on compte neuf petits royaumes, quatre à l'est, un au sud, et quatre à l'ouest. Les quatre de l'est sont *Ligor*, *Patani*, *Tringano* et *Pa-Hang*; celui du sud, *Johor*; les quatre de l'ouest, *Malacca*, *Salangor*, *Pérak* et *Quéda*. *Malacca*, capitale de l'état et sur le détroit du même nom, est la principale ville de toute la péninsule. Elle est occupée par les Anglais.

L'empire Birman comprend plusieurs royaumes, jadis séparés: *Ténassérim*, *Pégu*, *Ava*, *Arrakan*, etc. Villes principales: *Umé-*

rapoura, capitale, dans l'intérieur, sur l'Iraouâddi; *Mannipour* (N.-O.); *Arrakan*, près de la mer (O.); *Rangoun*, avec un port (S.).

Le *royaume d'Assam* est beaucoup moins étendu que les précédens. C'est une vallée que traverse le *Brahmapoutr'*, entre l'empire Birman, le Tibet et le Bengale. Lieux principaux : *Djorhât*, capitale ; *Tchergoung*, forteresse.

CXXVIII.

La péninsule Indo-Chinoise est coupée par quatre grandes chaînes de montagnes qui la parcourent du nord au sud, et qui y forment trois larges vallées où coulent autant de fleuves principaux : le *Meï-Kong*, ou rivière de *Kambodje*, traverse le Laos et le Kambodje et se jette dans la mer de Chine ; le *Meï-Nan*, ou rivière de *Siam*, arrose le royaume et se jette dans le golfe de ce nom ; l'*Iraouâddi*, ou rivière d'*Ava*, traverse l'empire Birman, et se décharge, par un grand nombre d'embouchures, dans le golfe du Bengale.

L'une de ces quatre chaînes, qui sépare le royaume de Siam de l'empire Birman et traverse ensuite la presqu'île de Malaya, forme la ligne de faîte de la mer de Chine et de la mer des Indes, deux parties du grand Océan.

CXXIX.

L'HINDOUSTAN OU INDE EN-DEÇA DU GANGE est une vaste presqu'île dont l'étendue répond au tiers de celle de l'Europe. Elle est comprise entre 8° — 35° lat. N., et 65° — 90° long. E. Elle est bornée au nord par le Tibet, dont les monts Himalaya la séparent; à l'est par le royaume d'Assam, l'empire Birman et le golfe du Bengale ; à l'ouest par le Sindh, qui la sépare de l'Afghanistan et du Baloutchistan, et par la mer d'Oman. Sa forme est celle d'un triangle dont les monts Himalaya sont la base, et dont le cap *Comorin*, qui est au sud, forme le sommet. Le golfe du Bengale baigne le côté oriental, la mer d'Oman le côté occidental.

On évalue à plus de 130,000,000 les habitans de l'Hindoustan.

Cette grande et belle contrée renferme un nombre infini de provinces et d'états séparés, qui peuvent être rangés sous deux grandes divisions :

1° Les pays soumis aux Anglais, et qui forment l'*empire Britannique de l'Inde*.

2° Les états indépendans des Anglais.

Parmi ces derniers, quelques-uns ont le titre d'*alliés des Anglais*, et sont plus ou moins soumis à la politique anglaise. Les autres sont totalement indépendans.

CXXX.

Les provinces anglaises occupent plus de la moitié de la péninsule; elles sont au nombre de dix-neuf, qui ressortissent de trois administrateurs généraux avec le titre de *présidens*, lesquels résident à Calcutta, à Madras et à Bombay. Les principales provinces de la *présidence de Calcutta*, ou *du Bengale*, sont:

Le *Bengale*, avec 25,000,000 d'habitans; villes principales: *Calcutta*, capitale de toute l'Inde anglaise, sur l'Hougly: 8 à 900,000 habitans; *Chandernagor*, possession française près de Calcutta (S.): 40,000 habitans; *Sérampour*, aussi à peu de distance de Calcutta (N.);

Le *Bahar*, à l'ouest du Bengale; chef-lieu *Patna*, sur le Gange: 312,000 habitans;

L'*Allah-Abád*, à l'ouest du Bahar; villes principales: *Allah-Abád*, chef-lieu, au confluent du Gange et de la Djemnâh; *Bénarès*, l'une des premières villes de l'Hindoustan, sur le Gange: 600,000 habitans;

La province d'*Agrâh*, à l'ouest de l'Allah-Abád; chef-lieu *Agrâh*, sur la Djemnâh, à 300 lieues de Calcutta: c'est l'ancienne capitale de l'empire Mogol, détruit par les Anglais au commencement de ce siècle;

La province de *Dehly*, au nord de celle d'Agrâh; chef-lieu *Dehly*, qui fut aussi la résidence des empereurs Mogols; elle est sur la Djemnâh, et compte encore 200,000 habitans;

L'*Oriçâh*, au sud du Bengale, sur le golfe du Bengale; villes principales: *Cuttak*, chef-lieu, sur le Mahanaddy: 100,000 habitans; *Belasore*, port de mer, entre Cuttak et Calcutta; *Jagarnaût*, avec une *pagode*, la plus révérée de l'Hindoustan.

Les principales provinces de la *présidence de Madras* sont:

Les *Serkars*, sur le golfe du Bengale, au sud de l'Oriçâh; villes principales: *Mazulipatnam*, chef-lieu, à l'embouchure de la Kistnâh; *Cicacole*, ancienne capitale, sur la côte (N.-E.);

Le *Karnatic*, sur la côte, au sud des Serkars; villes principales: *Madras*, capitale, sur le golfe du Bengale, à 380 lieues de Calcutta, au sud-ouest: 300,000 habitans; *Arcât*, ancienne capitale (S.-O.); *Pondichéry*, possession française, sur la côte (S.); *Tran-*

quebar, ville danoise, sur la côte (S.); *Karikal*, possession française, aussi sur la côte (S.); *Madhourèh* ou *Maduré* (S.-O.);

La province de *Cochin*, sur la côte occidentale de l'Inde; chef-lieu *Cochin*, port de mer important, au sud-ouest de Madras;

La province de *Malabar*, au nord de celle de Cochin, aussi sur la côte; villes principales : *Calicut*, capitale, port de mer; *Mahé*, possession française, sur la côte (N.-O.). Calicut est le premier lieu où les Portugais abordèrent dans l'Inde, sous la conduite de Vasco de Gama, en 1498.

Les villes principales de la *présidence de Bombay*, qui comprend quatre provinces, sont :

Bombay, capitale, dans une île de la mer d'Oman, près de la côte : 150,000 habitans; *Goa*, ville portugaise, aussi dans une île, à 90 lieues sud de Bombay : 33,000 habitans; *Pounâh*, ancienne capitale des *Mahrattes* (S.-E.); *Surate*, ville d'un grand commerce, près de l'embouchure du Tapty : 600,000 habitans.

CXXXI.

Outre les provinces anglaises, on compte dans l'Inde seize états plus ou moins importans, dont quelques-uns, comme nous l'avons dit, sont tributaires des Anglais, sous le titre d'alliés. Les principaux sont :

La *nababie d'Aoude*, enclavée dans les possessions anglaises, entre les provinces d'Allâh-Abâd à l'est, d'Agrâh et de Dehly à l'ouest; *Laknau*, capitale, sur la Goumty : 300,000 habitans;

Le *Bundelkhund*, au sud de la province d'Allah-Abâd;

Le *Holkar*, au sud-ouest du Bundelkhund; chef-lieu *Indour*;

Le *Sindhyâh*, entre le Bundelkhund et le Holkar; capitale *Oudjein*, lieu de pèlerinage pour les Hindous;

Le *Goudjérate* ou *Guzerate*, presqu'île au nord-ouest de Surate, entre les golfes de *Cambaye* et de *Cutch*, formés par la mer d'Oman;

Le *Dekhan*, gouverné par un *nizam*, au centre de la péninsule. Il est divisé en quatre provinces. Les villes principales sont : *Aureng-Abâd*, dans la partie nord-ouest; c'est la résidence du nizam, alternativement avec *Haïder-Abad* (S.-E.); *Ellitchpour*, chef-lieu de la province de *Bérar*, dans la partie septentrionale du Dekhan; *Golconde*, célèbre par ses mines de diamant, près d'Haïder-Abad (N.-O.).

Le *Gandouanáh*, à l'est du Dekhan; capitale *Nagpour*, ville de 100,000 habitans;

Le *Maïssour*, dans la partie méridionale de l'Hindoustan, entièrement enclavé dans les provinces anglaises; villes principales: *Seringapatnam*, capitale, sur le Cavery: 32,000 habitans; *Maïssour*, ancienne capitale, près de Seringapatnam (S.); *Bengalore*, (N.-E.);

Le *Travancore*, à l'extrémité méridionale de la péninsule, sur la mer d'Oman; villes principales: *Trivanderam*, capitale; *Travancore*, ancienne capitale;

Le *royaume de Népál*, à l'autre extrémité de l'Hindoustan, entre le Bengale et le Tibet; il occupe la largeur d'une terrasse comprise entre les monts Himalaya au nord, et les monts Kemaoun au sud, dans une longueur de 190 lieues de l'est à l'ouest, sur une largeur de 30 lieues; *Katmandou*, capitale;

Le pays d'*Adjémyr*, où dominent les *Radjepouts* et les *Djâtes*, entre la province de Dehly et le Goudjérate; villes principales: *Adjémyr*, au centre du pays; *Oudeypour* (S.); *Bickanyr* (N.-O.); *Djecelmyr* (O.); etc.;

Le pays de *Sindhy*, traversé par le Sindh ou Indus, qui y a ses embouchures; villes principales: *Haïder-Abád*, capitale, sur le Sindh, à 40 lieues de la mer; *Tattáh*, ancienne capitale, sur le même fleuve, entre Haïder-Abád et la mer;

Le *Pendj-áb* ou pays de *Lahor*, où dominent les *Seyhks*. Ce pays est au nord du précédent, entre le haut Sindh et le Setledje; villes principales: *Lahor*, capitale, sur le Ravy: 100,000 habitans; *Attok*, sur le Sindh (N.-O.); *Moultan*, sur le Djylem (S.-O.);

Le *Kachmyr*, pays célèbre, renfermé de toutes parts entre des montagnes, et traversé par le Djylem, affluent du Sindh. Il a au nord et à l'est le Tibet, au sud le Lahor. Capitale *Sirinagor*, sur le Djylem. On tire du Kachmyr une grande quantité de *schalls*, auxquels on a donné le nom de ce pays.

CXXXII.

L'Hindoustan est situé tout entier sur le bassin de la mer des Indes, qui forme les deux grands golfes, ou plutôt les deux mers du Bengale et d'Oman. La ligne de faîte de la mer des Indes, c'est-à-dire la crête méridionale du grand plateau, court sur le Tibet, au nord des limites de l'Hindoustan.

Les bassins du golfe du Bengale et de la mer d'Oman sont séparés par une ligne de faîte qui se détache des monts Himalaya, et parcourt toute la presqu'île jusqu'au cap Comorin, sous les noms de monts *Vindhiâh* au nord, et de montagnes des *Ghâtes* au sud. Ces dernières suivent de très-près la côte occidentale de l'Inde; par conséquent les plus grands fleuves de la péninsule coulent vers la côte orientale ou vers le golfe du Bengale.

Les principaux de ces fleuves, en suivant la côte orientale du nord au sud, sont le *Brahmapoutr'*, dont l'origine est encore inconnue; le *Gange*, premier fleuve de l'Inde, et qui reçoit la *Goumty*, la *Gogrâh*, la *Djemnâh*, etc.; le *Mahanuddy*, qui baigne le Gandouanâh et l'Oriçâh; le *Godavery*, qui traverse le Dekhan; la *Kistnâh*, qui sépare ce pays du Karnatic; le *Cavery*, commun au Maïssour et aux provinces anglaises.

Sur la côte occidentale on ne trouve que trois fleuves dignes de remarque: la *Tapty* et la *Nerbuddâh*, qui se jettent à peu de distance dans le golfe de Cambaye; le *Sindh*, dont les embouchures sont dans la mer d'Oman. Le principal affluent du Sindh est le *Tchinnaou*, formé du *Djylem* et du *Tchen-âb*. Le Tchen-âb reçoit le *Ravy* et le *Gharra*; cette dernière est formée par le *Beyâh* et le *Setledje*. Toutes ces rivières coulent à l'ouest et au sud-ouest.

Les Hindoux donnent au pays qu'arrosent le *Sindh* (*Indus* des anciens), le *Djylem* (ancien *Hydaspes*), le *Tchen-âb* (ancien *Acesynes*), le *Ravy* (ancien *Hydraotes*), et le *Setledje* (ancien *Saranges*), le nom de *Pendj-âb*, ou *Cinq-Rivières* (CXXXI).

La partie de la côte orientale de l'Hindoustan comprise entre la Kistnâh et le Cavery est appelée côte de *Coromandel*; la côte opposée, sur la mer d'Oman, reçoit le nom de côte de *Malabar*.

On remarque, près des côtes de l'Hindoustan, trois îles ou groupes d'îles principaux: *Ceylan*, au sud de la côte de Coromandel, et à l'est du cap Comorin; les *Lak-dives*, à l'ouest de la côte de Malabar, et les *Mal-dives*, au sud des Lak-dives.

CXXXIII.

Le climat de l'Hindoustan est chaud; son sol est d'une fertilité extrême: c'est un des plus beaux pays du monde.

Un nombre assez considérable de nations différentes habitent dans l'Hindoustan; les *Hindoux* ou indigènes sont les plus nombreux. La nation est, de toute antiquité, partagée en quatre grandes classes ou *castes*, savoir: celle des *Bráhmes*, qui est la plus élevée et la plus savante; celle des *Châtris*, dans laquelle on choisit les princes; celle des *Vaichies*, composée des cultivateurs et des commerçans; celle des *Tchoutris*, qui comprend les artisans. Chacune de ces castes est subdivisée en un nombre infini de classes. L'Hindou ne peut jamais sortir de la classe ni de la caste dans laquelle il est né.

Tous les gouvernemens des petits princes de l'Hindoustan sont absolus. Ces princes portent généralement le titre de *radjâh*.

Le *brahmisme* est la religion dominante des peuples de l'Hindoustan. On y trouve aussi des *musulmans*, des *chrétiens*, etc.

La langue vulgaire de l'Hindoustan est appelée *hindoustani*; les habitans des diverses provinces en parlent des dialectes plus ou moins altérés. L'hindoustani dérive du *samskrit*, qui n'est plus maintenant qu'une langue morte et savante, conservée par les Brâhmes et leurs livres saints.

CXXXIV.

L'Arabie est une presqu'île comprise entre 12°—35° lat. N., et 30°—58° long. E. Elle est presqu'aussi grande que l'Hindoustan, mais bien différente quant à son aspect géographique : d'immenses déserts de sable en occupent la plus grande partie.

Sa forme est celle du quadrilatère irrégulier. Le golfe Persique, la mer d'Oman et la mer Rouge en baignent trois côtés; au nord elle tient à l'Irâk-Arabi et à la Syrie.

Les principaux pays de l'Arabie sont : l'*Hedjaz* à l'ouest, sur la mer Rouge; l'*Yémen* et l'*Hadramaûth* au sud-ouest, sur le détroit de Bab-el-Mandeb et la mer d'Oman; l'*Oman* au sud-est : sur cette dernière mer est le détroit d'Ormouz; le *Nedsjed* au centre. Ces pays sont les seuls où l'on trouve quelques rivières qui ne s'éloignent guère des côtes, et où le sol est susceptible de culture.

Les principales villes sont : *la Mekke*, regardée comme la première ville de l'Arabie : elle a vu naître Mahomet, et c'est un lieu de pélerinage pour les musulmans du monde entier : *Djeddâh*, à 15 lieues de la Mekke (O.), sur la mer Rouge, en est le port; *Médine*, au nord de la Mekke, avec un port sur la mer Rouge, appelé *Jambo*; Médine est aussi un lieu de vénération pour les musulmans, parce qu'on y conserve le tombeau de leur prophète. La Mekke et Médine sont dans l'Hedjaz. *Sanâ* est la capitale de l'Yémen; *Aden* et *Moka*, la première sur la mer d'Oman, la seconde sur la mer Rouge, à peu de distance du détroit de Bab-el-Mandeb, en sont les principaux ports. *Mareb*, dans les terres, est la capitale de l'Hadramaûth. *Maskât* est un port fameux, sur la côte d'Oman. *Dréīèh* est la capitale du Nedsjed.

On appelle *Bédouins* tous les Arabes nomades. L'hospitalité et l'esprit de rapine sont deux traits saillans de leur caractère. Leurs princes ont le titre d'*émir*, leurs chefs celui de *cheik*.

Tous les Arabes sont musulmans. Dans le siècle dernier, une secte fameuse, celle des *Ouahabis*, prit naissance parmi eux. Le Nedsjed en était et en est encore le siége principal.

CARTE. AFRIQUE.

LIMITES NATURELLES.—*Au nord*, mer Méditerranée, détroit de Gibraltar; *à l'ouest*, océan Atlantique; *à l'est*, mer des Indes, détroit de Bab-el-Mandeb, mer Rouge, Isthme de Suez.

GRANDES DIVISIONS POLITIQUES OU GÉOGRAPHIQUES.

Sur la Méditerranée : Égypte, états Barbaresques.
Sur la mer Rouge : Nubie, Abyssinie.
Sur l'Atlantique : Sénégambie, Guinée septentrionale, Guinée méridionale, côte des Cimbebas.
A l'extrémité méridionale : Gouvernement du Cap, pays des Hottentots.
Sur l'océan Indien : Kaffrerie, Monomotapa, Mozambique, Zanguebar, Ajan, Adel.
Dans l'intérieur : Grand Désert ou Sahara, Nigritie, pays inconnus.

ACCIDENS NATURELS COMMUNS A PLUSIEURS DE CES GRANDES DIVISIONS, OU FAISANT LIMITE.

Golfe de Guinée.
Canal de Mozambique.
Grande ligne du partage des eaux. — *Montagnes :* Monts Al-Qâmar ou de la Lune, Atlas, montagnes de Kong.
Lac : Tchâd.
Fleuves et rivières : (Bassin de la Méditerranée) Nil. — (Bassin de l'Atlantique) Rivière de Bénin ou Rio-Réal, Zaïre, Orange. — (Bassin de la mer des Indes) Zambèze ou Quilimane.—(Embouchure inconnue) Djoli'Bâ ou Niger.
Iles voisines de l'Afrique : (Dans la mer des Indes) Socotora, Seychelles, Comores, Madagascar, Mascareignes. — (Dans l'Alantique) Sainte-Hélène, l'Ascension, Saint-Mathien, îles du Cap-Vert, îles Canaries, îles Madère, îles Açores.

§ IV. — Description de l'Afrique.

CXXXV.

L'Afrique est une immense péninsule comprise entre 40° lat. N. — 40° lat. S, et 15° à l'O, — 50° à l'E. du méridien de Paris. Elle ne tient au reste de l'ancien continent que par l'étroit *isthme de Suez*; de tout autre côté elle est baignée par la mer. Au nord c'est la Méditerranée, à l'ouest l'océan Atlantique, à l'est la mer des Indes et la mer Rouge. Sa forme est celle d'un triangle irrégulier, dont la base est tournée au nord-est, et dont le sommet, formé par le *cap de Bonne-Espérance*, regarde le sud. Les deux autres angles sont déterminés par le *cap Guardafuy* au nord-est, et par la *pointe de Ceuta*, sur le détroit de Gibraltar, au nord-ouest.

La longueur de l'Afrique, du nord au sud, est de 1800 lieues, sa plus grande largeur de 1650. Sa superficie égale trois fois et demie celle de l'Europe.

Quant à sa population, on n'en peut rien dire de certain, parce que la plus grande partie des pays de l'intérieur nous est totalement inconnue. D'après ce qu'on en connaît, on croit pouvoir la porter à environ 100,000,000 d'âmes.

CXXXVI.

Les grandes divisions politiques et géographiques de l'Afrique sont au nombre de *dix-neuf* :

Deux sur la Méditerranée : l'*Égypte* et les *états Barbaresques*;

Deux sur la mer Rouge : la *Nubie* et l'*Abyssinie*;

Quatre sur l'Atlantique : la *Sénégambie*, la *Guinée septentrionale*, la *Guinée méridionale* et la *côte des Cimbebas*;

Deux à l'extrémité méridionale : le *gouvernement du Cap* et le *pays des Hottentots*;

Six sur l'océan Indien, en remontant au nord : la *Kaffrerie*, le *Monomotapa*, la *côte de Mozambique*, la *côte de Zanguebar*, la *côte d'Ajan* et la *côte d'Adel*;

Trois dans l'intérieur : le *grand Désert* ou *Sahara*, la *Nigritie* ou *Soudan*, et les *pays inconnus*.

CXXXVII.

Le seul golfe notable d'Afrique, commun à plusieurs de ses

grandes divisions, est celui de *Guinée*, formé par l'océan Atlantique, sur la côte occidentale, entre la Guinée septentrionale et la Guinée méridionale.

Le *canal de Mozambique* est un large détroit formé par la mer des Indes, entre l'île de Madagascar et la côte de Mozambique.

CXXXVIII.

La ligne de faîte du grand Océan et de l'océan Atlantique parcourt l'Afrique, du nord au sud, depuis l'isthme de Suez jusqu'au cap de Bonne-Espérance, où elle se termine (LVI). Mais, dans ce long intervalle, plusieurs de ses parties nous sont inconnues. A partir de l'isthme de Suez, elle court entre le Nil et la mer Rouge sous différens noms locaux; elle enveloppe ensuite les sources du Nil, au sud et au sud-ouest de l'Abyssinie, sous le nom de *Djebel-al-Qámar* ou *Monts de la Lune*. Plus au sud, elle pénètre dans des régions encore inconnues. Près du cap de Bonne-Espérance, où nous la retrouvons, elle est formée par les monts *Sneeuweld* ou *Neigeux*.

Il y a en Afrique plusieurs autres grandes chaînes de montagnes, qui sont des ramifications de la grande ligne de partage. La plus fameuse est celle du *mont Atlas*, qui forme, au sud, la ligne de faîte de la mer Méditerranée. Les montagnes de *Kong* sont entre la Nigritie et la Guinée septentrionale; elles sont encore peu connues.

CXXXIX.

On connaît en Afrique huit fleuves principaux : un se jette dans la Méditerranée : le *Nil*, qui arrose l'Abyssinie, la Nubie et l'Égypte; — Cinq ont leurs embouchures dans l'océan Atlantique : le *Sénégal* et la *Gambie*, qui baignent la Sénégambie; la rivière de *Bénin*, qu'on croit être une des issues par lesquelles le Djoli-Bá s'écoule; le *Zaïre*, qui appartient à la Guinée méridionale; le *Gariep* ou *Orange*, qui arrose le pays des Hottentots; — Un se rend dans la mer des Indes : le *Zambézé*, qui coule sur la limite septentrionale du Monomotapa; — Un appartient aux régions intérieures : le *Djoli-Bá* ou *Niger*, dont l'embouchure n'est pas encore connue avec certitude.

Le lac *Tchád*, récemment découvert au centre de la Nigritie, paraît être le plus considérable de l'Afrique.

CXL.

Il y a douze îles ou groupes remarquables dans les mers qui environnent l'Afrique :

Cinq dans la mer des Indes : *Socotora*, près du cap Guardafuy; *Madagascar*, l'une des plus grandes îles du globe, vis-à-vis des côtes de Mozambique et du Monomotapa; les *Seychelles*, archipel peu considérable, au nord de Madagascar; les îles *Comores*, entre Madagascar et la côte de Mozambique; les îles *Mascareignes* (île *Maurice* ou *île de France*, et *île Bourbon*), à l'est de Madagascar;

Sept dans l'Atlantique : *Sainte-Hélène*, à 400 lieues à l'ouest de la côte du Congo; l'*Ascension*, à 300 lieues nord-ouest de Sainte-Hélène; *Saint-Mathieu*, à 220 lieues nord-est de l'Ascension; les *îles du cap Vert*, à 120 lieues à l'ouest du cap dont elles ont reçu le nom; les *Canaries*, à 360 lieues nord-est des îles du cap Vert; les *îles Madère*, à 100 lieues au nord des Canaries; les *îles Açores*, à 150 lieues nord-est de Madère.

CXLI.

L'Égypte, autrefois célèbre par son antique civilisation, sa fertilité et sa richesse, n'est plus aujourd'hui qu'une province turque, pauvre, mal peuplée, mal cultivée.

L'Égypte est comprise entre $23°-32°$ lat. N., et $26°-34°$ long. E. Le *Nil* passe au milieu; il coule du sud au nord jusqu'à la Méditerranée, dans laquelle il se jette par plusieurs embouchures. Une étroite vallée, que les eaux du Nil inondent régulièrement chaque année, est la seule portion de l'Égypte qui soit susceptible de culture; c'est aussi la seule habitée. À l'est, entre la ligne de faîte qui forme cette vallée et la mer Rouge, est un pays montueux où campent quelques tribus arabes; à l'ouest s'étendent d'immenses déserts sablonneux, au milieu desquels on rencontre seulement çà et là quelques espaces couverts d'arbres, et qu'on nomme *oasis*.

Les villes principales sont : le Caire, capitale, sur le Nil, au-dessous du point où il se partage en deux branches pour se jeter à la mer : 200,000 habitans; *Damiette*, sur un des bras du Nil, près de la mer (au nord-est du Caire); *Rosette*, sur un autre bras du Nil, près de la mer, à l'ouest de Damiette; *Alexandrie*, sur la côte, à l'ouest de Rosette : 16,000 habitans; *Suez*, à l'extrémité de la mer Rouge, à 28 lieues du Caire (E.), et à 26 lieues de la Méditerranée (S.), dont elle est séparée par l'isthme auquel elle donne son nom. En remontant le Nil, on peut citer : *Syout*, à 73 lieues du Caire (S.); *Girgèh*, à 29 lieues de Syout; *Dendérah*, à 23 lieues de Girgèh : on y a trouvé un planisphère célèbre; les superbes ruines de *Thèbes*, à 13 lieues de Dendérah; *Assouan*, l'ancienne *Syène*, à 48 lieues des ruines de Thèbes.

On partage ordinairement l'Égypte en trois parties : la *basse Égypte* ou *Delta* au nord, le *Ouestanièh* du centre, le *Saïd* ou *haute Égypte* au sud.

Les *Coptes* sont les descendans des anciens Égyptiens : ils professent la religion *grecque*. Le reste des habitans est *arabe* ou *turk* et suit la religion mahométane.

CXLII.

On donne le nom de Côtes de Barbarie à toute la côte septentrionale d'Afrique, depuis la frontière d'Égypte jusqu'au détroit de Gibraltar. Les états qui bordent la côte de Barbarie sont appelés *états Barbaresques*; il y en a quatre. La longue chaîne du mont *Atlas* traverse ou borne au midi ces quatre états. Elle forme la ligne de faîte méridionale de la Méditerranée, vers laquelle elle envoie quelques rivières d'un cours assez borné.

Dans l'étendue de la Côte de Barbarie, on remarque deux golfes considérables : celui de *Sidra* (l'ancienne *grande Syrte*) et celui de *Cabès* (l'ancienne *petite Syrte*), à l'ouest du premier.

Les quatre états Barbaresques sont, de l'est à l'ouest, ceux de *Tripoli*, de *Tunis*, d'*Alger* et de *Maroc*.

La *régence de Tripoli* est la plus orientale. Le chef du gouvernement a le titre de *bey*; sa domination s'étend sur le pays de *Barqâh*, l'ancienne *Cyrénaïque*. *Tripoli*, capitale, est sur la côte, entre le golfe de *Sidra* et celui de *Cabès*.

La *régence de Tunis* touche à l'est à celle de Tripoli, à l'ouest à celle d'Alger. Son chef a aussi le titre de *bey*. *Tunis*, capitale, près de la mer et non loin des ruines de *Carthage*, a 120,000 habitans. *Porto-Farina*, à 10 lieues au nord de Tunis, est voisin des ruines d'*Utique*, où Caton se donna la mort.

La *régence d'Alger*, dont le chef a le titre de *dey*, est à l'ouest de celle de Tunis, et à l'est des états de Maroc. Villes principales : *Alger*, capitale, avec un port défendu par de fortes batteries : plus de 100,000 habitans; *Bône*, avec un port (E.); *Bougie* place forte (E.); Oran (O.); Constantine, dans les terres (E.); Trémecen, aussi dans l'intérieur du pays (O.).

L'empire de Maroc, à l'ouest de l'état d'Alger, borde la côte de la Méditerranée jusqu'au détroit de Gibraltar, et la côte de l'Océan au sud de ce détroit. L'Atlas le traverse et le partage en deux parties, l'une au nord, qui s'étend jusqu'à la mer, l'autre au sud, qui est bornée par le grand Désert. La superficie de l'empire de Maroc est double de celle de la France; sa population est évaluée à 15,000,000 d'âmes.

Les villes principales sont : MAROC, capitale, dans les terres : 30,000 habitans; *Fez*, sur la Raçalema (N.-E.): 70,000 habitans; *Tetouan*, sur la Méditerranée, près du détroit de Gibraltar; *Ceuta* et *Tanger*, sur le détroit même; *Méquinez*, dans les terres, à 14 lieues ouest-sud-ouest de Fez : 110,000 habitans; *Mogador*, sur l'Atlantique; *Taroudant*, sur la rivière de Sous, au sud-sud-ouest de Maroc; *Tafilet*, à l'est du mont Atlas (S.-S.-E.).

Le climat de la Barbarie est très-chaud; le sol, mal cultivé, est susceptible d'une riche végétation.

Cette contrée est peuplée d'*Arabes*, de *Maures* et de *Berbers*. Ces derniers sont les plus anciens habitans du pays, et vivent dans les montagnes. C'est de leur nom que s'est formé celui de *Barbarie*. On trouve aussi des Turks à Tunis, à Tripoli et à Alger. Le grand-seigneur se prétend suzerain de ces trois états, mais son autorité n'y est guère respectée.

L'*islamisme* est la religion de tous les peuples de la Barbarie. Les Maures parlent la langue des Arabes; les Berbers ont un idiôme particulier.

CXLIII.

La NUBIE est un grand pays peu connu, entre l'Egypte au nord, l'Abyssinie au sud, et la mer Rouge à l'est, du 12e au 24e degré lat. N., et du 25e au 37e degré long. E. Le Nil le traverse, et, comme en Egypte, ses bords seuls sont habités. A l'est on trouve quelques montagnes et de grands déserts de sable; à l'ouest des déserts semblables sont encore plus étendus. Les principales villes de la Nubie sont : *Dongoláh* et *Sennár*, toutes deux sur le Nil, la première au nord, la deuxième au sud. On a récemment découvert les ruines de l'ancienne *Méroé*, sur la rive droite du fleuve, au nord de Sennâr. Sur la mer Rouge est le port de *Souakim*, où l'on s'embarque pour la Mekke.

L'Abyssinie est au sud de la Nubie, entre 7°—16° lat. N., et 31°—42° long. E. Elle est bornée à l'est par la mer Rouge, et au midi par des montagnes élevées, dont le *Djebel-al-Qâmar* fait partie. Le Nil coule à l'ouest de l'Abyssinie, qui est baignée par plusieurs affluens de ce fleuve, entre autres le *Bâhr-el-Azrek*, qu'on a pris long-temps pour le Nil même; au centre de l'Abyssinie est le grand lac *Dembéa*. Le pays est coupé par de hautes montagnes et de profondes vallées, qui tempèrent la chaleur du climat.

L'Abyssinie est partagée en plusieurs états. Celui de *Tigré*, à l'est, a pour capitale *Adouèh*, proche des ruines de l'ancienne *Axoum*. Le royaume d'*Amhara*, à l'ouest, a pour capitale *Gondar*, près du lac Dembéa. Enfin, dans le sud, domine la nation féroce des *Gallas*.

La Nubie et l'Abyssinie sont partagées entre les bassins de la mer Rouge (partie du grand Océan) et de la Méditerranée (partie de l'océan Atlantique). La ligne de faîte des deux Océans s'élève entre le Nil et la mer Rouge; au sud de l'Abyssinie elle reçoit le nom de *monts de la Lune* (cxxxviii).

La Nubie est en général un pays aride; l'Abyssinie est au contraire fertile et assez bien cultivée. La Nubie est habitée par des peuples de la race des *Berbers* et par des Nègres; les Abyssins paraissent être d'origine *arabe*. Partout le gouvernement est despotique. L'*islamisme* est la religion universelle de la Nubie; on trouve en Abyssinie les vestiges d'un christianisme corrompu.

CXLIV.

La Sénégambie tire son nom de ses deux principales rivières, le *Sénégal* et la *Gambie*. Comprise entre 6°—18° lat. N., et 6°—20° long. O., elle est bornée au nord par le grand Désert, à l'est par la Nigritie, au sud par la Guinée, et à l'ouest par l'océan Atlantique, sur lequel elle projette le *cap Vert*, entre les bouches du Sénégal et de la Gambie. Elle est tout entière sur le bassin de l'Atlantique. Sa superficie est double de celle de la France; sa population est de 12,000,000 d'âmes au plus.

La Sénégambie est partagée entre trois nations : les *Yalofs* et les *Mandingues*, sur l'Océan; les *Foulâhs*, au centre et à l'est. Les deux premières sont nègres; la troisième ressemble plutôt aux Arabes. L'islamisme est chez tous le culte dominant.

Chacune des trois nations est partagée en une infinité de petits royaumes.

Nous avons sur le Sénégal plusieurs établissemens pour le commerce. Le principal est celui de *Saint-Louis*, dans une île, à l'embouchure du fleuve.

Le climat de cette contrée est très-chaud, très-humide et très-meurtrier pour les Européens.

CXLV.

On donne le nom de GUINÉE au pays qui s'étend dans une longueur de plus de 1,000 lieues, depuis la frontière de la Sénégambie jusqu'à celle des Cimbebas. On distingue cet espace en *Guinée septentrionale* ou *haute Guinée*, et en *Guinée méridionale* ou *basse Guinée*.

La *Guinée septentrionale* s'étend, de l'ouest à l'est, sur le grand golfe de Guinée. L'intérieur est très-peu connu. Il y a de grandes rivières, et beaucoup de petits royaumes nègres.

Sur la côte, on distingue le *cap des Palmes* et celui des *Trois-Pointes*.

La côte est partagée par les Européens en plusieurs espaces qu'on appelle *Côte des Graines, Côte d'Ivoire, Côte d'Or, Côte des Esclaves*, etc., d'après la nature du commerce qu'y font nos vaisseaux. Les Anglais, les Français, les Danois, les Hollandais et les Suédois ont sur ces côtes des établissemens ou comptoirs, protégés par des forts.

Les royaumes de l'intérieur les plus puissans et les plus connus sont ceux d'*Achanti*, capitale *Coumassie*; de *Dahomey*, capitale *Abomey*; de *Bénin*, avec une capitale du même nom.

CXLVI.

L'intérieur de la *Guinée méridionale* n'est guère plus connu que celui de la haute Guinée. On y distingue les royaumes de *Loango, Congo, Angola, Benguela*, etc. Le *Zaïre* est la principale rivière de cette contrée; on ne connaît que la partie inférieure de son cours.

Les Portugais donnent à la capitale du *Congo*, principal royaume de cette contrée, le nom de *San-Salvador*. Ce peuple a encore plusieurs établissemens sur la côte; le principal est *Saint-Paul de Loanda*, avec 18,000 habitans.

La haute Guinée est au nord de l'équateur; la basse Guinée

est au sud. Cette situation des deux pays dans la zone torride indique assez la chaleur qu'on y ressent.

Tous les peuples sont nègres. Le *fétichisme* est partout leur culte (XLIV).

Au sud de la basse Guinée, et dans une longueur de près de 300 lieues, s'étend, sur l'Atlantique, une côte qu'on désigne par le nom de *Cimbebasie*, de celui de la principale nation de l'intérieur. Cette côte est inculte et peu connue.

CXLVII.

Le Gouvernement du Cap occupe l'extrémité méridionale de l'Afrique, depuis le 30e jusqu'au 35e degré lat. S., entre 15° et 25° long. E. C'est un pays grand comme la moitié de la France, colonisé par les Hollandais, et dont les Anglais sont aujourd'hui les maîtres. On n'y compte pas plus de 120,000 habitans, quoique le climat soit doux, le pays bien arrosé, et le sol fertile. La ville du *Cap*, sur la baie de la Table, à 12 lieues nord du *Cap de Bonne-Espérance*, est la résidence du gouverneur.

Au nord, dans les terres, habitent les *Hottentots*, divisés en tribus. Leur peau est d'un jaune brun.

CXLVIII.

A partir de la limite orientale du gouvernement du Cap, et en remontant au nord, le long de la côte de la mer des Indes, jusqu'au détroit de Bab-el-Mandeb, où commence l'Abyssinie, on rencontre successivement:

1° La *côte de Kaffrerie*. Les *Kaffres*, qui confinent à l'ouest avec les Hottentots, sont différens des nègres : leur couleur est gris-de-fer. Ils se divisent en un grand nombre de tribus, dont quelques-unes habitent dans des villages.

2° La *côte du Monomotapa* ou *Moçaranga*, grand pays qui s'étend au loin dans l'intérieur, et renferme beaucoup de villes et de villages. Un roi y commande. Les Portugais y ont depuis longtemps des établissemens pour le commerce. Le *Zambézé* en est la principale rivière.

3° La *côte de Mozambique*, sur le détroit du même nom. *Mozambique*, ville de 3,000 âmes, dans une île, est le chef-lieu des établissemens portugais de cette côte.

4° Le *Zanguebar*, avec plusieurs ports, entre lesquels on distingue ceux de *Quiloa*, de *Zanzibar*, de *Monbaza*, de *Magadoxo* et de *Mélinde*; cette dernière ville est en partie ruinée.

5° La *côte d'Ajan*, qui s'étend jusqu'au cap Guardafuy. Elle est absolument inculte.

6° La *côte d'Adel*, du cap Guardafuy à la frontière d'Abyssisie. *Barbara* et *Zeyla* en sont deux ports remarquables.

De tous ces pays on ne connaît que les côtes : les indigènes sont nègres. Les Arabes y ont porté le mahométisme.

CXLIX.

Le Sahara ou grand Désert est une plaine immense qui occupe une grande partie de l'Afrique septentrionale. Elle borde la Barbarie au sud, et s'étend depuis l'Egypte jusqu'à l'Atlantique. Cette plaine, couverte de sables mouvans, est interrompue en quelques endroits par des cantons habités et fertiles ; les moins étendus sont seulement désignés par le nom d'*oasis*. Le *Fezzan*, le pays de *Gadamès*, et quelques autres, sont de très-grands oasis.

L'extrémité nord-est du Désert, vers la frontière d'Egypte, est appelée *désert de Libye*.

Tout le reste de l'Afrique intérieure, au nord de l'équateur, entre le Sahara au nord, la Nubie et l'Abyssinie à l'est, et la Sénégambie à l'ouest, est encore bien peu connu. On désigne cette vaste région par le nom générique de *Nigritie* ou de *Soudan*, parce que les habitans sont nègres. Entre les états dont on ne connaît guère que les noms, les plus puissans paraissent être ceux de *Tombouctou* à l'ouest, et de *Bournou* au centre, avec des capitales du même nom. Le grand lac *Tchád*, espèce de mer intérieure qui paraît être sans écoulement, est voisine et à l'est de Bournou. Entre ce lac et la Nubie, on connaît les états de *Dár-four* et de *Kordofan*.

La plus grande rivière de cette contrée est désignée en Europe par le nom de *Niger*, et dans le pays, par celui de *Djoli-Bá*. Elle passe près de Tombouctou, mais on ne sait pas encore où elle va se perdre.

Toute la partie intérieure de l'Afrique méridionale nous est absolument inconnue.

AMÉRIQUE SEPTENTRIONALE.

LIMITES NATURELLES. — *Au nord*, limites inconnues; *à l'est*, océan Atlantique; *au sud*, mer des Antilles, isthme de Panama; *à l'ouest*, grand Océan, mer de Behring, détroit de Behring.

GRANDES DIVISIONS POLITIQUES ET GÉOGRAPHIQUES.

Au nord.	*Au centre.*	*Au sud.*
Terres polaires (Groënland).	États-Unis.	Mexique.
Amérique russe.		Guatemala.
Amérique anglaise.		

ACCIDENS NATURELS COMMUNS A PLUSIEURS DE CES GRANDES DIVISIONS, OU FAISANT LIMITE.

Mer Polaire.
Golfe du Mexique.
Détroits : d'Hudson, de Bahama.
Grandes lignes du partage des eaux. — Montagnes : Monts Rocheux, sierra Verde.
Lacs : Supérieur, Michigan, Huron, Saint-Clair, Érié, Ontario.
Fleuves : (Bassin de l'Atlantique) Saint-Laurent.
Iles voisines de l'Amérique septentrionale : (Dans l'Atlantique) Terre-Neuve, Bermudes, Antilles. — (Dans le grand Océan) Revillagigedo, Archipel de Quadra et Vancouver.

§ V. — Description de l'Amérique septentrionale.

CL.

L'Amérique septentrionale est comprise entre 5° et 80° lat. N. — 20° et 170° long. O de Paris. Sa forme est très-irrégulière. Excepté au point où elle se lie à l'Amérique méridionale par l'isthme de Panama, elle est de tous côtés baignée par la mer. Elle a au nord l'océan Glacial, qui y forme la mer Polaire; à l'est l'océan Atlantique, qui y forme les mers de Baffin, d'Hudson, des Antilles, et le golfe du Mexique; à l'ouest le grand Océan, qui y forme la mer de Behring.

La longueur de l'Amérique septentrionale, depuis le détroit de Behring au nord-ouest jusqu'à l'isthme de Panama au sud, est de 2,000 lieues environ, en ligne droite; sa plus grande largeur, vers le 50e degré de latitude, est d'environ 1,000 lieues.

On évalue sa population à 20,000,000 d'individus.

CLI.

L'Amérique septentrionale comprend *six* grandes divisions politiques et géographiques:

Trois au nord: les terres Polaires; l'Amérique russe et l'Amérique anglaise;

Une au milieu: les États-Unis;

Deux au sud: le Mexique et le Guatemala.

CLII.

Une seule mer est commune à plusieurs des grandes divisions de l'Amérique septentrionale: c'est la *mer Polaire*, formée par l'océan Glacial, sur les côtes septentrionales de l'Amérique russe et de l'Amérique anglaise.

Le *golfe du Mexique*, formé par l'Atlantique, entre les côtes des États-Unis, du Mexique et du Guatemala, est le seul qui soit commun à plusieurs des grandes divisions de l'Amérique septentrionale.

CLIII.

Les détroits communs à plusieurs des grandes divisions de l'Amérique septentrionale sont ceux:

D'*Hudson*, qui communique de l'océan Atlantique à la mer

d'Hudson, entre le Labrador, partie de l'Amérique anglaise, et les terres Polaires;

De *Bahama*, qui communique aussi de l'Atlantique au golfe du Mexique, entre la côte de Floride (partie des États-Unis) et les îles Lucayes (partie des Antilles).

CLIV.

La ligne de faîte entre le grand Océan, l'océan Glacial et l'Atlantique, est formée, dans l'Amérique septentrionale, par une énorme chaîne de montagnes qui longe d'assez près la côte occidentale ou du grand Océan, depuis le détroit de Behring jusqu'à l'isthme de Panama. La nature de cette chaîne lui a fait donner le nom de *montagnes Rocheuses*, qu'elle porte dans l'Amérique anglaise et dans les États-Unis. En entrant dans le Mexique, elle reçoit celui de *sierra Verde*; puis elle prend successivement ceux de *sierra de Membres, sierra de Madre, sierra de Guatemala*, etc., jusqu'à l'isthme.

La ligne de faîte entre l'océan Glacial arctique et l'Atlantique est formée par une ramification peu remarquable des monts Rocheux, laquelle suit en partie la limite des États-Unis et de l'Amérique anglaise.

Les monts *Alleghany*, dans la partie orientale des États-Unis, sur le bassin de l'océan Atlantique, sont une ramification de cette dernière ligne de faîte; ils séparent le bassin du golfe du Mexique, de celui de l'Atlantique proprement dit.

CLV.

Les parties du nord et du centre de l'Amérique septentrionale sont couvertes de lacs, dont quelques-uns sont fort considérables, tels que ceux de l'*Esclave* et de *Winnipeg*, dans l'Amérique anglaise, sur le bassin de l'océan Glacial.

Les lacs *Supérieur, Huron, Michigan, Érié* et *Ontario*, sur la limite du Canada (partie de l'Amérique anglaise), et des États-Unis, communiquent tous entre eux, et s'écoulent dans l'Atlantique par le fleuve Saint-Laurent. Le canal par lequel le lac Érié s'écoule dans l'Ontario est appelé rivière de *Niagara*; c'est dans le cours de cette rivière que se trouve la cataracte célèbre de *Niagara*, la plus considérable du monde.

Le seul fleuve de l'Amérique septentrionale commun à plusieurs de ses six grandes divisions, est le *fleuve de Saint-Laurent* qui forme en partie la limite de l'Amérique anglaise et des États-Unis, et porte à l'Atlantique les eaux des cinq grands lacs Supérieur, Huron, Michigan, Érié et Ontario.

CLVI.

Les principales îles ou groupes voisins des côtes de l'Amérique septentrionale, et qui sont communs à plusieurs de ses grandes divisions, ou ne se rattachent à aucune, sont :

Dans le grand Océan : l'*archipel Quadra et Vancouver*, sur la côte de l'Amérique russe et de l'Amérique anglaise ; les îles *Revillagigedo*, vers la côte du Mexique ;

Dans l'Atlantique : l'île de *Terre-Neuve*, célèbre, ainsi que le *grand banc* qui en est voisin, par la pêche de la morue, vis-à-vis de l'embouchure du fleuve Saint-Laurent ; les *Bermudes*, petit groupe d'îles appartenant aux Anglais, à l'est des côtes des Etats-Unis ; les *Antilles*, entre l'Amérique du Nord et l'Amérique du Sud, vis-à-vis du golfe du Mexique et de la mer des Antilles, qu'elles isolent de l'Atlantique.

Les Antilles sont distinguées en trois groupes principaux :

1º Les *Luçayes* ou *îles de Bahama* au nord : elles appartiennent aux Anglais ;

2º Les *grandes Antilles* à l'ouest : ce sont *Cuba*, aux Espagnols ; la *Jamaïque*, aux Anglais ; *Saint-Domingue* ou *Haïti*, république ; *Porto-Ricco*, aux Espagnols ;

3º Les *petites Antilles* à l'est ; les principales sont : les *îles Vierges*, partagées entre les Anglais et les Danois ; la *Dominique*, *Sainte-Lucie*, *Saint-Vincent*, la *Barbade*, la *Grenade*, *Tabago*, la *Trinité*, aux Anglais ; la *Guadeloupe* et la *Martinique*, aux Français.

Les îles de l'océan Glacial sont rangées parmi les terres Polaires.

CLVII.

On appelle TERRES POLAIRES un amas immense d'îles plus ou moins étendues, et qui s'approchent au moins à 12 degrés du pôle arctique. Une partie de ces terres a été découverte depuis peu ; la plupart sont encore mal connues, à cause des difficultés que le froid et les glaces opposent aux navigateurs. Les principales de ces terres sont : le *Groënland*, séparé des autres terres Polaires situées plus à l'ouest par la *mer de Baffin* et le *détroit de Davis*, qui communique de cette mer à l'Atlantique : on n'en connaît pas la partie septentrionale; les *îles de la Nouvelle-Géorgie*, au nord de la *mer Polaire* et du *détroit de Lancastre*, qui communique de cette mer à celle de Baffin.

Ces terres, absolument improductives, sont presque dénuées d'hommes et d'animaux. On y trouve cependant quelques rennes et des tribus misérables d'*Eskimaux*, qui vivent principalement de la pêche.

CLVIII.

On donne le nom d'Amérique russe aux côtes nord-ouest de l'Amérique septentrionale, où les Russes ont des établissemens pour le commerce des pelleteries. On évalue à 50,000 âmes la population de cette partie de l'Amérique, encore presque inconnue.

Les îles *Aléütiennes*, qui s'étendent en chaîne au midi de la mer de Behring, entre l'Amérique et l'Asie, dépendent de l'Amérique russe, ainsi que la partie septentrionale de l'archipel *Quadra et Vancouver*.

L'Amérique anglaise occupe tout le nord de l'Amérique septentrionale, entre 57°—144° long. O., et 42°—70° lat. N., depuis le grand Océan à l'ouest, jusqu'à l'Atlantique à l'est. Elle touche au nord-ouest à l'Amérique russe, au nord à la mer Polaire, et au sud aux Etats-Unis. La superficie de cet espace est égale aux cinq sixièmes de celle de l'Europe, et l'on y compte à peine 1,000,000 d'habitans.

Une partie des pays que comprend l'Amérique anglaise est à peu près inhabitable, à cause du climat; le petit nombre d'habitans qu'on y rencontre sont encore sauvages; les Anglais font avec eux le commerce des pelleteries.

L'Amérique anglaise comprend sept divisions géographiques : 1° la *Nouvelle-Calédonie* à l'ouest, sur le grand Océan; 2° le *pays des Indiens* au centre : cette partie est la plus vaste; 3° la *Nouvelle-Galles*, sur la côte occidentale de la mer d'Hudson; 4° le *Labrador*, grande péninsule entre la mer d'Hudson et l'Atlantique; 5° le *Canada*, entre la mer d'Hudson et le fleuve Saint-Laurent; 6° le *Nouveau-Brunswick*, capitale *Frederick-Town*, au sud de l'embouchure du fleuve Saint-Laurent; 7° la *Nouvelle-Ecosse*, au sud du Nouveau-Brunswick; capitale *Halifax*, bon port de mer.

De ces sept divisions, les trois dernières seules sont peuplées d'Européens. Le *Canada* se divise en *haut* et *bas*, d'après le cours du fleuve Saint-Laurent. *Québec*, sur le fleuve, dans le bas Canada, est la capitale de tout le pays, qui renferme 650,000 habitans.

Le *fleuve Saint-Laurent*, qui sert d'écoulement à cinq grands lacs, comme on l'a vu plus haut, se jette, par une large embouchure, dans un golfe de l'Atlantique appelé golfe de *Saint-Laurent*. Vis-à-vis de ce golfe est la grande île de *Terre-Neuve*. Le *banc de Terre-Neuve* est au sud-est; il a 300 lieues de long. Dans le golfe Saint-Laurent on remarque les îles *Anticosti*, *Saint-Jean* et *Cap-Breton*, ou *île Royale*.

A l'exception de la Nouvelle-Calédonie, située sur le bassin du grand Océan; d'une portion du Canada et de la moitié orientale du Labrador, située sur celui de l'océan Atlantique, toute l'Amérique anglaise est sur le bassin de l'océan Glacial. La ligne de faîte du grand Océan et de l'océan Glacial en traverse la partie occidentale sous le nom de *monts Rocheux* (CLIV); la ligne de faîte de l'océan Glacial et de l'océan Atlantique en suit à peu près la limite méridionale, sous la forme d'élévations peu remarquables.

Les accidens naturels les plus remarquables de l'Amérique anglaise sont :

La *mer d'Hudson*, grande méditerranée entre la Nouvelle-Galles à l'ouest, le Canada au sud, et le Labrador à l'est : elle communique à l'Atlantique par le détroit d'Hudson, et à la mer Polaire par celui de *Fox*;

Le lac *Winnipeg*, qui s'écoule dans la mer d'Hudson;

Le lac *Athapescow* et le *lac de l'Esclave*, qui communiquent ensemble, et coulent dans la mer Polaire par le fleuve *Mackenzie*.

L'Amérique anglaise, colonie de la Grande-Bretagne, a reçu la langue, la religion et les lois de la mère-patrie.

CLIX.

Les ÉTATS-UNIS DE L'AMÉRIQUE SEPTENTRIONALE en occupent aussi toute la largeur, depuis le 69e jusqu'au 127e degré long. O., entre 25°—49° lat. N.; ils touchent à l'ouest au grand Océan, à l'est à l'Adriatique, au sud-est au golfe du Mexique, au sud au Mexique, au nord à l'Amérique anglaise. Leur surface égale au moins les trois cinquièmes de celles de l'Europe. Leur population est de 11,000,000 d'âmes environ.

Cet immense territoire se divise naturellement, de l'ouest à l'est, en quatre régions : la première est comprise entre le grand Océan et les monts Rocheux ; la deuxième, entre les monts Rocheux et le Mississipi ; la troisième, entre le Mississipi et les monts Alleghany ; la quatrième, entre les monts Alleghany et l'Atlantique. C'est dans cette quatrième région qu'est concentrée presque toute la population des Etats-Unis.

CLX.

La première région forme le *territoire de Columbia*, du nom du fleuve qui l'arrose. Elle n'est habitée que par des tribus sauvages, et n'a pas encore de villes. Cette région est montueuse.

La deuxième région est traversée par le Missouri, qui se réunit au Mississipi, après avoir reçu plusieurs grandes rivières, telles que la rivière *Plate* et la rivière *Kansès*. Elle n'a pas non plus de villes, et compte à peine quelques villages habités par des tribus sauvages. Ce n'est presque qu'une suite de plaines, nommées par les Américains *Savanes* (XXXIV). Autrefois la plus grande partie de ce pays était appelée *Louisiane*, et était regardée comme une possession française ; aujourd'hui le nom de Louisiane est restreint à un territoire peu étendu, à la droite et à l'embouchure du Mississipi. Le chef-lieu est la *Nouvelle-Orléans*, assez belle ville de 50,000 habitans, sur le fleuve.

La troisième région, où la civilisation s'étend chaque jour de plus en plus, et où le terrain commence à être mis en culture, renferme huit états où provinces de l'Union. Les principales villes sont : *Cincinnati*, dans l'état d'Ohio ; *Nashville* et *Knoxville*, dans celui de Ténessée ; *Pensacola*, excellent port sur le golfe du Mexique, dans la Floride occidentale.

Toutes les rivières qui arrosent cette troisième région sortent des monts Alleghany, coulent à l'ouest, et se joignent au Mississipi ; la principale est l'*Ohio*, qui reçoit le *Ténessée*.

CLXI.

La quatrième région, entre les monts Alleghany et l'Atlantique, renferme les vingt-quatre vingt-cinquièmes de la population totale, quoique ce ne soit que le cinquième du territoire. C'est sur la côte, ou à peu de distance, que sont les villes les plus importantes. WASHINGTON, capitale des Etats-Unis, est sur le Potomac ; elle fut fondée en 1792. Sur la côte, en descendant du nord au sud, on remarque *Portland*, capitale du Main; *Portsmouth*, dans le New-Hampshire; *Boston*, l'un des meilleurs ports de l'Amérique, capitale du Massachusett, avec 45,000 habitans; *Providence* et *New-Port*, dans l'état de Rhode-Island; *New-Haven* et *New-London*, dans le Connecticut; *New-Yorck*, premier port des Etats-Unis, dans l'état du même nom, avec 124,000 habitans; *Baltimore*, autre port de 63,000 âmes, dans le Maryland; *Charlestown*, dans la Caroline du sud; *Savannah*, dans la Géorgie; *Saint-Augustin*, capitale de la Floride.

Ce dernier pays est une péninsule qui s'avance entre le canal de Bahama et le golfe du Mexique, à l'extrémité sud-est des Etats-Unis.

Dans l'intérieur, on doit mentionner *Philadelphie*, capitale de la Pennsylvanie, sur la Delaware, au nord-est de Washington.

Les rivières de cette quatrième région sortent des monts Alleghany, coulent à l'est, et se rendent à l'Atlantique.

CLXII.

Les États-Unis sont partagés inégalement entre le bassin de l'océan Atlantique et celui du grand Océan.

La ligne de faîte entre ces deux Océans court du nord au sud dans la partie occidentale, sous le nom de *monts Rocheux*.

La ligne de faîte entre l'océan Atlantique et l'océan Glacial court de l'ouest à l'est sur une portion de la limite septentrionale des États-Unis. Cette seconde ligne de faîte produit une ramification d'abord peu élevée, qui enveloppe au midi la chaîne des lacs Supérieur, Huron, Michigan, Erié et Ontario, puis s'élève et tourne au sud parallèlement et à 80 lieues de la côte de l'Atlantique, sous le nom de *monts Alleghany*. Ces montagnes vont se terminer sur la pointe méridionale de la Floride, et séparent le bassin de l'Atlantique proprement dit, de celui du golfe du Mexique, qui en dépend.

Les principaux fleuves ou rivières des Etats-Unis sont:

Sur le bassin du grand Océan: l'*Orégan* ou *Colombie*, qui donne son nom au grand territoire qu'il traverse;

Sur le bassin du golfe du Mexique: le *Mississipi*, dont le cours est directement du nord au sud; il reçoit par la droite le *Missouri*, dont la source est dans les monts Rocheux, à l'opposé de celle de la Colombie; par sa gauche, l'*Ohio*, grossi du *Ténessée*;

Sur le bassin de l'Atlantique propre (en descendant du nord

au sud) : le *Connecticut*, l'*Hudson*, la *Delawarre*, la *Susquehanna*, le *Potomac*, le *Roanoke*, la *grande Pédée*, la *Santée* et la *Savannah*. Toutes ces rivières sortent des monts Alleghany, et coulent à l'est.

CLXIII.

Les Etats-Unis furent originairement des colonies anglaises; leur émancipation date de 1776. La langue anglaise y domine, et la religion anglicane y est la plus généralement suivie. Néanmoins tous les cultes y sont également protégés.

La température est nécessairement inégale dans une aussi grande étendue de pays; cependant elle est généralement tempérée, quoique plus froide qu'en Europe à latitude égale.

Les *états* qui composent l'*Union* sont au nombre de vingt-quatre : chacun d'eux forme une république séparée, ayant son administration particulière; mais toutes reconnaissent l'autorité du *congrès général* qui siège à Washington, et qui est composé des *députés* de tous les états.

Outre les vingt-quatre états, il y a six *territoires* qui seront admis au rang des états de l'Union, lorsqu'ils auront une population suffisante.

CLXIV.

Le Mexique, compris entre 16°—42° lat. N., et 89°—127° long. O., est borné au nord par les Etats-Unis, et au sud par le Guatemala. Il est baigné à l'est par le golfe du Mexique et la mer des Antilles, à l'ouest par le grand Océan. Il est grand sept fois comme la France, et n'a pas 7,000,000 d'habitans.

Le Mexique fut jusqu'en 1821 une colonie espagnole, et porta le nom de *Nouvelle-Espagne*; aujourd'hui c'est une *république fédérale*, formée sur le modèle des Etats-Unis, et qui comprend dix-neuf *états* et cinq *territoires*, en tout vingt-quatre provinces.

Les principales villes sont : Mexico, capitale, ville de 169,000 âmes, sur le bord d'un lac qui l'entourait autrefois; *Guanaxuato*, près de riches mines d'argent (N.-O.); *Acapulco*, port considérable sur le grand Océan (S.-O.); *Tlascala*, dans les montagnes (S.-E.); *Santa-Fé*, capitale du *Nouveau-Mexique*, c'est-à-dire de la partie septentrionale du Mexique, près du Rio del Norte (N.); *Durango* (N.-O.); *San-Luis de Potosi*, près d'abondantes mines d'argent (N.-O.); la *Vera-Cruz*, port sur le golfe du Mexique (E.) : c'est la plus ancienne ville européenne de l'Amérique septentrionale; *Campéche*, port sur le même golfe (**E.**); *Mérida*, capitale de la presqu'île de *Yucatan* (**E.**).

Au nombre des territoires du Mexique, est la *Californie*, étroite et longue péninsule sur le grand Océan, et qui est séparée de la côte du Mexique proprement dit, par le *golfe de Californie*, qu'on appelle aussi *mer Vermeille* et *mer de Cortez*.

CLXV.

La ligne de faîte du grand Océan et de l'océan Atlantique court du nord au sud à travers le Mexique, sous les noms de *sierra Verde, sierra de Madre*, etc. (CLIV). Les principales rivières qui en sortent sont:

A l'ouest, pour se jeter dans le grand Océan, le *rio Colorado* et le *rio grande de Santiago*, qui traverse le grand lac *Chapala*;

A l'est, pour se jeter dans le golfe du Mexique, le *rio grande del Norte*, la plus grande rivière du Mexique; et le *rio Tampico*, qui a sa source près de Mexico.

Le Mexique est situé en partie dans la zone tempérée, en partie dans la zone torride, au nord de l'équateur; son climat est donc inégal et beaucoup plus chaud au midi qu'au nord. Le sol serait fertile s'il était bien cultivé.

Les mines, surtout celles d'argent, sont la principale richesse du Mexique.

La langue espagnole y est générale, et aucune autre religion que la *catholique* n'y est tolérée.

CLXVI.

Le GUATEMALA, entre 8° — 18° lat. **N.**, et 85° — 97° long. **O.**, occupe une partie de l'isthme qui réunit l'Amérique septentrionale à l'Amérique méridionale. Il était autrefois compris dans le Mexique; maintenant il forme un état séparé, sous le nom de *république Centrale*. Il touche au nord au Mexique, au sud à l'isthme de Panama. Il est beaucoup plus grand que la France, et n'a pourtant que 2,000,000 d'habitans.

Guatemala, sur le grand Océan, est la capitale.

On remarque vers le sud le grand lac *Nicaragua*, qui communique avec la mer des Antilles par la rivière *San-Juan*.

La ligne de faîte entre le grand Océan et l'océan Atlantique traverse le Guatemala dans sa longueur, sous le nom de *montagnes du Guatemala*. Elle longe de très-près la côte du grand Océan.

AMÉRIQUE MÉRIDIONALE.

LIMITES NATURELLES. — *Au nord :* Isthme de Panama, mer des Antilles, océan Atlantique équatorial ; *à l'est*, océan Atlantique austral ; *à l'ouest*, grand Océan.

GRANDES DIVISIONS POLITIQUES OU GÉOGRAPHIQUES.

Au nord.	*Au milieu.*	*Au sud.*
Colombie.	Brésil.	Patagonie.
Guyanes.	Pérou.	
	Haut-Pérou.	
	Paraguay.	
	Buénos-Ayres.	
	Chili.	

ACCIDENS NATURELS COMMUNS A PLUSIEURS DE CES GRANDES DIVISIONS, OU FAISANT LIMITE.

Golfe de Guayaquil.
Grande ligne du partage des eaux ; — *Montagnes :* Cordillère des Andes.
Fleuves et rivières : (Bassin de l'Atlantique) Esséquébo, Amazone, la Plata (*affluens* : Paraguay, Parana, Uraguay).
Iles voisines de l'Amérique méridionale : (dans l'Atlantique) Malouines, Géorgie, archipel Sandwich, Nouveau-Chetland, archipel de Magellan. (Dans le grand Océan) îles Fernandez, Gallapagos.

§ VI. — Description de l'Amérique méridionale.

CLXVII.

L'Amérique méridionale est comprise entre 12° lat. N. — 55° lat. S., et 37° — 85° long. O. Sa forme est celle d'un triangle dont la base, au nord, est baignée par la mer des Antilles et l'océan Atlantique équatorial; le côté oriental, par l'océan Atlantique austral, et le côté occidental par le grand Océan. L'angle nord-ouest de ce triangle est formée par l'isthme de Panama; l'angle nord-est, par le cap *San-Roque*, sur la côte du Brésil; l'angle méridional, par le cap *Horn*, qui termine l'Amérique au sud.

La longueur de l'Amérique méridionale du nord au sud est de 1700 lieues, sa plus grande largeur de 11 à 1200; sa superficie est à peu près double de celle de l'Europe, et sa population n'est que de 12 à 13,000,000 d'âmes.

CLXVIII.

L'Amérique méridionale comprend *neuf* grandes divisions politiques ou géographiques:

Deux au nord: la Colombie et les Guyanes;

Six au milieu: le Brésil, le Pérou, le haut Pérou, le Paraguay, la république de Buénos-Ayres et le Chili;

Une au sud: la Patagonie.

CLXIX.

Le *golfe de Guayaquil*, formé par le grand Océan sur les limites de la Colombie et du Pérou, est le seul qui soit commun à plusieurs des grandes divisions de l'Amérique méridionale.

CLXX.

La ligne de faîte entre le bassin du grand Océan et celui de l'océan Atlantique parcourt du nord au sud, depuis l'isthme de Panama jusqu'au cap Horn, toute la longueur de l'Amérique méridionale, sous le nom général de *grande Cordillère des Andes*. Toute cette ligne longe de très-près la côte du grand Océan, et s'éloigne beaucoup, par conséquent, de la côte de l'Atlantique, sur le bassin duquel l'Amérique méridionale se trouve ainsi située presque tout entière.

CLXXI.

Tous les fleuves de grande étendue coulent donc à l'est vers l'Atlantique. Il y en a trois principaux : l'*Orénoque*, au nord, particulier à la Colombie; le *fleuve des Amazones*, commun au Pérou et au Brésil : c'est le plus grand fleuve du monde; le *rio de la Plata*, formé par la réunion du *Paraguay*, du *Parana* et de l'*Uraguay*, communs au Brésil et à Buénos-Ayres.

CLXXII.

Les principales îles voisines des côtes de l'Amérique méridionale, et qui ne se rattachent à aucune de ses grandes divisions, sont :

Dans le grand Océan : les îles *Gallapagos*, à 200 lieues de la côte de Colombie, sous la ligne; les îles de *Juan Fernandez*, à 150 lieues de la côte du Chili;

Au sud, entre le grand Océan et l'Atlantique : la *Terre de Feu* ou *archipel de Magellan*, séparé du continent par le *détroit de Magellan*, qui communique de l'Atlantique au grand Océan. Le *détroit de Lemaire* est au sud de celui de Magellan, entre la Terre de Feu et la petite *île des États*.

Dans l'Atlantique : le *Nouveau-Chetland du Sud*, archipel récemment découvert au sud-est de la Terre de Feu; l'archipel *Sandwich*, vers l'est de la même terre; la *Nouvelle-Géorgie* ou *île Saint-Pierre*, au nord-ouest de l'archipel Sandwich; les *îles de l'Aurore*, au nord-ouest de la Nouvelle-Géorgie; les *îles Malouines*, entre les îles de l'Aurore et la Terre de Feu.

CLXXIII.

La république de Colombie occupe la partie septentrionale de l'Amérique du Sud. Elle est comprise entre 6° — 13° lat. N., 60° — 85° long. O., et touche par le nord-ouest au Guatemala, par l'est aux Guyanes, par le sud au Brésil et au Pérou. La mer des Antilles la baigne au nord, l'Atlantique au nord-est, le grand Océan à l'ouest.

La république de Colombie occupe un territoire cinq fois étendu comme la France; sa population est d'environ 3,000,000 d'âmes.

La république de Colombie se compose de trois grands pays :

1° La *Guyane espagnole*, contrée fort étendue et presque déserte, au sud de l'Orénoque. Il n'y a qu'une ville remarquable : *San-Thomé*, sur l'Orénoque.

2° Le *Caracas*, entre l'Orénoque et la mer des Antilles. Villes principales : *Caracas*, près de la mer des Antilles : 20,000 habitans : son port est appelé *la Guayra* ; *Cumana*, sur le golfe de Curiaco (E.) ; *Valencia*, sur un lac du même nom (O.) ; *Porto-Cabello*, ville commerçante, sur le golfe Triste (O.) ; *Maracaïbo*, près d'un grand lac du même nom, formé par la mer des Antilles, avec laquelle il communique.

3° La *Nouvelle-Grenade*. Villes : Bogota, sur un plateau élevé, à 280 lieues sud-ouest de Caracas : 30,000 habitans : c'est la capitale de toute la Colombie ; *Panama*, sur le grand Océan, dans l'isthme du même nom (N.-O.) ; *Guayaquil*, bon port de mer, sur le grand Océan (S.-O.) ; *Quito*, dans une situation fort élevée, au pied du mont *Chimborazo*, qui fait partie de la chaîne des Andes (S.) ; *Popayan*, près de la source du Cauca, entre Bogota et Quito, etc.

CLXXIV.

La ligne de faîte du grand Océan et de l'Atlantique court du nord au sud vers l'extrémité occidentale de la Colombie, près de la côte du grand Océan, sous le nom général de *Cordillère des Andes* (CLXX) ; elle envoie vers l'est une ramification qui va se terminer sur le cap *Paria*, et sépare le bassin de la mer des Antilles de celui de l'Atlantique proprement dit.

Les principales rivières de la Colombie sont : le *Cauca*, qui se jette dans la mer des Antilles ; l'*Orénoque*, qui se jette dans l'Atlantique ; le *Yapura*, un des affluens de l'Amazone. Les principaux affluens de l'Orénoque sont : l'*Apuré*, le *Meta* et le *Guaviare*.

La Colombie est coupée par l'équateur et située tout entière dans la zone torride ; son climat est par conséquent très-chaud. On y cultive le cacao, le café, l'indigo, la canne à sucre, le coton, etc. ; mais la majeure partie du territoire de la république est encore presqu'inhabité et sans culture.

La Colombie fut une colonie espagnole, sous le nom de *Terre-Ferme*, de *Nouvelle-Grenade* et de *Caracas*, jusqu'en 1810 ; maintenant elle est organisée en république fédérale, à l'imitation des États-Unis et du Mexique. La langue espagnole y est seule parlée, et la religion catholique seule professée.

CLXXV.

Le nom de Guyane désigne tout le pays compris entre l'Orénoque et l'**Amazone**. Cette grande étendue de pays est partagée en cinq parties :

1º La *Guyane espagnole*, au nord, sur l'Orénoque; elle fait partie de la république de Colombie (CLXXIII);

2º La *Guyane portugaise*, au sud, sur l'Amazone; elle fait partie de l'empire du Brésil (CLXXVI);

3º La *Guyane anglaise*, capitale *Stabroek*, entre la Guyane espagnole et la Guyane hollandaise;

4º La *Guyane hollandaise*, capitale *Paramaribo*, entre la Guyane anglaise et la Guyane française;

5º La *Guyane française*, capitale *Cayenne*, entre la Guyane hollandaise et la Guyane portugaise.

Ces trois dernières parties de la Guyane prennent le nom des trois puissances européennes auxquelles elles appartiennent. Elles sont peu étendues, comparativement aux deux premières. Toutes trois sont baignées par l'Atlantique. Leur population totale est de 284,000 âmes. La Guyane française en a 66,700, sur une étendue égale au quart de la France.

CLXXVI.

Le **Brésil** est le plus grand état de l'Amérique méridionale. Il s'étend du 4º deg. lat. N. au 34º deg. lat. S., et du 37º au 74º deg. long. O. Il est borné au nord par les trois Guyanes et la Colombie, à l'ouest par le Pérou, le haut Pérou, le Paraguay et la république de la Plata; à l'est par l'océan Atlantique. Sa longueur du nord au sud, et sa plus grande largeur, sont de 900 lieues. Sa superficie excède les quatre cinquièmes de celle de l'Europe, et sa population est de 4,000,000 d'âmes.

Le Brésil est divisé en dix-neuf provinces; les villes principales sont : **Rio de Janeiro**, capitale, avec un port magnifique sur l'Atlantique : 135,000 habitans; *Olinda*, près de la mer, et son port *Pernambuco* (N.-E.); *Bahia*, ville de 100,000 âmes, ancienne capitale du Brésil, avec un bon port (N.-E.); *Villa-Rica*, *Villa-Boa* et *Cuyaba*, dans l'intérieur, vers l'ouest; *Santos*, port de mer (S.-O.); *Santa-Catherina*, bon port, dans une petite île du même nom, près de la côte (S.-O).

Le Brésil est tout entier sur le bassin de l'Atlantique. Une ramification peu élevée de la grande Cordillère des Andes vient se terminer sur le cap *San-Roque*, et forme la ligne de faîte entre le bassin particulier du fleuve des Amazones au nord, et celui de la Plata au sud.

La partie septentrionale du Brésil est un pays de plaines; l'Amazone le traverse de l'ouest à l'est, et y reçoit un grand nombre d'affluens, la plupart très-considérables.

La partie orientale et méridionale est au contraire couverte de montagnes; c'est dans ces parties que sont les mines d'or et de diamant. Les rivières y sont nombreuses; les principales sont : le *Tocantins*, le *Parnaïba* et le *San-Francisco*, qui se rendent dans l'Atlantique. Le *Paraguay* et le *Parana*, qui contribuent à former le rio de la Plata, ont leurs sources dans le Brésil.

Le Brésil est en grande partie compris entre l'équateur et le tropique méridional, par conséquent dans la zone torride. Le climat doit donc y être très-chaud, surtout au nord, où sont de vastes plaines.

Le Brésil a été jusqu'en 1822 une colonie portugaise. Depuis cette époque il forme un *empire* indépendant du Portugal. Le gouvernement est une *monarchie tempérée*. La langue parlée dans les villes est le portugais; la religion catholique y domine, mais tous les cultes y sont tolérés.

Des tribus indépendantes et encore sauvages habitent les parties intérieures du Brésil.

CLXXVII.

Le Pérou est compris entre 3°—22° lat. S., 68°—84° long. O. Il a au nord la Colombie, à l'est le Brésil, au sud le haut Pérou. Le grand Océan le baigne à l'ouest. Sa superficie égale trois fois environ celle de la France, et sa population n'est que de 1,470,000 âmes.

Le Pérou, aussi bien que le Mexique, le Guatemala, la Colombie, le haut Pérou, le Paraguay, Buénos-Ayres et le Chili, était, depuis la découverture de l'Amérique, une colonie espagnole. Il s'est déclaré indépendant en 1821, et s'est constitué en république.

Les principales villes sont : Lima, capitale, près de la mer, avec un port appelé *Callao* : 54,000 habitans; *Truxillo*, près de la mer (N.-O.); *Cuzco*, capitale du pays sous les *Incas*, qui y régnaient avant la venue des Espagnols (S.-E.); *Arequipa*, ville industrieuse et commerçante (S.-E.); *Aripa*, port de mer, vers l'extrémité méridionale du Pérou.

La *Cordillère des Andes* traverse le pays du nord au sud, à peu de distance de la côte, et forme la ligne de faîte entre le bassin du grand Océan et celui de l'Atlantique.

Le *fleuve des Amazones* et l'*Ucayale*, l'un de ses principaux affluens, prennent naissance dans le versant oriental de cette ligne de faîte, et arrosent le Pérou avant d'entrer dans les limites du Brésil, pour s'écouler vers l'Atlantique.

L'espagnol est la langue du Pérou; la religion catholique y est seule permise, comme dans toutes les anciennes colonies espagnoles.

CLXXVIII.

Le HAUT PÉROU ou BOLIVIA est au sud du Pérou; il est borné à l'est par le Brésil et la république de Buénos-Ayres, au sud par cette même république et le Chili, à l'ouest par le grand Océan et le Pérou. Sa surface est beaucoup moins étendue que celle du Pérou; sa population n'est que de 580,000 âmes.

Les principales villes sont: LA PLATA, capitale, sur le Cochimayo: 30,000 habitans; la *Paz* (N.-O.); *Oropesa* (N.); *Potosi*, fameuse par ses riches mines d'argent (S.-O.).

Le haut Pérou est presqu'en entier sur le bassin de l'Atlantique. Les rivières qui l'arrosent sortent de la Cordillère des Andes, et vont se réunir au fleuve des Amazones ou au rio de la Plata.

CLXXIX.

Le PARAGUAY était autrefois le nom d'une très-grande contrée entre le Brésil et le Pérou; ce nom est restreint aujourd'hui à un pays que la rivière de Paraguay borne à l'ouest, le Parana au sud et à l'est, et le Brésil au nord. L'*Assompcion* en est la capitale.

La république de BUÉNOS-AYRES, ou de LA PLATA, est bornée au nord par le haut Pérou et le Paraguay, à l'est par le Brésil et l'Atlantique, au sud par la Patagonie, à l'ouest par les Andes, qui la séparent du Chili. C'est un pays très-grand et peu peuplé, montagneux au nord-ouest, et n'offrant au sud que des plaines immenses appelées *Pampas*.

BUÉNOS-AYRES, capitale, est sur la droite du rio de la Plata, près de l'Atlantique: c'est une assez belle ville très-commerçante, et qui renferme 70,000 habitans. Les autres villes sont: *Monte-Video*, port de mer sur la rive septentrionale du rio de la Plata, à 45 lieues de Buénos-Ayres (E.); *Santa-Fé*, sur la Parana (N.-O.); *Salta*, au loin dans l'intérieur (N.-O.); *San-Miguel*, capitale de la province de *Tucuman*, qui borde les Andes (N.-O.); *Mendoza*, capitale de la province de *Cuyo*, au sud de celle de Tucuman; *Cordova*, sur la Puraca (O.).

L'état de Buénos-Ayres est tout entier sur le bassin de l'Atlantique.

Le *rio de la Plata* est un large œstuaire formé par la réunion du *Paraguay* et de l'*Uraguay*. Le Paraguay a pour principal affluent le *Parana*.

Buénos-Ayres est un pays chaud et fertile, mais mal cultivé.

Son gouvernement est une république fédérale. La langue qu'on y parle est l'espagnol.

CLXXX.

Le Chili est un pays long de 450 lieues, et large de 60 au plus, compris entre le grand Océan à l'ouest, et la Cordillère des Andes à l'est. Il a au nord le Pérou, au sud la Patagonie, et s'étend du 25e au 44e degré lat. S., et du 72e au 77e degré long. O. Il est moins grand que la France; sa population est de 1,700,000 âmes au plus.

Ses principales villes sont: Santiago, capitale, à 20 lieues de la mer: 46,000 habitans; *Coquimbo*, avec un port (N.); *Valparaiso*, bon port de mer (N.); la *Concepcion*, près de la mer (S.-O.); *Valdivia*, place forte avec un fort, vers l'extrémité méridionale du Chili.

Les *Araucos* sont un peuple indépendant, aux environs de Valdivia.

L'*archipel de Chiloé*, au sud du Chili, fait partie de cet état, qui s'est déclaré indépendant de l'Espagne, et constitué en république en 1823.

Le Chili est un excellent pays. Les Andes qui le bordent à l'est renferment de nombreuses mines d'or, d'argent et de cuivre.

L'extrémité méridionale de l'Amérique, au sud du Chili et de Buénos-Ayres, jusqu'au cap Horn, est un pays froid, inculte et presque désert. On l'a nommé *Patagonie*, parce qu'on a trouvé aux environs du détroit de Magellan (CLXXII) des sauvages d'une haute stature appelés *Patagons*.

CARTE. OCÉANIE.

DIVISION EN TROIS GRANDES PARTIES.

Archipel asiatique, Australie, Polynésie.

TERRES PRINCIPALES *de l'Archipel asiatique* : Sumatra, Bornéo, les Philippines, etc.—*De l'Australie* : Nouvelle-Guinée, Nouvelle-Hollande, Nouvelle-Zélande.

§ VII. — Description de l'Océanie.

CLXXXI.

L'Océanie est l'ensemble des terres répandues dans le grand Océan, entre la côte occidentale des deux Amériques et la côte orientale d'Asie (LIII).

L'Océanie forme trois grandes divisions géographiques : l'*archipel Asiatique* à l'ouest, près des côtes de l'Asie; l'*Australie* au sud; la *Polynésie* à l'est, entre les deux précédentes et l'Amérique.

CLXXXII.

L'ARCHIPEL ASIATIQUE comprend cinq groupes principaux : 1° les *îles de la Sonde*, au sud et au sud-est de la presqu'île de Malaya (CXXVII); 2° la grande île *Bornéo*, au nord des îles de la Sonde; 3° l'île *Célèbes*, à l'est de Bornéo; 4° les îles *Philippines*, au nord de Célèbes et de Bornéo; 5° les *Moluques* ou *îles des Épices*, à l'est de Célèbes.

Sous le nom d'*îles de la Sonde* on comprend *Sumatra*, île de 400 lieues de long, que le détroit de Malacca sépare de la presqu'île malaie; *Java*, à l'est de Sumatra, dont le *détroit de la Sonde* la sépare : c'est par ce détroit que passent la plupart des vaisseaux européens qui vont en Chine; les îles *Florès*, à l'est de Java; *Timor*, au sud-est des îles Florès.

L'*archipel des Philippines* est formé aussi d'un grand nombre d'îles. Les deux plus considérables sont : *Luçon*, dont *Manille* est la capitale; *Mindanao*, au midi de Luçon.

Les *Moluques* sont aussi appelées *îles des Épices* parce que les épices, c'est-à-dire la muscade, le girofle, le poivre, la cannelle et le gingembre en sont les productions les plus précieuses. Les plus remarquables de ces îles sont : *Ternate*, *Gilolo*, *Céram*, *Amboine* et *Banda*.

Les habitans indigènes de l'archipel Asiatique sont de deux races. Les uns appartiennent à la race *nègre*, et paraissent être les plus anciens; les autres sont de la race *malaie*. Les premiers sont complètement sauvages, et vivent dans les parties les plus reculées. Les Européens ont formé divers établissemens dans ces îles. Les *Espagnols* sont maîtres des Philippines. [Les *Portu-*

gais n'ont plus que quelques chétifs comptoirs, tandis que les *Hollandais*, qui les ont supplantés, possèdent Java, une partie de Sumatra, de Bornéo et de Célèbes, toutes les Moluques, et le reste des îles de la Sonde. *Batavia*, dans l'île de Java, est le centre de leur commerce dans ces îles, et la capitale de tous leurs établissemens.

Au reste, toutes les îles, même celles où sont établis les Européens, ont leurs princes indigènes, qui, pour la plupart, sont mahométans.

CLXXXIII.

Sous le nom d'Australie on comprend la *Nouvelle-Hollande* et plusieurs grandes îles qui l'environnent à l'est et au nord-est.

La *Nouvelle-Hollande* est la plus grande île connue; sa superficie excède les trois quarts de celle de l'Europe. Elle gît au sud-est de l'archipel Asiatique, et se trouve partie dans la zone torride, au sud de l'équateur, partie dans la zone tempérée, étant coupée par le tropique du capricorne. Ses côtes seules sont connues; sur aucun point, les Européens n'ont pu encore pénétrer dans l'intérieur.

Les Anglais sont les seuls Européens qui aient fondé des établissemens à la Nouvelle-Hollande. Ces établissemens sont sur la côte orientale, qu'ils appellent *Nouvelle-Galles du Sud*: *Port-Jackson* en est la capitale. Le gouvernement britannique y envoie les criminels, qui y sont soumis à un régime sévère, et qui, presque tous, deviennent des colons utiles. Au sud de Port-Jackson est la baie Botanique, ou *Botany-Bay*.

L'île de *Van-Diémen*, au sud de la Nouvelle-Hollande, en est séparée par le *détroit de Bass*.

Les autres îles principales de l'Autralie sont : 1° la *Nouvelle-Guinée*, au nord de la Nouvelle-Hollande, dont elle est séparée par le détroit de Torrès, et à l'est des Moluques; 2° *l'archipel de la Louisiade*, au sud-est de la Nouvelle-Guinée; 3° *l'archipel de la Nouvelle-Bretagne*, à l'est de la Nouvelle-Guinée; 4° *l'archipel de Salomon*, au sud-est de la Nouvelle-Bretagne et à l'est de la Louisiade; 5° les *îles Sainte-Croix*, au sud-est de celles de Salomon; 6° *l'archipel du Saint-Esprit* ou *Nouvelles-Hébrides*, au sud des îles Sainte-Croix; 7° la *Nouvelle-Calédonie*, au sud des îles du Saint-Esprit; 8° la *Nouvelle-Zélande*, composée de deux grandes îles, séparées par le *détroit de Cook*, au sud de la Nouvelle-Calédonie.

Toutes ces îles forment une longue chaîne du nord au sud, à l'est de la Nouvelle-Hollande. Les Européens n'y ont point d'établissemens. Les naturels sont Nègres ou Malais.

CLXXXIV.

La POLYNÉSIE comprend un nombre infini d'îles, distribuées en quinze archipels, situés des deux côtés de l'équateur, entre les tropiques.

Cinq de ces archipels sont au nord de l'équateur; ce sont: 1° les *îles Pelew*, au nord-est des Moluques; 2° les *îles Carolines*, le plus grand archipel de la Polynésie, à l'est des îles Pelew; 3° l'*archipel de Magellan*, ou *îles Mariannes*, au nord des Carolines; 4° les *îles Mulgraves*, à l'est des Carolines; 5° les *îles Sandwich*, isolées au milieu de l'Océan, au nord-est des Mulgraves. La principale des îles Sandwich est *Owhyhée*, où fut assassiné le fameux navigateur *Cook*.

Les dix autres archipels sont au sud de l'équateur: 6° les *îles Fidji*, au sud des Mulgraves; 7° les *îles des Amis*, au sud-est des îles Fidji; 8° les *îles Kermadec*, au sud-ouest des îles des Amis, entre ces îles et la Nouvelle-Zélande; 9° l'*archipel des Navigateurs*, à l'est des îles Fidji; 10° l'*archipel de Roggeween*, à l'est des îles des Navigateurs; 11° les *îles de la Société*, dont la principale est *Taïti*, au sud des îles de Roggeween; 12° l'*archipel de Manghia*, au sud-ouest des îles de la Société; 13° l'*archipel Dangereux*, à l'est des îles de la Société; 14° l'*archipel de la mer Mauvaise*, au nord de l'archipel Dangereux; 15° les *îles Marquises*, au nord-est des îles de la mer Mauvaise. Ces derniers archipels sont à 1500 lieues à l'ouest de l'Amérique du Sud, et à 2,700 lieues à l'est de la Chine.

Il est bien remarquable que tous les habitans de ces petites îles, disséminés dans un aussi grand espace, paraissent avoir la même origine, par la conformité de leurs idiomes, de leurs usages, de leurs mœurs, de leurs cultes religieux. Tous paraissent être de race malaie.

La plupart de ces îles offrent un séjour délicieux. Quoique peu éloignées de l'équateur, la température y est douce. Entre leurs productions, une des plus précieuses pour les habitans est l'*arbre à pain*, particulier à l'Océanie.

FRANCE.

CAPITALE Paris.

LIMITES NATURELLES : *au nord*, la Lauter (frontière de la Bavière rhénane), la Lys (frontière de la Belgique), Pas-de-Calais, Manche ; *à l'ouest*, océan Atlantique ; *au sud*, Bidassoa, Pyrénées (frontière d'Espagne), Méditerranée ; *à l'est*, le Var, l'Esteron, les Alpes, le Guiers, le Rhône (frontières d'Italie et de Savoie), le Jura, le Doubs, la Luceile (frontière de Suisse), le Rhin (frontière du grand-duché de Bade).

DIVISION ADMINISTRATIVE en quatre-vingt-six départemens, rangés par bassins de mers :

Sur le bassin de la mer du Nord (au nord-est et au nord) : 1 Haut-Rhin, 2 Bas-Rhin, 3 Moselle, 4 Meurthe, 5 Vosges, 7 Meuse, 8 Ardennes, 6 Nord, 9 Pas-de-Calais.

Sur le bassin de la Manche (au nord et au centre) : 10 Somme, 11 Seine-Inférieure, 12 Oise, 13 Seine, 14 Seine-et-Oise, 15 Aisne, 16 Seine-et-Marne, 17 Marne, 18 Aube, 19 Haute-Marne, 20 Yonne, 21 Eure, 22 Calvados, 25 Orne, 23 Manche, 27 Côtes-du-Nord.

Sur le bassin de l'Atlantique (au centre, à l'ouest et au sud-ouest) : 24 Eure-et-Loir, 26 Ile-et-Vilaine, 28 Finistère, 29 Morbihan, 30 Loire-Inférieure, 31 Maine-et-Loire, 32 Mayenne, 33 Sarthe, 34 Indre-et-Loire, 35 Loir-et-Cher, 36 Loiret, 37 Nièvre, 38 Loire, 39 Haute-Loire, 40 Puy-de-Dôme, 41 Allier, 42 Creuse, 43 Haute-Vienne, 44 Vienne, 45 Indre, 46 Cher, 47 Vendée, 48 Deux-Sèvres, 49 Charente-Inférieure, 50 Charente, 51 Gironde, 52 Dordogne, 53 Corrèze, 54 Cantal, 55 Lozère, 56 Aveyron, 57 Tarn, 58 Tarn-et-Garonne, 59 Lot, 60 Lot-et-Garonne, 61 Gers, 62 Haute-Garonne, 63 Ariége, 64 Landes, 65 Basses-Pyrénées, 66 Hautes-Pyrénées.

Sur le bassin de la Méditerranée (à l'est et au sud-est) : 68 Pyrénées-Orientales, 69 Aude, 70 Hérault, 71 Gard, 72 Ardèche, 73 Rhône, 74 Saône-et-Loire, 67 Côte-d'Or, 75 Haute-Saône, 76 Doubs, 77 Jura, 78 Ain, 79 Isère, 80 Drôme, 81 Vaucluse, 82 Bouches-du-Rhône, 83 Basses-Alpes, 84 Hautes-Alpes, 85 Var, 86 Corse.

ACCIDENS NATURELS COMMUNS OU FAISANT LIMITE.

GOLFES ET BAIES : (sur l'Atlantique) Morbihan, golfe de Gascogne ; (sur la Méditerranée) golfe du Lion.

CAPS. *Manche* : de Gris-nez, d'Antifer, de la Hève, de Barfleur, la Hague.—*Atlantique* : Finistère.

LIGNE DU PARTAGE DES EAUX ET SES EMBRANCHEMENS. — Jura, Côte-d'Or, Cévennes (Lozère), Pyrénées.—Vosges, montagnes du Forez, Margeride, Mont-d'Or, Puy-de-Dôme, Cantal.

FLEUVES ET RIVIÈRES. *Bassin de la mer du Nord :* RHIN (*affluens, rive* gauche : Ill, Moselle (*affluens*, Meurthe, Sarre); Meuse (*affluent* : Sambre); Escaut (*affluent*, Lys).— *Bassin de la Manche* : Somme, Seine (*affluens, rive droite* : Aube, Marne, Oise (*affluent de l'Oise* : Aisne). — (*Affluens de la Seine, rive gauche* : Yonne, Eure); Orne.—*Bassin de l'Atlantique* : Vilaine (*affluent*, Ille), Loire (*affluent, rive droite* : Maine (*affluent du Maine* : Mayenne, Loir (*affluent du Loir* : Sarthe). — (*Affluens de la Loire, rive gauche* : Allier, Cher, Indre, Vienne (*affluent* : Creuse); Sèvre nantaise), Sèvre niortaise, Charente; Garonne (*affluens de la Garonne, rive droite* : Ariége, Tarn (*affluent* : Aveyron), Lot, Dordogne (*affluent de la Dordogne* : Vézère (*affluent de la Vézère* : Corrèze). —(*Affluent de la Garonne, rive gauche* : Gers); Adour. — *Bassin de la Méditerranée* : Aude, Hérault, Rhône (*affluens, rive droite* : Ain, Saône (*affluent*, Doubs), Ardèche, Gard.—(*Affluens du Rhône, rive gauche* : Isère, Durance.)

Iles. — *Manche* : Rochers du Calvados, Guernesey, Jersey, Aurigny.— *Atlantique* : Ouessant, Sein, Croix, Belle-île, Noirmoutier, Yeu, Ré, Oléron. — *Méditerranée* : Hières.

GÉOGRAPHIE DE LA FRANCE.

I.

La France est un des pays du milieu de l'Europe. Elle est comprise entre 42° 20'—51° 10' lat. N., et entre 7° long. O.—6° long. E. de Paris, c'est-à-dire entre 13 et 26° à l'est du méridien de l'île de Fer. Elle est tout entière dans la zone tempérée.

Sa longueur du nord au sud est de 220 lieues ; sa largeur varie de 215 à 140. Sa superficie est de 26,809 lieues carrées, et sa population de 30,450,000 âmes, en compte rond : c'est près de 1136 habitans par lieue carrée.

Au nord-est la France est bornée par le royaume des Pays-Bas ; à l'est le Rhin la sépare du grand-duché de Bade, le Jura de la Suisse, les Alpes de l'Italie ; au sud les Pyrénées la séparent de l'Espagne. Elle est baignée au sud-est par la Méditerranée, qui y forme le *golfe du Lion* ; à l'ouest par l'océan Atlantique, qui y forme le *golfe de Gascogne* ; au nord par la Manche, qui la sépare de l'Angleterre, et dont la partie la plus étroite prend le nom de *Pas-de-Calais*. La largeur de ce dernier détroit est de 8 lieues.

II.

La partie orientale de la France offre une longue chaîne de montagnes ou d'élévations plus ou moins considérables, dont la direction est du nord-est au sud-ouest, et qui se lie d'un côté aux *Alpes* par le *Jura*, de l'autre aux *Pyrénées*. Cette chaîne, dans laquelle on distingue la *Côte-d'Or*, qui donne son nom à un département, et les *Cévennes* plus au sud, fait partie de la *ligne de faîte* générale qui parcourt l'Europe dans sa longueur, et sépare le bassin de la Méditerranée et des petites mers qui en dépendent, de ceux de l'océan Atlantique et des mers formées par cet Océan sur les côtes septentrionales d'Europe (n° LXVI de la Géogr. génér.). La portion de cette ligne qui traverse la France sépare le bassin de la Méditerranée de ceux de la mer d'Allemagne, de la Manche et de l'Atlantique proprement dit. Elle envoie, principalement vers l'ouest, des ramifications qui établissent les lignes de faîte entre le bassin de la mer d'Allemagne et de la Manche, de la Manche et de l'Atlantique, ainsi qu'entre les fleuves et les rivières qui coulent sur chacun de ces bassins; mais peu des élévations qui forment ces lignes de faîte sont dignes de remarque. On ne peut citer que les *Vosges*, chaîne assez élevée qui s'étend du sud au nord sur le bassin de la mer du Nord, et sépare le bassin particulier du Rhin de celui de la Moselle; la *Margueride*, qui se détache des Cévennes et fait partie de la ligne de faîte entre la Loire et la Garonne, sur le bassin de l'Atlantique et sur la gauche de l'Allier, entre les départemens de la Haute-Loire et du Cantal; le *Mont-d'Or* et le *Puy-de-Dôme*, qui succèdent à la Margueride, dans la même ligne de faîte, sur le département du Puy-de-Dôme; le *Cantal*, dépendance de la Margueride, qui donne son nom à un département, et fait partie de la ligne de faîte entre la Dordogne et le Lot.

Les ramifications assez nombreuses qui couvrent les départemens à l'est ou à la gauche du Rhône appartiennent au rameau des *Alpes*, qui forme limite entre la France et l'Italie, et sépare le bassin de la Méditerranée proprement dit, de celui de l'Adriatique.

III.

La France est donc partagée, mais d'une manière inégale, entre quatre bassins de mers : ceux de la *mer d'Allemagne* et de la *Manche*, dont les eaux coulent au nord et au nord-ouest; celui de l'*Atlantique*, dont les trois autres dépendent, et dont les eaux coulent à l'ouest; celui de la *Méditerranée*, dont les eaux coulent au sud.

Dans le *bassin de la mer du Nord* on trouve le *Rhin*, qui contribue à former la limite orientale de la France. La *Moselle* et la *Meuse*, les deux principaux affluens de la rive gauche du Rhin, ont leurs sources en France; chacune d'elles arrose trois départemens avant d'entrer en Belgique. En France, la Moselle reçoit la *Meurthe*. La *Sambre*, l'*Escaut* et la *Lys*, trois rivières de la Belgique, ont aussi leurs sources en France. La première est un affluent de la Meuse.

Le *bassin de la Manche* n'a qu'une rivière du premier ordre :

c'est la *Seine*, qui a sa source entre Langres et Sémur, passe à Troyes, à Melun, à Paris, à Rouen, et se jette dans la Manche, par une large embouchure, entre le Havre et Honfleur, après un cours de 170 lieues. La Seine reçoit par sa droite l'*Aube*, la *Marne* et l'*Oise;* par sa gauche, l'*Yonne* et l'*Eure.* L'*Ain* est un affluent de l'Oise.

Le bassin de la Manche compte encore deux rivières du second ordre qui se rendent directement à la mer : la *Somme*, dont l'embouchure est au nord-est de celle de la Seine; et l'*Orne*, dont l'embouchure est à l'ouest.

Le *bassin de l'Atlantique* a deux rivières du premier ordre, la *Loire* et la *Garonne*.

La Loire sort du mont Joux, dans les Cévennes; court au nord et au nord-ouest jusqu'à Orléans; tourne vers l'ouest, et passe à Blois, à Tours et à Nantes avant d'arriver à la mer, après un cours de 240 lieues. Par sa rive droite, elle reçoit la *Mayenne*, grossie du *Loir* et de la *Sarthe;* par sa rive gauche elle reçoit l'*Allier*, le *Cher*, l'*Indre*, la *Vienne*, grossie de la *Creuse*, et la *Sèvre-Nantaise*.

La Garonne a sa source au val d'Arran, dans les Pyrénées; elle coule vers le nord jusqu'à Toulouse; là elle tourne au nord-ouest, baigne Agen et Bordeaux, s'élargit considérablement au-dessous de cette dernière ville, et prend au bec d'Ambez le nom de *Gironde*, qu'elle conserve jusqu'à la mer, 18 lieues plus bas. Son cours total est de 150 lieues. A son embouchure est le phare *Cordouan*, bâti sur un rocher, et haut de 175 pieds. Ce phare fut commencé sous Henri II et achevé sous Henri IV.

La Garonne reçoit par sa droite l'*Ariége*, le *Tarn*, grossi de l'*Aveyron;* le *Lot*, la *Dordogne*, grossie de la *Vézère*, qui reçoit la *Corrèze*. C'est à partir de l'embouchure de la Dordogne que la Garonne prend le nom de Gironde. Par sa gauche la Garonne reçoit le *Gers*.

Le bassin de l'Atlantique est arrosé en outre par quatre autres rivières du second ordre, qui ont leurs embouchures dans la mer : la *Vilaine*, grossie de l'*Ille*, au nord de la Loire; la *Sèvre niortaise* et la *Charente*, entre les bouches de la Loire et de la Gironde; l'*Adour*, entre cette dernière et la frontière d'Espagne.

Le *bassin de la Méditerranée* a une rivière du premier ordre, le *Rhône*, qui sort du mont Furca, dans les Alpes, traverse le Valais et le lac de Genève, puis entre en France, où il passe à

Lyon, à Valence, à Avignon, et se jette dans la mer, après un cours de 150 lieues, dont 100 en France, par plusieurs embouchures; les deux principales forment un delta qui embrasse l'île de la *Camargue*, couverte de pâturages. Le Rhône reçoit par sa droite l'*Ain*, la *Saône*, grossie du *Doubs*; l'*Ardèche* et le *Gard*; par sa gauche il reçoit l'*Isère*, la *Drôme* et la *Durance*.

Le même bassin est arrosé en outre par trois rivières du second ordre, qui ont leurs embouchures dans la mer : l'*Hérault* et l'*Aude*, à l'ouest du Rhône; le *Var*, à l'est. Ce dernier forme limite avec l'Italie.

En résumé, la France est arrosée par cinq rivières du premier ordre, le *Rhin*, la *Seine*, la *Loire*, la *Garonne* et le *Rhône* : le Rhin et le Rhône sont communs à divers états; par cent-neuf rivières du second ordre, soit affluens de ces cinq premières, soit affluens directs de la mer, et navigables dans une partie plus ou moins étendue de leur cours; et par plus de cinq mille cours d'eaux du troisième ordre, rivières non navigables ou ruisseaux.

En outre, la navigation intérieure est facilitée par plusieurs *canaux* ou rivières artificielles. Le plus remarquable est celui *du Midi*, autrefois *canal du Languedoc*, qui s'étend de Cette à Toulouse, et établit la communication par eau, de la Méditerranée à l'Atlantique. On doit distinguer aussi le *canal de Monsieur*, qui joint la Saône au Rhin; le *canal de Bourgogne*, qui joint la Saône à l'Yonne; le *canal du Centre*, qui joint la Saône à la Loire; le *canal de l'Ourcq*, de la Ferté-Milon à Paris; le *canal de Saint-Quentin* (département de l'Aisne), qui offre des travaux d'art singulièrement remarquables, etc. Le nombre total des canaux de navigation, terminés ou en exécution, est d'environ quatre-vingts; plus de quarante sont en projet.

IV.

Si, de l'intérieur, nous jetons les yeux sur le littoral de la France, nous y remarquons trois golfes, cinq caps et treize îles.

Les trois golfes sont ceux : de *Morbihan*, qui donne son nom à un département, à l'ouest de l'embouchure de la Vilaine, sur l'Atlantique; de *Gascogne* ou de *Biscaye*, formé aussi par l'Atlantique, et commun à la France et à l'Espagne; *du Lion*, appelé par corruption *de Lyon*, formé par la Méditerranée, entre les bouches du Rhône et la frontière d'Espagne.

Les cinq caps sont ceux : de *Gris-Nez*, sur le Pas-de-Calais ; de *Barfleur* et de la *Hague*, qui forment les deux angles d'une presqu'île, prolongée au nord, que la Normandie projette sur la Manche ; du *Finistère* (de *finis terræ*, parce que les anciens ne connaissaient aucune terre au-delà), et du *Raz*, qui terminent à l'ouest, entre l'Atlantique et la Manche, la grande péninsule de Bretagne.

Des treize îles, trois sont dans la Manche, huit dans l'Atlantique et deux dans la Méditerranée.

Les trois îles de la Manche sont celles d'*Aurigny*, *Guernesey* et *Jersey*, sur la côte occidentale du département de la Manche ; elles sont occupées par les Anglais.

Les huit îles de l'Atlantique sont : celles d'*Ouessant* et de *Sein*, entre les caps Finistère et du Raz ; *Croix* et *Belle-Ile*, entre le cap du Raz et l'embouchure de la Loire ; *Noirmoutier*, *Yeu*, *Ré* et *Oléron*, entre l'embouchure de la Loire et celle de la Gironde.

Les deux îles de la Méditerranée sont : le groupe d'*Hières*, sur la côte du département du Var, et la *Corse*, l'une des grandes îles de la Méditerranée, à 40 lieues sud-est des côtes de France. Elle forme un département français (x).

Dans la Manche, des bancs de rochers, appelés *rochers du Calvados*, du nom d'un bâtiment espagnol qui y fit autrefois naufrage, répandus à l'ouest de l'embouchure de la Seine, donnent leur nom à un département.

V.

La France portait, chez les Romains et les Grecs, le nom de *Gaule* (*Gallia*). Ce nom, elle le devait à ses peuples indigènes, d'origine celtique, et appelés *Welches* ou *Walli*, dont les Romains firent *Galli*. Lorsque César en fit la conquête, la Gaule était partagée en trois grandes parties, dont les habitans différaient entre eux par les mœurs et le langage. Les *Belges* étaient au nord, entre la Marne, la mer et le Rhin ; les *Aquitains* au sud-ouest, entre la Garonne et les Pyrénées ; les Celtes au centre, entre la Garonne, l'Atlantique, la Marne, les Alpes et la Méditerranée. C'est parce que les Celtes occupaient, comme on voit, la partie la plus étendue, que leur nom passa à tout le pays. C'est aussi par suite de cette division du pays en trois parties distinctes, qu'on disait les *Gaules* au pluriel (*Galliæ*).

Chacun de ces trois grands peuples, les *Aquitains*, les *Celtes* et les *Belges*, était divisé en une foule de peuplades ou de *cités*. Chacune de ces cités formait une espèce de république démocratique ou plutôt aristocratique, à la tête de laquelle était placé un chef ou *roi*, élu dans les assemblées de la nation, et dont le pouvoir était très-restreint. Les prêtres gaulois, appelés *druïdes*, avaient dans leurs mains la véritable puissance de l'état, qu'ils partageaient avec les *chevaliers* ou nobles-soldats. Le peuple n'était rien.

Après la conquête des Gaules par les Romains (vers le commencement de notre ère), elles furent assujéties, comme les autres provinces de l'empire romain, à une administration et à une division territoriale uniformes. D'abord les limites de l'*Aquitaine* furent étendues de la Garonne à la Loire, puis la *Celtique*, resserrée par cette extension, reçut le nom de *Lyonnaise* (*Lugdunensis*), parce que *Lugdunum*, aujourd'hui Lyon, en était la capitale. Déjà depuis long-temps la partie méridionale de la Celtique avait reçu le nom de *Province* (*provincia*), parce que les Romains s'en étaient emparés plus d'un siècle avant la conquête de César. En outre, la partie de la Belgique qui longe le Rhin, ayant été envahie par des peuples germains qui s'y fixèrent du consentement des Romains, reçut le nom de *Germanie*. Ainsi la Gaule comprit cinq grandes divisions : l'*Aquitaine*, la *Lyonnaise*, la *Belgique*, la *Germanie* et la *Province*. Cette dernière reçut, vers la même époque, la dénomination de *Narbonnaise*, du nom de *Narbonne* (*Narbo Martius*), sa capitale.

Plus tard, à la fin du IVe siècle, ces cinq divisions se trouvèrent portées à *dix-sept* par la subdivision de chacune d'elles. Ces dix-sept provinces étaient la *Novempopulanie*, qui représentait l'Aquitaine primitive; l'*Aquitaine* 1re et l'*Aquitaine* 2e; la *Lyonnaise* 1re, 2e, 3e et 4e; la *Belgique* 1re et 2e, la *Germanie* 1re et 2e; la *Grande-Séquanaise*, qui s'étendait à la gauche de la Saône, et comprenait la moitié occidentale de la Suisse actuelle, appelée alors *Helvétie*; les *hautes et Basses-Alpes*; la *Viennaise* et la 1re et 2e *Narbonnaise*.

Telles étaient les divisions politiques de la Gaule, lorsque les invasions des peuples barbares du Nord et de l'Orient vinrent mettre fin, dans le cinquième siècle, à l'empire romain d'Occident, dont les vastes provinces furent la proie de ces nouveaux conquérans, qui s'y fixèrent pour la plupart. La Gaule devint le partage des *Visigoths*, des *Bourguignons* et des *Franks*. Ces derniers furent les plus nombreux et les plus puissans. Clovis et ses enfans, les premiers de leurs chefs qui aient régné dans la Gaule, refoulèrent les Visigoths en Espagne, et soumirent les Bourguignons. Le nom de Gaule cessa d'être en usage, et fit place à celui de *France*.

Le gouvernement des *Franks* était un gouvernement militaire et féodal. Les chefs de l'armée reçurent ou s'approprièrent des portions du pays qu'ils avaient aidé à conquérir; chacun d'eux, tout en reconnaissant la suzeraineté du monarque, n'en était pas moins un petit souverain dans l'étendue du territoire qu'il avait reçu en partage. Comprimés un instant par l'énergie de *Charlemagne*, ils ne tardèrent pas à reprendre le dessus, et sous les derniers rois de la deuxième race, la monarchie française ne se composait plus que des trois provinces héréditaires des rois de France, la Picardie, l'Ile-de-France et l'Orléanais. Toutes les autres provinces étaient complètement indépendantes de la couronne.

Depuis l'avénement de Hugues Capet au trône, les rois de la troisième race ne cessèrent pas de saper, soit sourdement, soit à force ouverte, la puissance des grands feudataires. Soit par achat, soit par confiscation, soit par donation, soit par mariage, soit enfin par conquête, toutes les provinces furent successivement réunies à la couronne, et dans le milieu du siècle dernier la *monarchie française* eut la même étendue qu'aujourd'hui.

En cessant d'avoir leurs souverains particuliers et en passant à la couronne, les provinces ne changèrent ni leur nom ni leurs limites. Ces limites et ces noms se rattachent, quant à leur origine, soit aux anciennes cités gauloises antérieures aux Romains, soit à l'organisation des provinces romaines, soit enfin à l'établissement des nouveaux peuples dans la Gaule, et à la création de nouveaux états.

Lors de la révolution française en 1792, le nombre des provinces était de trente-deux. A cette époque, une nouvelle organisation territoriale remplaça celle des provinces; la France fut divisée en quatre-vingt-six départemens, y compris l'île de Corse. Cette division et le nombre des départemens sont aujourd'hui les mêmes.

Les noms et les limites des anciennes provinces étaient tout-à-fait historiques, et c'est sous ce point de vue que leur étude est importante. Mais dans ces divisions régnaient la plus grande inégalité. Quelques provinces, telles que le Béarn, le Roussillon, le Comté de Foix, le Comtat d'Avignon, avaient fort peu d'étendue; tandis que d'autres, telles que le Languedoc, la Guyenne, etc., avaient une étendue démesurée. En outre, ces diverses provinces avaient peu ou point de communications entre elles. Les usages, les lois, les coutumes, les mesures les plus usuelles, jusqu'au langage, tout y était différent. Les préjugés locaux étouffaient tout sentiment de nationalité; et, comme on l'a fort bien remarqué, les habitans de la France étaient Normands, Gascons, Bretons, etc., bien plus qu'ils n'étaient Français. Dans la nouvelle organisation, au contraire, toutes les divisions administratives ont une étendue à peu près égale. Des lois partout uniformes tendent chaque jour à faire disparaître toutes les différences de mœurs locales; avec des moyens faciles de communication, les habitans des provinces limitrophes cessent d'être mutuellement étrangers. Le grand mouvement que la guerre a imprimé à toute la population, depuis trente ans, a répandu partout le même esprit national; une plus grande masse de lumières a pénétré dans les campagnes; on a appris à y apprécier l'avantage immense d'institutions, d'administrations, de lois uniformes; enfin chaque jour voit s'éteindre les derniers vestiges de la France gauloise, romaine ou féodale, et s'étendre d'autant les limites de la France moderne.

Une remarque qu'il est essentiel de faire, et qui aide singulièrement la mémoire dans l'étude de la géographie de la France, c'est que toutes les dénominations des départemens ont été empruntées à un accident géographique, tel qu'une rivière, une montagne, etc. Quelquefois la même rivière donne son nom à plusieurs départemens; mais alors chacun d'eux reçoit un surnom particulier, tiré de sa situation à l'égard de la source de la rivière. On a nommé *département de la Haute-Loire* celui où cette rivière prend naissance; *département de la Loire*, un de ceux qu'elle traverse ensuite; *département de la Loire-Inférieure*, celui où elle a son embouchure; et ainsi des autres.

VI.

Voici le tableau comparatif des divisions de la France anciennes et actuelles, en trente-deux gouvernemens et en quatre-vingt-six départemens, rangées par bassins de mers, avec la population de chacun de ces derniers et celle de leurs chefs-lieux.

(123)

DÉPARTEMENS ET POPULATION.	CHEFS-LIEUX DE DÉPARTEMENS ET POPULATION.	ANCIENNES PROVINCES ET CHEFS-LIEUX.
Sur le bassin de la mer du Nord.		
Haut-Rhin 370,062.	Colmar 14,300.	ALSACE. Strasbourg.
Bas-Rhin 502,638.	Strasbourg 49,680.	
Vosges 357,727.	Epinal 7,941.	LORRAINE. Nancy.
Meurthe 379,985.	Nancy 29,241.	
Moselle 376,928.	Metz 42,030.	
Meuse 292,385.	Bar-le-Duc 11,432.	
Ardennes 266,985.	Mézières 3,781.	PORTION DE LA CHAMPAGNE. (Troyes.)
Nord 905,764.	Lille 64,291.	FLANDRE. Lille.
Pas-de-Calais 610,344.	Arras 19,798.	ARTOIS. Arras.
Sur le bassin de la Manche.		
Somme 508,910.	Amiens 42,107.	PICARDIE. Amiens.
Marne 309,444.	Châlons 11,629.	CHAMPAGNE. Troyes.
Haute-Marne 233,258.	Chaumont 5,487.	
Aube 230,688.	Troyes 25,078.	
Yonne 332,905.	Auxerre 12,065.	PORTION DE LA BOURGOGNE. (Dijon.)
Aisne 459,666.	Laon 6,837.	ILE-DE-FRANCE. PARIS.
Oise 375,817.	Beauvais 12,798.	
Seine-et-Oise 424,490.	Versailles 27,528.	
Seine 821,706.	PARIS 713,966.	
Seine-et-Marne 303,150.	Melun 6,818.	
Seine-Inférieure 655,804.	Rouen 86,736.	NORMANDIE. Rouen.
Eure 416,178.	Evreux 9,728.	
Calvados 492,613.	Caen 36,644.	
Orne 422,884.	Alençon 13,955.	
Manche 594,196.	Saint-Lô 8,271.	
Côtes-du-Nord 552,424.	Saint-Brieuc 9,956.	PORTION DE LA BRETAGNE. (Rennes.)

DÉPARTEMENS ET POPULATION.	CHEFS-LIEUX DE DÉPARTEMENS ET POPULATION.	ANCIENNES PROVINCES ET CHEFS-LIEUX.

Sur le bassin de l'Atlantique.

Ile-et-Vilaine 533,207.	Rennes 29,589.	
Finistère 483,095.	Quimper 9,400.	BRETAGNE. Rennes.
Morbihan 416,224.	Vannes 11,289.	
Loire-Inférieure 433,815.	Nantes 68,427.	
Mayenne 343,819.	Laval 15,736.	MAINE. Le Mans.
Sarthe 428,432.	Le Mans 18,881.	
Maine-et-Loire 442,859.	Angers 29,873.	ANJOU. Angers.
Indre-et-Loire 282,372.	Tours 21,928.	TOURAINE. Tours.
Loir-et-Cher 227,527.	Blois 15,147.	
Eure-et-Loir 264,448.	Chartres 13,714.	ORLÉANAIS. Orléans.
Loiret 291,394.	Orléans 40,233.	
Nièvre 257,990.	Nevers 12,280.	NIVERNAIS. Nevers.
Allier 280,025.	Moulins 13,883.	BOURBONNAIS. Moulins.
Cher 239,561.	Bourges 18,910.	BERRY. Bourges.
Indre 230,373.	Châteauroux 10,429.	
Creuse 248,785.	Guéret 4,014.	MARCHE. Guéret.
Vienne 260,697.	Poitiers 21,315.	POITOU. Poitiers.
Deux-Sèvres 279,845.	Niort 15,499.	
Vendée 316,587.	Bourbon-Vendée 2,792.	
Charente-Inférieure 409,477.	La Rochelle 12,327.	SAINTONGE. Saintes.
Charente 347,541.	Angoulême 15,025.	
Haute-Vienne 274,470.	Limoges 24,992.	LIMOSIN. Limoges.
Corrèze 273,418.	Tulle 8,097.	
Puy-de-Dôme 553,410.	Clermont 30,010.	AUVERGNE. Clermont-Ferrand.
Cantal 252,100.	Aurillac 9,190.	

DÉPARTEMENS ET POPULATION.	CHEFS-LIEUX DE DÉPARTEMENS ET POPULATION.	ANCIENNES PROVINCES ET CHEFS-LIEUX.
Aveyron 339,422.	Rodez 7,352.	
Lot 275,296.	Cahors 12,224.	
Dordogne 453,136.	Périgueux 8,452.	
Gironde 522,041.	Bordeaux 89,202.	Guyenne. Bordeaux.
Lot-et-Garonne 330,121.	Agen 11,659.	La Gascogne (Auch, cap.) était une des principales parties de la Guyenne.
Tarn-et-Garonne 238,143.	Montauban 25,357.	
Gers 301,336.	Auch 9,670.	
Hautes-Pyrénées 212,077.	Tarbes 8,035.	
Landes 256,311.	Mont-de-Marsan 3,065.	
Basses-Pyrénées 399,474.	Pau 11,444.	Béarn. Pau.
Ariége 234,878.	Foix 4,552.	Comté de Foix. Foix.
Haute-Garonne 391,118.	Toulouse 52,328.	
Tarn 313,713.	Alby 10,644.	Partie du Languedoc. (Toulouse.)
Lozère 133,934.	Mende 5,370	
Haute-Loire 276,830.	Le Puy 14,844.	
Loire 343,524.	Montbrison 5,486.	Partie occid. du Lyonnais. (Lyon.)

Sur le bassin de la Méditerranée.

Haute-Saône 308,171.	Vesoul 5,391.	
Doubs 242,663.	Besançon 26,388.	Franche-Comté. Besançon.
Jura 301,768.	Lons-le-Saulnier 7,795.	
Côte-d'Or 358,148.	Dijon 22,397.	
Saône-et-Loire 498,057.	Mâcon 10,411.	Partie de la Bourgogne. (Dijon.)
Ain 328,838.	Bourg 8,132.	
Rhône 391,580.	Lyon 149,171.	Partie orient. du Lyonnais. (Lyon.)

DÉPARTEMENS ET POPULATION.	CHEFS-LIEUX DE DÉPARTEMENS ET POPULATION.	ANCIENNES PROVINCES ET CHEFS-LIEUX.
Isère 505,585.	Grenoble 23,602.	
Drôme 273,511.	Valence 9,805.	Dauphiné. Grenoble.
Hautes-Alpes 121,418.	Gap 6,714.	
Vaucluse 224,431.	Avignon 29,407.	Comtat. Avignon.
Basses-Alpes 149,319.	Digne 3,621.	
Var 305,096.	Draguignan 8,616.	Provence. Aix.
Bouches-du-Rhône 313,614.	Marseille 109,483.	
Ardèche 304,339.	Privas 3,878.	
Gard 334,164.	Nîmes 37,908.	Partie du Languedoc. (Toulouse.)
Hérault 324,126.	Montpellier 35,123.	
Aude 253,194.	Carcassonne 15,752.	
Pyrénées-Orientales 143,054.	Perpignan 14,864.	Roussillon. Perpignan.
Corse 180,348.	Ajaccio 7,401.	

VII.

Parcourons maintenant les quatre grands bassins de la France, et indiquons rapidement les endroits dignes de remarque.

Sur le bassin de la mer du Nord, nous visitons d'abord l'ancienne Alsace, région naturelle renfermée d'un côté entre les Vosges qui la couvrent de leurs ramifications, de l'autre entre le Rhin qui la sépare de l'Allemagne. Cette région forme aujourd'hui les départemens du Haut et Bas-Rhin. *Colmar*, chef-lieu du premier, est une ancienne place forte dont les fortifications ont été démolies; à 9 lieues sud, est *Mulhausen*, ville de 9 à 10,000 âmes, la plus commerçante du département; *Béfort* est une place forte, au sud-ouest de Mulhausen.

Strasbourg, chef-lieu du Bas-Rhin, nous offre son superbe clocher, monument remarquable de l'architecture gothique. Elle s'enorgueillit aussi d'avoir vu, en 1438, les premiers essais d'imprimerie en caractères mobiles, par Jean Gutemberg, de Mayence, et Dritzlhn, de Strasbourg.

Les deux départemens du Rhin sont couverts d'usines et de forges qui exploitent de nombreuses mines de fer, etc.

A l'ouest des Vosges, jusqu'au Pas-de-Calais, le pays frontière des Pays-Bas est couvert de villes, de bourgs et de villages; c'est une des parties les mieux peuplées, les plus riches et les plus industrieuses de la France. Les usines dans l'ancienne Lorraine, les manufactures dans l'ancienne Flandre, sont innombrables. Parmi les villes les plus intéressantes à visiter, on doit citer *Nancy*, chef-lieu de la Meurthe, sur la rive gauche de la rivière qui donne son nom au département : c'est l'une des plus jolies villes de France, par la régularité et la disposition de ses rues et de ses places publiques; *Toul*, à l'ouest de Nancy, sur la Moselle; *Metz*, chef-lieu de la Moselle, au confluent de la rivière de ce nom et de la Seille; *Lille*, chef-lieu du département du Nord, une des villes les plus importantes de France par son commerce et ses manufactures : on admire ses fortifications étendues et sa forteresse; *Dunkerque*, petit port de mer, patrie du célèbre Jean Bart, au nord-ouest de Lille; *Valenciennes*, ville commerçante et manufacturière, au sud-est de Lille; *Calais*, petite ville, sur le bras de mer auquel elle donne son nom, et lieu le plus ordinaire de départ et d'arrivée pour l'Angleterre.

Outre ces villes, beaucoup d'autres lieux sont dignes de fixer l'attention. Le village de *Domremy*, sur la Meuse, à 15 lieues nord-ouest d'Épinal, a vu naître Jeanne d'Arc, la pucelle d'Orléans. *Plombières*, à 7 lieues sud d'Épinal, attire chaque année une foule de Français et d'étrangers, par la réputation de ses eaux thermales. A *Cassel*, petite place forte, bâtie sur une montagne isolée, au nord-ouest de Lille, on jouit d'un coup d'œil ravissant : trente-deux villes et plus de cent bourgs ou villages sont compris dans les limites de son horizon. Près de Dunkerque, une forêt ensevelie tout entière à une grande profondeur, atteste les effrayantes révolutions de la surface du globe. Enfin, des restes de monumens, vestiges du séjour des Romains dans ces contrées, se rencontrent fréquemment dans les départemens de l'ancienne Lorraine.

VIII.

La Picardie, la Normandie, l'Ile-de-France et la Champagne étaient comprises dans les limites du bassin de la Manche, occupé presqu'en entier par la Seine et ses affluens. Ces quatre provinces, qui forment aujourd'hui quinze départemens, offrent un pays généralement uni, remarquable par sa fertilité. A l'ouest, la Picardie, la Normandie, l'Ile-de-France, sont couvertes de riches moissons, et de pâturages où paissent d'innombrables bestiaux; à l'est, les coteaux de la Champagne sont chargés d'excellens vignobles, d'où l'on extrait des vins recherchés.

Paris, antique capitale du royaume, est situé presqu'au centre du bassin, sur les deux rives de la Seine, à très-peu de distance au-dessous du confluent de la Marne. Centre des richesses et du luxe, réunion des arts, des sciences, de la littérature et de l'industrie du monde entier, cette ville superbe, où l'on compte environ 714,000 habitans, non compris le nombre immense d'étrangers qui y affluent de toutes parts, répand autour d'elle, à une assez grande distance, un esprit tout particulier d'activité et d'industrie. L'énumération seule des manufactures de tout genre accumulées dans les départemens circonvoisins, serait fort longue; qu'il nous suffise de nommer celles de *Sèvres*, de *Jouy*, et de *Versailles*, qui tiennent le premier rang dans des genres différens, la première par ses riches porcelaines, la seconde par ses tissus, la troisième par ses armes.

La Somme, qui traverse l'ancienne Picardie et le département actuel auquel elle donne son nom, passé à *Péronne*, petite ville forte; à *Amiens*, ville manufacturière et commerçante, à 31 lieues nord de Paris; à *Abbeville* (10 lieues ouest d'Amiens), et se jette dans la Manche par la baie de Saint-Valery, petit port sur cette même baie. Amiens a vu naître l'érudit Du Cange et le poète Gresset; Abbeville, les géographes Sanson père et fils, et le poète Millevoie.

Nous entrons dans l'ancienne Normandie. *Rouen*, qui en était la capitale, est aujourd'hui le chef-lieu du département de la Seine-Inférieure. Cette ville, l'une des premières de France par sa population et ses manufactures, est à 32 lieues nord-ouest de Paris, sur la Seine qui la traverse. C'est la patrie de notre poète tragique Pierre Corneille, de l'historien Daniel, de l'académicien Fontenelle. Sur la côte on remarque *Dieppe*, à l'embouchure de la Béthune, au nord-est de Rouen; *Fécamp* (N.-O.); *Le Havre*, port de commerce du plus grand intérêt. A 2 lieues du Havre on trouve *Harfleur*, qui fut une place importante; dans la même vallée, *Montivilliers*, qui fut une ville manufacturière au temps de la prospérité d'Harfleur. *Bolbec*, sur la route de Rouen, a donné dans ces derniers temps un nouveau développement à son industrie. *Yvetot*, dans l'intérieur, à 3 lieues de la droite de la Seine, 8 lieues nord-ouest de Rouen, rappelle des traditions locales dignes d'intérêt. *Caudebec*, près d'Yvetot, sur la Seine, était la capitale du pays de Caux. *Elbeuf*, sur la Seine, à 4 lieues sud de Rouen, est une des villes les plus importantes du département, par ses manufactures de draps.

Évreux, chef-lieu du département de l'Eure, sur la rivière de ce nom, est à 26 lieues ouest de Paris; à 5 lieues nord est la ville manufacturière de *Louviers*. *Quillebœuf* est sur la rive gauche de la Seine, près de son embouchure, entre Honfleur et Rouen. *Ivry*, village sur l'Eure (6 lieues sud-est d'Évreux), rappelle un combat mémorable entre Henri IV et le duc de Mayenne.

Dans le département de l'Orne, nous citerons *Alençon*, chef-lieu, sur la Sarthe, à 49 lieues vers l'ouest de Paris; *l'Aigle*, si connu par ses manufactures d'épingles, au nord-est d'Alençon. Le département du Calvados mérite de nous arrêter davantage. *Caen*, chef-lieu, sur l'Orne, à 3 lieues de son embouchure, et 54 lieues ouest de Paris, est une très-jolie ville, mais peu ancienne. Marot, poète français du xve siècle, et *Malherbe*, surnommé le *père de la poésie*, y ont pris naissance. *Bayeux*, sur l'Aure (N.-O.); *Falaise*, sur l'Ante (S.); *Lisieux*, sur la Touque (E.); *Vire*, sur une rivière du même nom (S.-O.); *Honfleur*, à l'embouchure et sur la rive gauche de la Seine (N.-E.), sont ensuite les lieux principaux du département. Falaise a vu naître le fameux Guillaume, dit le Conquérant, duc de Normandie, et depuis roi d'Angleterre.

Cherbourg, port de mer militaire de 18,000 âmes, à 86 lieues de Paris vers l'ouest, est le lieu le plus remarquable du département de la Manche, le plus occidental de l'ancienne Normandie. On doit y citer cependant *Saint-Lô*, qui en est le chef-lieu, à 18 lieues sud de Cherbourg; *Grandville*, petit port (13 lieues sud-ouest de Saint-Lô); *Coutances* et *Avranches*, toutes deux près de la mer, à l'ouest et au sud; *Mortain*, patrie de Guillaume Postel, aussi fameux par la singularité de ses opinions que par son profond savoir. A 3 lieues d'Avranches le *Mont-Saint-Michel*, monastère autrefois et prison d'état, mérite d'être visité.

Pénétrons dans les terres, et parcourons les départemens de l'Ile-de-France. *Versailles*, chef-lieu de celui de Seine-et-Oise, à 4 lieues ouest de Paris, n'était qu'un village avant 1680. Louis XIV le fit alors embellir de tout ce que les arts purent produire de plus admirable, et depuis lors, jusqu'en 1789, elle fut le séjour habituel des rois de France. Elle a aujourd'hui 27,500 habitans, et en eut le double autrefois. Près de Versailles, on visite l'École militaire de *Saint-Cyr*, à 1 lieue ouest, et le village de *Jouy*, où sont de superbes manufactures de toiles peintes fondées par Obergcamf sur la Bièvre, à 1 lieue sud-est. *Sèvres* et *Saint-Cloud*, deux bourgs sur la Seine, entre Paris et Versailles, sont dignes de remarque, le premier par sa riche manufacture de porcelaine, le second par son château royal, tous deux par la beauté de leurs sites. Nommons ensuite *Étampes* près de la rive gauche de la Juine, à 8 lieues sud-ouest de Versailles; *Rambouillet*, avec un château royal (7 lieues sud-ouest); *Pontoise*, au confluent de l'Oise et de la Viorne (N.-O.); *Mantes*, *Poissy* et *Saint-Germain-en-Laye*, sur la Seine, au-dessous de Paris; *Corbeil*, ancienne place forte, aussi sur la Seine, au-dessus de Paris. Près de Mantes est le château de *Rosny*, où naquit le duc de Sully.

Le département de la Seine n'est que Paris et sa banlieue; cependant les endroits dignes d'intérêt y sont nombreux. Nommons seulement *Saint-Denis* au nord, et *Vincennes* à l'est. Dans le premier on voit une antique abbaye où sont les tombeaux des rois de France; dans le second, un ancien château dont on a fait un établissement militaire pour l'artillerie.

Beauvais, sur le Terrain, chef-lieu du département de l'Oise, à 18 lieues nord de Paris, est la patrie de Lenglet-Dufresnoy et de plusieurs autres hommes distingués. *Compiègne*, près de l'Aisne (E.), à l'entrée d'une forêt étendue, possède un château royal. Jeanne d'Arc y fut prise par les Anglais en 1430. On doit aussi nommer *Senlis*, sur la Nonette (11 lieues sud-est de Beauvais), et *Pont-Saint-Maxence*, sur l'Oise, au nord de Senlis.

Laon, chef-lieu du département de l'Aisne, est sur une montagne, à 30 lieues nord-est de Paris. Le même département renferme *Saint-Quentin*, près de la Somme (8 lieues nord-ouest de Laon); *Soissons*, sur l'Aisne (S.-O.); *Château-Thierry*, sur la rive droite de la Marne (S.); *La Fère*, dont on remarque l'arsenal, sur l'Oise (S.). Château-Thierry est la patrie de notre inimitable La Fontaine. Racine est né à *La Ferté Milon*, petite ville sur le canal de l'Ourcq, à 8 lieues sud de Soissons.

Nous entrons maintenant dans les départemens de la Champagne. Celui de Seine-et-Marne nous offre *Melun*, son chef-lieu, sur la Seine, à 11 lieues sud-ouest de Paris; *Fontainebleau*, avec son château royal, à l'entrée d'une belle forêt, à 2 lieues de la rive droite de la Seine, et 4 lieues sud de Melun; *Meaux*, sur la Marne (N.); *Provins*, sur la Vouzie (E.); *Montereau-Faut-Yonne*, au confluent de l'Yonne et de la Seine (S.-E.). Melun est la patrie d'Amyot, traducteur de Plutarque.

Nous avons parcouru, en visitant le bassin de la mer du Nord, le département des Ardennes, qui tire son nom d'une antique forêt en partie détruite. Celui de la Marne renferme *Châlons*, son chef-lieu, sur la rivière d'où le département tire son nom, à 42 lieues est de Paris. On y voit des restes d'antiquités, et elle a vu naître Perrot d'Ablancourt, qui a fait, l'un des premiers, passer dans notre langue les grands écrivains de l'antiquité. *Reims* est sur la Vesle, à 10 lieues nord-ouest de Châlons. On y admire la cathédrale, où sont sacrés les rois de France depuis la fin du XIIe siècle. *Sainte-Menehould*, ancienne place forte, sur l'Aisne, est à l'est de Châlons.

Visitons rapidement *Chaumont*, chef-lieu du département de la Haute-Marne, sur la rivière de ce nom, à 61 lieues sud-est de Paris; *Langres*, à 8 lieues sud de Chaumont; *Troyes*, chef-lieu du département de l'Aube, sur la gauche de la Seine, à 39 lieues sud-est de Paris; *Auxerre*, chef-lieu de l'Yonne, à 38 lieues sud-est de Paris; *Sens*, sur la droite de l'Yonne, au nord d'Auxerre; *Tonnerre*, à l'est de la même ville, connu par l'abondance de ses vins, etc. Langres, au pied de la ligne de faîte commune au bassin de la Manche et à celui de la Méditerranée, est l'une des positions les plus élevées de la France; cette ville donne son nom à une portion de la ligne de faîte.

Tout le bassin que nous venons de parcourir est également riche en monumens géologiques qui attestent la présence de la mer sur l'emplacement que nous foulons maintenant avec sécurité, et en monumens romains, dont ce peuple se plaisait à couvrir les contrées qu'il soumettait à ses lois.

IX.

Le *bassin de l'Atlantique*, où nous allons pénétrer, est le plus étendu de ceux qui partagent la France; il offre aussi le plus d'inégalité dans ses différentes parties. Très-montagneux au nord-ouest dans l'ancienne Bretagne, à l'est vers les Cévennes, et au midi vers les Pyrénées, il ne présente au centre et à l'ouest, vers la mer, que des plaines d'une très-grande étendue.

Cinq départemens ont été formés de la Bretagne, qui occupait une assez grande péninsule à l'extrémité nord-ouest de la France, entre la Manche et l'Atlantique. *Rennes*, chef-lieu de celui d'Ille-et-Vilaine, est située au confluent des deux rivières dont le nom a formé celui du département, à 80 lieues de Paris vers l'ouest. Au nord, sur la côte de la Manche, dans une petite île qu'une chaussée réunit à la terre ferme, est le port de *Saint-Malo*, patrie des navigateurs Jean Cartier et Dugay-Trouin, et du mathématicien Maupertuis. *Cancale*, d'où nous viennent de si bonnes huîtres, est à 3 lieues est de Saint-Malo. *Saint-Brieux*, sur la côte, à 14 lieues ouest de Saint-Malo, 115 lieues ouest de Paris, est chef-lieu du département des Côtes-du-Nord. *Quimper*, chef-lieu de celui du Finistère, est au sud-ouest de Saint-Brieux, à 130 lieues ouest de Paris, au fond d'une crique qui lui sert de port pour les bâtimens marchands, sur l'Atlantique. C'est la patrie du jésuite érudit Hardouin et de Fréron, qui doit sa célébrité à Voltaire, dont il fût le détracteur.

Brest, le premier de nos ports militaires, au fond d'une rade magnifique, entre les caps Finistère et du Raz, est à 19 lieues nord-ouest de Quimper. *Morlaix*, avec un petit port, est entre Brest et Saint-Brieux.

Vannes, patrie de l'ingénieux romancier Le Sage, et chef-lieu du Morbihan, est au fond de la baie de *Morbihan*, avec un petit port, à 108 lieues ouest de Paris. Entre Vannes et Quimper on remarque *Lorient* et *Port-Louis*, deux petites villes fortes sur la même baie. A *Cornac*, village au sud-ouest et près de Vannes, on observe de très-curieuses antiquités, dites *celtiques*.

Nantes, belle et très-importante ville de commerce, chef-lieu de la Loire-Inférieure, est sur la droite de la Loire, au confluent de l'Erdre, à 12 lieues de la mer, 96 lieues sud-ouest de Paris. Dans le même département on doit citer *Paimbœuf*, sur la gauche de la Loire, près de son embouchure; *Ancenis*, sur la droite de la même rivière, 9 lieues au-dessus de Nantes; *le Croisic*, petit port au nord-ouest de Paimbœuf.

Le Maine était entre la Bretagne et la Normandie; on en a formé deux départemens, celui de la Mayenne et celui de la Sarthe. *Laval*, chef-lieu du premier, est sur la droite de la

Mayenne, à 69 lieues sud-ouest de Paris; *le Mans*, chef-lieu du second, est à l'est de Laval, sur la Sarthe, à 45 lieues sud-ouest de Paris. On doit citer *la Flèche*, au sud-ouest du Mans, sur la Loire; il y a une école militaire célèbre.

L'Anjou et la Touraine, traversés tous deux par la Loire, au sud du Maine et à l'est de la Bretagne, forment maintenant les deux départemens de Maine-et-Loire et d'Indre-et-Loire. *Angers*, chef-lieu du premier, est sur le Maine, près de son confluent dans la Loire, à 68 lieues sud-ouest de Paris : on y fait un commerce étendu. *Tours*, chef-lieu du second, sur la gauche de la Loire, à 22 lieues au-dessus d'Angers, 60 lieues sud-ouest de Paris, est une jolie ville près de laquelle on voit les ruines de *Plessis-les-Tours*, château fort où se plaisait Louis XI, qui y mourut en 1483. Entre Tours et Angers, sur la gauche de la Loire, est *Saumur*, dont on admire le pont. *Chinon*, patrie de Rabelais, est sur la Vienne (sud-ouest de Tours). *Amboise*, sur la gauche de la Loire, à l'est de Tours, est une vilaine ville, dans une très-belle situation. *La Haye*, sur la Creuse, au sud de Tours, s'honore d'avoir vu naître le philosophe Descartes.

En remontant la Loire, on arrive à *Blois*, chef-lieu du département de Loir-et-Cher, l'un des trois formés de l'ancien Orléanais, à 41 lieues sud-ouest de Paris. On y rencontre plusieurs édifices dignes de remarque, entre autres son pont. *Vendôme*, sur le Loir, au nord de Blois, est la patrie de Ronsard, poète français antérieur à Corneille. *Chartres*, chef-lieu du département d'Eure-et-Loir, sur la première de ces rivières, à 20 lieues sud-ouest de Paris, est grande et assez mal bâtie; on cite avec éloge sa cathédrale. *Dreux* (N.), sur la Blaise, doit, dit-on, son nom aux anciens Druïdes.

Orléans, sur les deux rives de la Loire, à 13 lieues de Blois, 30 lieues sud de Paris, est dans une situation on ne peut plus favorable pour son commerce intérieur, qui est en effet très-étendu. C'est le chef-lieu du département du Loiret, qui tire son nom d'une petite rivière dont le cours est à peine de 3 lieues, mais remarquable à plusieurs titres. Dans le même département, *Montargis* est à 12 lieues est d'Orléans, sur le canal de Briare; *Gien* (S.-E), sur la rive droite de la Loire.

Au sud-est de l'Orléanais, en remontant la Loire, le Nivernais a formé le département de la Nièvre, dont le chef lieu est *Nevers*, sur la Loire, au confluent de la *Nièvre*, qui donne son nom au département, et peu au-dessus de celui de l'Allier. Cette ville est à 55 lieues sud de Paris. Au nord, sur la Loire, est la petite ville manufacturière de *la Charité*.

Le Berri, à l'ouest du Nivernais et au sud de l'Orléanais, forme les deux départemens du Cher et de l'Indre : on y citera les deux chefs-lieux, *Bourges* et *Châteauroux*, la première sur l'Auron, à 59 lieues sud de Paris; la seconde sur l'Indre, au sud-ouest de Tours, 65 lieues sud de Paris. *Sancerre* est une ancienne ville près de la gauche de la Loire (N.-E. de Bourges); cette dernière a vu naître Bourdaloue.

Le Bourbonnais, au sud du Nivernais et du Berri, baigné par la Loire, qui en formait la limite orientale, et par l'Allier, a pris le nom de département de l'Allier. *Moulins*, sur l'Allier, à 72 lieues sud-est de Paris, en est le chef-lieu.

A l'ouest, le département de la Creuse est formé d'une portion de l'ancienne Marche. *Guéret*, chef-lieu, est près de la Creuse, à 80 lieues sud de Paris.

Le Poitou était entre la Marche et la mer, au midi de la Touraine, de l'Anjou et de la Bretagne. Les trois départemens de la Vienne, des Deux-Sèvres et de la Vendée, en sont formés. Les seules villes remarquables sont *Poitiers*, chef-lieu de la Vienne, sur le Clain, à 89 lieues sud-ouest de Paris; *Niort*, sur la Sèvre, chef-lieu du département des Deux-Sèvres, au sud-ouest de Poitiers, et à 105 lieues de Paris, dans la même direction; les *Sables d'Olonne*, petit port à l'embouchure du Vic, sur l'Atlantique, à 10 lieues sud-ouest de *Bourbon-Vendée*, lieu de 1800 âmes qui a le titre de chef-lieu de la Vendée.

La Rochelle, chef-lieu de la Charente-Inférieure, était la capitale du petit pays d'Aunis, qui contribue, avec la Saintonge, à former ce département. C'est un excellent port, au fond d'une belle rade, à 124 lieues sud-ouest de Paris. *Rochefort*, patrie du physicien Réaumur, est sur la Charente, à 4 lieues de son embouchure, 7 lieues sud-est de la Rochelle. En remontant la même rivière, on rencontre *Saintes*, *Cognac*, *Angoulême*. Cette dernière ville, chef-lieu de la Charente, est à 110 lieues sud-ouest de Paris.

L'ancien Limousin est compris en entier dans les deux départemens de la Haute-Vienne et de la Corrèze. *Limoges*, chef-lieu du premier, à 98 lieues sud de Paris, près de la Vienne, est la patrie du célèbre d'Aguesseau, l'honneur de notre magistrature.

Le département de la Corrèze a pour chef-lieu *Tulle*, sur la Corrèze, à 120 lieues sud de Paris.

A l'est du Limousin était l'Auvergne, qui forme aussi deux départemens. Celui du Puy-de-Dôme, au nord, a pour chef-lieu *Clermont-Ferrand*, près de la montagne qui donne son nom au département, à 96 lieues sud de Paris : c'est la patrie du grand Pascal. *Aurillac*, chef-lieu du département du Cantal, est à 23 lieues au sud de Clermont. Ces deux départemens renferment de nombreuses sources thermales : les plus renommées sont *Aigue-Perse* et *Mont-d'Or*, dans le Puy-de-Dôme; *Chaudes-Aigues*, dans le Cantal. Aigue-Perse est la patrie du chancelier de l'Hôpital et de Delille, digne interprète de Virgile. Saint-Flour a vu naître notre auteur tragique Dubelloy. La *Limagne d'Auvergne*, canton de 30 lieues de long sur 6 à 12 de large, regardé comme un des terrains les plus fertiles du monde, est comprise dans le département du Puy-de-Dôme.

L'ancienne Guyenne, au midi de l'Auvergne, du Limousin et de la Saintonge, forme neuf départemens. Celui de l'Aveyron, qui comprend l'ancien Rouergue, est le plus oriental. *Rodez*, son chef-lieu, est sur l'Aveyron, à 147 lieues sud de Paris. A 3 lieues de là on visite les curieuses grottes de Solsac. *Cahors*, sur le Lot, à l'ouest de Rodez, 153 lieues sud de Paris, est le chef-lieu du département du Lot, l'ancien Quercy, et la patrie de Clément Marot et de La Calprenède, immortalisé par les vers satiriques de Boileau. Le Périgord est maintenant le département de la Dordogne, dont le chef-lieu, *Périgueux*, est sur l'Ille, à 122 lieues sud-ouest de Paris. Près de *Sarlat* (9 lieues sud-est de Périgueux) sont les *Grottes de Miremont*, l'une des curiosités naturelles les plus remarquables de France, et le village de la *Mothe-Fénélon*, où naquit l'auteur de Télémaque.

Bordeaux, qui par sa population de 90,000 âmes, la beauté de ses édifices, son commerce et son industrie, tient après Paris l'un des premiers rangs parmi les villes de France, est la capitale du département de la Gironde, sur la gauche de la Garonne, à 154 lieues sud-ouest de Paris. On admire particulièrement son vaste port, formé par la rivière à 20 lieues de son embouchure; sa magnifique salle de spectacle; sa bourse, le plus beau monument de ce genre que possédât la France avant la construction de celle de Paris; son pont, etc. Le poëte latin Ausonius et le président Montesquieu ont reçu le jour à Bordeaux.

Dans le même département on doit mentionner *Libourne*, sur la droite de la Dordogne (7 lieues est de Bordeaux); *Blaye*, sur la droite de la Gironde, au-dessous du bec d'Ambez (N.).

Agen, chef-lieu du Lot-et-Garonne, est petite et mal bâtie, mais elle a de nombreuses manufactures. Elle est sur la droite de la Garonne, au sud-est de Bordeaux, 188 lieues sud de Paris. *Montauban*, chef-lieu de Tarn-et-Garonne, est dans une jolie situation, sur le Tarn, au-dessus du confluent de l'Aveyron, à l'est d'Agen. *Auch*, capitale de l'ancienne Gascogne, aujourd'hui chef-lieu du département du Gers, est près de la rivière de ce nom, au sud d'Agen, à 198 lieues sud de Paris. Elle a quelques antiquités remarquables. Au nord-ouest est *Condom*, sur la Baize, et au nord *Lectoure*, dans une belle situation, près du Gers. Le département des Landes, entre celui du Gers et la mer, et au sud de celui de la Gironde, n'a que deux endroits à citer : *Mont-de-Marsan*, son chef-lieu, petite ville au confluent de la Douze et du Midou, à 191 lieues sud-ouest de Paris, et *Dax*, sur l'Adour, (S.-O.). Cette dernière ville doit son nom à ses eaux thermales, depuis long-temps célèbres (*aquæ*). C'est près de Dax, au village de *Poy*, qu'est né saint Vincent de Paul, l'apôtre de l'humanité.

Les *Landes*, d'où le département tire son nom, sont de grandes plaines totalement incultes, couvertes de sable ou du bruyères, et qui s'étendent, à partir des côtes, depuis l'Adour jusqu'à Bordeaux.

Le pays de Bigorre forme le dernier département de la Guyenne, celui des Hautes-Pyrénées, lequel touche aux montagnes de ce nom. *Tarbes*, son chef-lieu, est sur l'Adour, à 216 lieues de Paris vers le sud. *Bagnères de Bigorre*, près de l'Adour (S.), et *Baréges*, au sud de Bagnères, sont connues par leurs eaux thermales.

L'ancien Béarn, avec le petit pays de Labour, forme le département des Basses-Pyrénées, entre le précédent et le golfe de Gascogne. *Pau*, son chef-lieu, est sur une rivière ou *gave* du même nom, à 206 lieues sud-ouest de Paris. C'est là où Henri IV reçut le jour. *Bayonne*, avec un petit port sur l'Adour, près de son embouchure, est à l'ouest de Pau; *Oleron*, sur une rivière du même nom, au sud; *Orthez*, sur la gave de Pau, au nord-ouest; *Saint-Jean-Pied-de-Port*, sur la frontière même, au sud-ouest; le petit port de *Saint-Jean-de-Luz*, à 4 lieues sud de Bayonne.

Foix, sur l'Ariége, à l'est de Tarbes et à 200 lieues sud de Paris, est le chef-lieu du département de l'Ariége, comme elle était la capitale du comté de Foix. Près de cette ville, au nord-ouest, est le village de *Carlat*, patrie du savant Bayle.

Des huit départemens qui sont formés de l'ancien Languedoc, quatre sont à l'ouest des Cévennes, et par conséquent sur le bassin de l'Atlantique : ce sont ceux de la Haute-Garonne, du Tarn, de la Lozère et de la Haute-Loire. *Toulouse*, chef-lieu de la Haute-Garonne et capitale du Languedoc, est sur la Garonne, 181 lieues sud de Paris. C'est une des plus importantes villes du midi de la France. *Alby*, chef-lieu du Tarn, sur la rivière de ce nom, au nord-est de Toulouse, 161 lieues sud de Paris, est la patrie de la Pérouse. *Mende*, chef-lieu de la Lozère, sur le Lot, est à 139 lieues sud de Paris. *Le Puy*, chef-lieu de la Haute-Loire, dans une situation pittoresque, sur la Loire encore peu éloignée de sa source, est à 15 ou 20 lieues de Mende, vers le nord.

Le département de la Loire, formé de la partie occidentale de l'ancien Lyonnais, appartient aussi au bassin de l'Atlantique. *Montbrison*, son chef-lieu, est près de la rive gauche de la Loire, à 122 lieues sud-est de Paris. *Saint-Étienne*, ville manufacturière (S.-E.), sur le Furens, est beaucoup plus importante, ainsi que *Roanne*, sur la gauche de la Loire (N.).

X.

Le bassin de la Méditerranée, qui nous reste à parcourir, n'est en quelque sorte que celui du Rhône, resserré d'un côté entre les Alpes, de l'autre entre les Cévennes. Nous allons partir du nord et descendre vers la mer.

L'ancienne Franche-Comté, entre la Saône et le Jura, forme exactement les trois départemens de Haute-Saône, Doubs et Jura.

Vesoul, sur le Durgeon, à l'est de la Saône, 87 lieues sud-est de Paris, et *Besançon*, sur le Doubs, 11 lieues au sud de Vesoul, sont les chef-lieux des départemens de la Haute-Saône et du Doubs. Celui du Jura a pour chef-lieu *Lons-le-Saulnier*, petite ville située dans une espèce de bassin entouré de montagnes, à 100 lieues sud-est de Paris. *Dôle*, sur le Doubs, est à 12 lieues nord. A 11 lieues nord-est était la petite ville de *Salins*, réduite en cendres en juillet 1825. Ces trois départemens offrent au voyageur de nombreuses curiosités naturelles.

La Bourgogne était partagée par la Saône en deux parties inégales. Des trois départemens qui en ont été formés, celui de la Côte-d'Or est à l'ouest ou à droite de cette rivière, celui de l'Ain à gauche, et celui de Saône-et-Loire s'étend sur les deux rives. *Dijon* est le chef-lieu de la Côte-d'Or. Située au confluent de deux petites rivières, cette ville est bien bâtie et renferme en outre beaucoup d'édifices dignes de remarque. Bossuet, les poètes Crébillon et Piron, le naturaliste Daubenton, et beaucoup d'autres hommes distingués, y ont reçu le jour. Elle est à 77 lieues sud-est de Paris. *Beaune* (S.) est renommée par les vins qui croissent dans les environs. *Auxonne*, autre place notable du département, est sur la Saône, au sud-est de Dijon.

Le versant oriental de la Côte-d'Or, qui donne son nom au département, produit des vins recherchés, tels que ceux de Nuyts, Chambertin, etc.

Le célèbre naturaliste Buffon est né à *Montbar*, petite ville sur la Brème, au nord-ouest de Dijon.

Dans le département de Saône-et-Loire remarquons *Mâcon*, chef-lieu, sur la Saône, à 100 lieues sud-est de Paris; *Autun*, sur l'Arroux (N.-O.); *Bourbon-Lancy*, à l'extrémité occidentale du département, près de la Loire. Autun est remarquable par ses nombreux restes d'antiquités, Bourbon par ses bains d'eaux minérales. On doit voir aussi l'établissement de *Mont-Cénis*, à 5 lieues sud d'Autun, renommé pour ses beaux cristaux.

Bourg-en-Bresse est le chef-lieu du département de l'Ain. Cette ville, sur une petite rivière, dans une jolie situation, à 116 lieues sud-est de Paris, est la patrie de l'amiral Coligny. Au sud-est est *Belley*, près du Rhône; au sud-ouest, *Trévoux*, sur la Saône; à l'est, *Gex*, au pied du Jura, sur la frontière suisse.

Le département du Rhône, formé de la partie orientale de l'ancien Lyonnais, a pour chef-lieu *Lyon*. Cette ville, l'une des plus importantes du royaume par son industrie et sa population, est au confluent du Rhône et de la Saône, à 119 lieues sud-est de la capitale. *Tarare* (N.-O.) mérite d'être nommée, à cause de ses manufactures, particulièrement celles de mousselines.

Le Dauphiné et la Provence, circonscrits entre le Rhône, les Alpes et la mer, forment aujourd'hui sept départemens, trois pour la première de ces provinces, quatre pour la seconde. Dans cette région généralement montueuse nous citerons *Vienne*, sur la gauche du Rhône, à 9 lieues au-dessous de Lyon, dans le département de l'Isère; *Grenoble*, place forte, chef-lieu de ce département, au confluent de l'Isère et du Drac, à 145 lieues sud-est de Paris : ses ganteries sont renommées; *Valence*, chef-lieu de la Drôme, sur la gauche du Rhône, 15 lieues au-dessous de Vienne, et à la même distance de Paris que Grenoble; *Die*, dans le même département, sur la Drôme; *Gap*, chef lieu des Hautes-Alpes, près de la droite de la Durance, à 170 lieues sud-est de Paris; *Briançon* et *Embrun*, deux places fortes et frontières, sur la Durance, la première au nord, la seconde à l'est de Gap; *Digne*, patrie du physicien Gassendi, chef-lieu des Basses-Alpes, vers le sud de Gap, sur la Bléonne, à 191 lieues sud-est de Paris; *Sisteron*, avec une citadelle, sur la Durance (S.-O. de Digne); *Barcelonette*, dans une vallée pittoresque, au pied des Alpes, sur l'Obaye (S.-O. du même chef-lieu); *Draguignan*, chef-lieu du département du Var, sur la Nartuby ou Pis, à 199 lieues sud-est de Paris; *Grasse*, ville du même département, dans une belle situation (N.-E. de Draguignan); *Aix*, dans le département des Bouches-du-Rhône, à 8 lieues nord de Marseille, son chef-lieu; *Arles* et *Tarascon*, sur la rive gauche du Rhône, dans le même département; la première, à 22 lieues nord-ouest de Marseille, l'autre à 4 lieues au-dessus d'Arles. Cette dernière ville renferme de curieux monumens d'antiquités; Tarascon est vis-à-vis de Beaucaire.

La côte des deux départemens du Var et des Bouches-du-Rhône, entre l'embouchure du Var et celles du Rhône, a une étendue de plus de 60 lieues; on y remarque un grand nombre de ports et de places importantes. En s'avançant de la bouche du Var vers celles du Rhône, on rencontre dans l'étendue du département du Var : *Antibes*, ville forte et port de mer, à l'est de Draguignan; *Cannes*, petit port à une lieue d'Antibes; *Fréjus*, qui avait jadis un très-beau port, entièrement comblé aujourd'hui; *Toulon*, port militaire, l'un des plus grands et des plus sûrs de la Méditerranée, au sud-ouest de Draguignan; *Hyères*, petite ville dans une charmante situation (E. de Toulon), patrie de Massillon. Dans le département des Bouches-du-Rhône : *Marseille*, chef-lieu du département, port superbe, et l'une des villes les plus commerçantes du monde, à 204 lieues sud-est de Paris. A 4 lieues de Marseille, au sud-est, est *la Ciotat*, jolie petite ville maritime.

Le département de Vaucluse, entre le Rhône et la Durance,

comprend l'ancien comtat d'*Avignon*. Cette ville, chef-lieu du département, est sur la gauche du Rhône, à 178 lieues de Paris, vers le sud-est. *Orange*, sur l'Eygues, est au nord; *Carpentras*, sur l'Auzon, au nord-est; *Apt*, sur le Coulon, à l'est.

La source ou fontaine de *Vaucluse*, à 6 lieues et demie est d'Avignon, serait encore l'une des premières curiosités naturelles du royaume, lors même qu'elle n'aurait pas été immortalisée par les vers de Pétrarque.

Ce qui nous reste à décrire du bassin de la Méditerranée est à l'ouest du Rhône, et comprend les quatre derniers départemens formés de l'ancien Languedoc. Celui de l'*Ardéche*, le plus septentrional, a pour chef-lieu *Privas*, sur l'Ouvèze, à 139 lieues sud-est de Paris; *Tournon*, sur la droite du Rhône, est un peu au-dessus de Valence (N.-E. de Privas); *Annonay*, renommée par ses papeteries (N.), est à quelques lieues du fleuve : c'est la patrie de Montgolfier, à qui l'on doit l'invention des ballons.

Nîmes, à 152 l. de Paris, est le chef-lieu du département du Gard, au sud du précédent. Aucune ville de France ne conserve autant et d'aussi curieux restes de l'antiquité romaine. *Beaucaire*, sur la droite du Rhône (7 lieues est de Nîmes), tient chaque année, le 22 juillet, la première foire de France; les bâtimens remontent le Rhône à la voile jusqu'à cette ville, qui fait face à Tarascon, avec laquelle elle est liée par un pont de bois. *Aigues-Mortes*, à 10 lieues sud de Nîmes, et à 2 lieues de la côte, avait au temps de saint Louis, qui s'y embarqua pour ses deux croisades, un port fréquenté. Les sables ont comblé ce port, et ont éloigné la côte de 2 lieues.

Les départemens de l'Hérault et de l'Aude sont baignés par la mer. Dans le premier, nous mentionnerons *Montpellier*, son chef-lieu, une des grandes villes du midi, sur une colline, près de la Merdanson, à 182 lieues sud de Paris; *Cette* et *Agde*, ports de mer, au sud-ouest; *Pézénas*, sur le Peyne (S.-O.); *Béziers*, près de l'Orbe, dans la même direction.

Carcassonne, à 204 lieues sud de Paris, sur les deux rives de l'Aude, et sur le bord du canal du Midi, est le chef-lieu du département de l'Aude. C'est la patrie de Fabre d'Églantine. *Narbonne*, la ville la plus distinguée du département après Carcassonne, compte de 10 à 11,000 habitans. Elle est sur un canal, près de la mer, à l'est du chef-lieu. C'est la patrie de l'antiquaire Montfaucon et du poète Brueys.

Au sud du département de l'Aude, entre les Pyrénées et la mer, est le département des Pyrénées-Orientales, le plus méridional de la France, et qui représente l'ancien Roussillon. *Perpignan*, son chef-lieu, est à 2 lieues de la mer, près de la droite du Têt, à 235 lieues sud de Paris. C'est une place de 15 à 16,000 habitans, dont on vient de renouveler les fortifications. *Collioure*, ancienne place forte, avec un port, est à 8 lieues sud de Perpignan ; *Port-Vendre*, autre port et jolie ville de 2,000 âmes, est à 2 lieues au-delà, près de la frontière espagnole.

Le quatre-vingt-sixième département français est formé par *l'île de Corse*, dont nous avons déjà indiqué la situation (iv); sa population particulière est d'environ 180,000 habitans. Les récoltes suffisent aux besoins des habitans, quoiqu'un tiers seulement de la surface de l'île soit en valeur. On y cultive particulièrement le mûrier et l'olivier; on a essayé d'y introduire le tabac, la canne à sucre, le coton et l'indigo. *Ajaccio*, son chef-lieu, est sur la côte occidentale, au fond d'un golfe du même nom. Ses autres villes sont *Bastia*, sur la côte orientale (N.-E.); *Calvi*, sur la côte septentrionale (N.); *Sartène*, à 4 lieues de la mer, dans la partie méridionale de l'île (S.); *Corté*, à peu près au centre, entre Ajaccio et Bastia.

XI.

La France, par son heureuse position, jouit d'un climat salubre et tempéré. Toutefois, outre les innombrables modifications produites par une foule de causes locales dans la température des diverses parties du royaume, il faut distinguer en France trois régions naturelles, sensiblement différentes entre elles sous le rapport de la température générale : 1º le *Nord*, c'est-à-dire le bassin de la mer d'Allemagne, celui de la Manche et le nord de la Bretagne : dans cette partie les hivers sont longs et souvent rigoureux ; la moitié de l'année au moins y est froide ou humide ; 2º le *Midi*, c'est-à-dire le bassin de la Garonne et la partie méridionale de celui du Rhône : ici les étés sont longs et chauds ; les hivers sont courts et peu rigoureux; 3º la région du *centre*, c'est-à-dire le bassin de la Loire et celui de la Saône : cette partie de la France est la plus favorisée du ciel ; mais on doit y distinguer la plaine et la montagne. Dans cette dernière partie, l'élévation du sol produit souvent un froid très-intense, et l'on y est exposé à de fréquens et terribles orages.

Le règne végétal est pour la France une source inépuisable de richesses. Aussi varié qu'abondant, il se compose non-seulement des plantes, des arbustes, des fleurs que la nature a placées dans nos terres, mais encore d'une foule de produits exotiques empruntés par nous aux régions étrangères, et dont notre heureux climat a favorisé la culture. Toutes les plantes céréales croissent dans nos départemens. Les récoltes annuelles présentent une valeur numérique de près de deux milliards. Le seizième environ de cette prodigieuse quantité de grains est destiné à l'exportation. L'agriculture s'enrichit en outre des récoltes de chanvre, de lin, de tabac, de plantes oléagineuses, telles que le colza, le pavot et la navette; de plantes propres à la teinture, telles que la garance, le pastel, la gaude et le safran, de houblon, de pommes-de-terre, de légumes de toute espèce, etc., etc. Nos arbres fruitiers sont singulièrement variés, et leur culture est universelle. Enfin la coupe des bois est d'un produit annuel de plus de 140,000,000 de francs.

Après les grains, les vignes sont en première ligne dans les élémens de notre richesse territoriale. Outre l'immense quantité de vins qui passent dans la consommation, le Nord de l'Europe et l'Amérique en reçoivent de nous pour une valeur considérable.

Le règne animal n'est pas moins riche que le règne végétal. La Normandie, la Bretagne, la Flandre, le Limousin, nourrissent d'excellens chevaux; les mulets du Poitou et de l'Auvergne forment la principale branche du commerce de ces provinces. Tous nos départemens élèvent une immense quantité de bêtes à cornes et de bêtes à laine; ces dernières fournissent annuellement à nos manufactures plus de 42,000,000 de kilogrammes de matières premières. Les départemens de l'ancienne Lorraine, et quelques départemens riverains de la Loire, engraissent une grande quantité de porcs. Les volailles sont répandues sur toute l'étendue du territoire, ainsi que les abeilles; le ver à soie est élevé dans la plupart des départemens du sud-est et dans quelques-uns de ceux du centre. La pêche entre pour une vingtaine de millions dans nos produits industriels.

Le loup, le renard, le sanglier, le cerf, le chevreuil, le blaireau, la loutre, le chat sauvage, le lièvre, la fouine, la martre, la belette, l'hermine, le hérisson, l'écureuil, etc., sont les plus notables des animaux non-domestiques.

La France est riche aussi de ses nombreuses mines, surtout de celles de plomb, de cuivre, de fer, d'antimoine, de manganèse et de houille. Onze de nos départemens maritimes ont des marais salans; sept départemens de l'intérieur, des mines de sel natif. Nos carrières de pierre calcaire, de marbres, de grès, de gypse, de plâtre, d'ardoises, de pierres meulières, etc., sont nombreuses.

Riche de tant de produits divers, la France sait en multiplier la valeur par son industrie. Sans en avoir porté toutes les branches au même degré de perfection, nous avons fait, depuis quelques années, d'immenses progrès dans les arts manufacturiers. Nous ne pouvons énumérer les nombreux produits de nos fabriques; qu'il nous suffise d'indiquer nos filatures, nos draperies et nos tisseries de toute espèce, nos soieries en particulier, nos dentelles, nos tapisseries, nos manufactures d'armes, nos clouteries, nos fabriques d'épingles, nos porcelaines, nos cristaux et nos faïences; nos horlogeries, nos orfevreries, nos bijouteries, nos bronzes, nos ébénisteries, nos papeteries, nos imprimeries, les nombreux fourneaux où sont exploités les fers de nos départemens de l'est, etc., etc.

Notre commerce intérieur et extérieur est immense; le premier se compose de l'échange des produits naturels ou industriels de nos départemens, et il est susceptible encore de recevoir une extension considérable lorsque les moyens de communication, surtout par les canaux, seront plus nombreux; l'autre embrasse spécialement nos grains, nos vins, nos eaux-de-vie et nos huiles, nos soies, nos satins et les produits de toute espèce de nos manufactures, spécialement ceux de nos imprimeries. Nous recevons en échange quelques matières premières et des denrées coloniales.

XII.

Le gouvernement de la France est *une monarchie constitutionnelle;* les bases en sont posées dans la *Charte* octroyée par Louis XVIII en 1814. Elle contient les lois fondamentales du royaume et le droit public des Français. Une *chambre de députés* nommée pour sept ans, et une *chambre des pairs* nommés par le roi et inamovibles, concourent avec le roi à la confection des lois. La puissance royale agit par un ministère composé de sept membres, entre lesquels sont réparties les diverses branches de l'administration.

Chacun des quatre-vingt-six départemens est administré par un *préfet*. Les départemens sont divisés en arrondissemens communaux, administrés par des *sous-préfets*; chaque sous-préfecture est divisée en *cantons*. Enfin, chaque canton renferme un nombre illimité de *communes*, à la tête de chacune desquelles est un *maire*. Tous les préfets ressortissent du pouvoir central dont le siége est à Paris.

L'administration judiciaire du royaume est basée sur les *cinq codes*, civil, de commerce, de procédure civile, d'instruction criminelle et pénal. Chaque canton a un *juge de paix*; chaque arrondissement, un *tribunal de première instance*, qui juge les causes qui n'ont pu être conciliées par le juge de paix. En outre, chaque département a une *cour d'assises* qui juge les causes criminelles. *Vingt-sept cours royales* ont sous leurs juridictions les tribunaux de première instance de plusieurs départemens, et prononcent sur les appels des jugemens de ces tribunaux. Enfin, les cours royales ressortissent elles-mêmes de la *cour de cassation*, séante à Paris, et qui prononce sur l'observation des formes et des lois. Il y a en outre une *cour des comptes* séante également à Paris. Nos principales villes de commerce et de manufactures ont un *tribunal de commerce*, qui juge les causes relatives aux transactions commerciales.

L'armée française s'élève, en temps de paix, à 255,000 hommes, dont 24,000 de garde royale. Le royaume est partagé en *vingt et une divisions militaires*, dont chacune comprend plusieurs départemens.

Les forces navales se composent de quarante-neuf vaisseaux de ligne, de trente et une frégates et de dix corvettes. L'administration maritime est divisée en cinq arrondissemens, qui renferment chacun plusieurs départemens côtiers.

Le revenu public de France, d'après le dernier budget, est de 982,442,171 francs. Sa dette totale est de 4,940,297,840 francs, dont l'intérêt annuel est à peu près de 230,000,000 de francs.

En résumé, la France comprend quatre-vingt-six départemens, trois cent soixante-deux sous-préfectures, deux mille huit cent quarante-deux cantons et trente-neuf mille trois cent quatre-vingt-une communes, ou villes, bourgs et villages.

XIII.

L'instruction publique est dirigée par un *grand-maître de*

l'Université, assisté d'un conseil. L'Université est partagée en plusieurs *académies*, qui siégent communément dans les chefs-lieux où sont établies les cours royales. De chaque académie ressortissent les colléges royaux et communaux de son arrondissement, ainsi que les pensions et les écoles primaires des communes. Il existe en outre, en dehors de cette administration, un grand nombre d'écoles primaires, dans une partie desquelles est adoptée la méthode de l'enseignement mutuel.

La religion *catholique* est la religion de l'état, d'après la Charte; tous les autres cultes sont également protégés. Sous le rapport des cultes, la population française peut être ainsi divisée : 26,486,000 catholiques, 2,800,000 calvinistes, 1,100,000 luthériens; 62,000 juifs, 2,000 memnonites et hernhutes.

La langue française a quelques dialectes, non compris ses nombreux patois; les principaux de ces dialectes sont : le *provençal*, qui se rapproche de l'italien; le *gascon*, qui tient de l'espagnol; le *poitevin*, qui rappelle la langue française du xve siècle. Le *basbreton*, conservé dans quelques parties de la Bretagne, et dans lequel on a voulu retrouver l'ancien celte; le *basque*, qui se parle dans quelques cantons des Pyrénées, n'ont aucun rapport avec le reste des idiomes d'origine *latine*, et forment des langues à part. Sous le rapport de l'origine et du langage, on peut partager la population de la France en 26,164,000 Français, 2,907,000 Allemands, 994,000 Bretons ou Kimris, 203,000 Italiens; 112,000 Basques, 62,000 Juifs, et 10,000 Ziguéines ou Bohémiens.

XIV.

La France a des colonies en Asie, en Afrique et en Amérique.

En Asie (dans l'Inde) : Pondichéry, Karikal, Masulipatnam, Chandernagor, Yanaou, Mahé.

En Afrique : île Bourbon, quelques établissemens à Madagascar et aux îles Sainte-Marie, île Gorée, Sénégal.

En Amérique (Antilles) : la Martinique, la Guadeloupe, Marie-Galande, la Désirade, les Saintes, partie de Saint-Martin. — (Dans l'Amérique septentrionale) : partie de Terre-Neuve, îles Saint-Pierre et Miquelon. — (Dans l'Amérique méridionale) : la Guyane française.

On doit observer que nos établissemens d'Asie sont plutôt des comptoirs que des colonies proprement dites.

GÉOGRAPHIE ANCIENNE,

POUR L'INTELLLIGENCE DES CLASSIQUES,

ET DE L'HISTOIRE ANCIENNE.

§ Ier. — Notions générales sur la géographie ancienne.

I.

On entend par *géographie ancienne*, la description de la partie du monde connue des Grecs et des Romains, jusqu'au IIIe. ou IVe siècle après la naissance de J.-C.

Elle fait connaître, d'après les monumens contemporains, et spécialement d'après les historiens et les géographes grecs et romains, les peuples, les états et leurs provinces, tels qu'ils existaient alors dans les pays qu'elle embrasse, en rapportant ces notions aux pays, aux états et aux provinces actuels qui leur correspondent.

II.

Les Grecs n'eurent d'abord en géographie que des connaissances très-restreintes. Leur propre péninsule, leur archipel et les côtes voisines de l'Asie mineure, où étaient répandues de nombreuses colonies de leur nation, voilà dans quelle région étaient confinées leurs notions géographiques un peu certaines au temps d'Homère ou dans le XIe siècle avant notre ère. Ils avaient à peine alors quelque idée des autres pays que baignent la Méditerranée et la mer Noire.

Les expéditions et les conquêtes d'Alexandre le Grand, dans le IVe siècle avant J.-C. (de 334 à 324), étendirent considérablement les notions géographiques des Grecs en Asie, et leur firent connaître pour la première fois les pays qui s'étendent du fond de la Méditerranée au Gange.

Les Romains succédèrent aux Grecs dans l'empire de l'Occident. Leurs guerres nombreuses en Europe, en Asie, en Afrique, et le soin qu'ils eurent constamment de faire mesurer et décrire toutes les provinces de leur vaste empire, perfectionnèrent beaucoup la géographie. On connut plus de pays, et on les connut mieux.

On doit spécialement aux Romains la connaissance de l'Europe occidentale et d'une partie de l'Afrique septentrionale, où les Grecs n'avaient jamais pénétré.

III.

Cependant les connaissances réunies des Grecs et des Romains en géographie n'embrassent guère que le tiers de l'ancien Continent, c'est-à-dire la partie sud-ouest de l'Asie, à peu près les deux tiers de l'Europe, et la partie septentrionale de l'Afrique. Le nouveau Continent fut complètement ignoré des anciens.

A bien dire, les notions certaines de l'ancienne géographie s'éloignent peu des rivages de la Méditerranée. Les pays même que baigne la mer Noire, appelée alors Pont-Euxin, étaient, à l'exception des côtes de l'Asie mineure, imparfaitement connus.

C'est, ainsi que nous l'avons fait observer précédemment, parce que les anciens connaissaient une plus grande étendue de pays de l'ouest à l'est que du nord au sud, que la dénomination de *longitude* fut appliquée aux mesures prises dans le premier sens, et celle de *latitude* aux mesures prises dans le second.

IV.

La division de l'ancien Continent en trois grandes parties, l'*Asie* à l'est, l'*Europe* à l'ouest, et l'*Afrique* au sud-ouest, remonte à la plus haute antiquité, sans qu'on puisse en assigner l'origine.

Les limites communes de ces trois grandes divisions étaient alors à peu près ce qu'elles sont aujourd'hui. Seulement on attribuait communément à l'Asie le pays situé à l'est du Don et du Volga, tandis qu'aujourd'hui ce pays est compris en Europe, dont la limite orientale est reculée jusqu'au fleuve et aux monts Oural.

V.

La seule mer bien connue des anciens était la *Méditerranée* (*Mediterraneum mare*), que les Romains appelaient aussi *mer Intérieure* (*Internum mare*), et *Notre mer* (*mare Nostrum*). Les principales subdivisions de la Méditerranée étaient, comme aujourd'hui, la *mer Tyrrhénienne* (*Tyrrhenum mare, Tuscum mare, Inferum mare*), entre l'Italie, la Corse, la Sardaigne et la Sicile; la *mer Adriatique* (*Hadriaticum mare, Superum mare*), entre l'Italie, l'Illyrie et l'Épire; la *mer Ionienne* (*Ionium mare*), entre l'Italie méridionale et la Grèce; la *mer Égée* (*Ægæum mare*), aujourd'hui l'Archipel, entre la Grèce et l'Asie mineure; la *Propontide* (*Propontis*), aujourd'hui mer de Marmara; le *Pont-Euxin* (*Pontus Euxinus*), aujourd'hui mer Noire; le *marais Méotide* (*Mœotis palus*), aujourd'hui mer d'Azof.

En dehors de la Méditerranée, les anciens connaissaient, quoique imparfaitement, l'*océan Atlantique* (*Atlanticum mare*), à l'ouest de l'Afrique et de l'Europe, et la *mer Érythrée* (*Erythreum mare, Indicum mare*), aujourd'hui mer des Indes, à l'est de l'Afrique et au sud de l'Asie.

La principale subdivision de l'Atlantique était la *mer de Germanie* (*Germanicum mare*), aujourd'hui mer d'Allemagne ou du Nord.

Les principales divisions de la mer Érythrée étaient le *golfe Arabique* (*sinus Arabicus, mare Rubrum*), aujourd'hui la mer Rouge ou golfe Arabique; le *golfe Persique* (*Persicus sinus*); le *golfe du Gange* (*Gangeticus sinus*), aujourd'hui golfe du Bengale.

Les Grecs connurent aussi les premiers la *mer Caspienne* (*Caspium mare*), mais d'une manière très-incertaine. Ainsi quelques-uns de leurs géographes disent que cette mer est un golfe de l'océan Septentrional, et la plupart d'entre eux se trompent grossièrement lorsqu'ils veulent déterminer ses dimensions.

VI.

Les principaux détroits cités par les anciens auteurs sont: le *Bosphore Cimmérien* (*Bosporus Cimmerius*), aujourd'hui détroit de Caffa, du *palus Mœotis* au Pont-Euxin; le *Bosphore de Thrace* (*Bosporus Thracius*), aujourd'hui détroit de Constantinople, du Pont-Euxin à la Propontide; l'*Hellespont* (*Hellespontus*), aujourd'hui les Dardanelles, de la Propontide à la mer Égée; le *détroit de Gadès ou d'Hercule* (*Gaditanum sive Herculeum fretum*), aujourd'hui détroit de Gibraltar, de la Méditerranée à l'Atlantique; le *détroit de la Gaule* (*fretum Gallicum*), aujourd'hui Pas-de-Calais, entre la Gaule et la Grande-Bretagne.

§ II. — Asie.

VII.

La limite extrême des connaissances des anciens en Asie peut être figurée par une ligne tirée de la partie septentrionale de la mer Caspienne jusqu'à la presqu'île Malaie. Tout ce qui est au-delà, c'est-à-dire au nord et à l'est de cette ligne, la Sibérie, les pays qui forment actuellement l'empire Chinois, l'Indo-Chine, leur étaient totalement inconnus; et parmi les pays situés en deçà, plusieurs, tels que l'Inde et la région à l'orient de la mer Caspienne, ne leur étaient connus que fort imparfaitement.

VIII.

Les pays que les anciens connaissaient en Asie peuvent être rangés sous *seize* divisions principales :

Deux à l'est : l'Inde et la Sérique.

Deux au nord : la Scythie et la Sarmatie.

Quatre au centre : les pays situés à l'est de la mer Caspienne jusqu'à l'Imaüs; les pays situés à l'ouest de l'Indus, jusqu'à la Perse et à la Médie; la Médie, la Perse.

Huit à l'ouest : l'Assyrie, la Babylonie, la Mésopotamie, l'Arménie, les pays Caucasiens, l'Asie mineure, la Syrie et l'Arabie.

IX.

L'*Inde* des anciens (*India*) avait les mêmes limites que l'Hindoustan actuel. Ces limites étaient, au nord, les *Emodi Montes*, portion des monts Himalaya; au nord-ouest, le fleuve *Indus* (Sindh); à l'ouest, la mer Érythrée ou des Indes; à l'est, le golfe Gangétique et les bouches du Gange. Un des principaux pays de la péninsule était le *Dachin-Abades*, qui répond au Dékhan. La ville la plus célèbre était *Palibothra*, sur le *Jomanes* (Jumnah), aujourd'hui détruite.

On appelait *Inde au-delà du Gange* (*India extrà Gangem*), ce qu'on connaissait de pays à l'est des bouches de ce fleuve, c'est-à-dire une portion de l'Indo-Chine; l'Inde propre était alors, pour la distinguer de celle-là, surnommée *en deçà du Gange* (*intrà Gangem*).

La grande île *Taprobana*, près de la pointe méridionale de l'Inde, est l'île Ceylan.

Les Grecs appelèrent *Sérique* (du mot σηρ, *la soie*), une région au nord des Indes d'où leur venait cette matière précieuse. L'application de ce nom est incertaine, et il paraît désigner plutôt une contrée générale qu'un pays en particulier.

X.

La *Scythie* était une vaste contrée, l'une des plus vaguement connues des anciens, au nord et au nord-est de la mer Caspienne. Le mont *Imaüs*, prolongation septentrionale de l'*Emodus*, la divisait en deux parties : l'une à l'ouest, *en deçà de l'Imaüs*, l'autre à l'est, *au-delà de l'Imaüs* (*Scythia intrà Imaum et extrà Imaum*). La première paraît se rapporter à la grande steppe des Kirghiz, la seconde à une portion de la Mongolie.

La *Sarmatie asiatique* commençait au mont Caucase, et s'étendait vers le nord, entre la mer Noire et la mer Caspienne, jusqu'aux monts Oural, appelés alors *Montes Hyperboræi* ou *Ryphæi*.

XI.

Le pays qui s'étend à l'est de la mer Caspienne jusqu'au mont Imaüs, et qu'on appelle aujourd'hui le Turkestan, comprenait à peu près les mêmes divisions qu'aujourd'hui. La *Chovaresmia* est le Kharizm, dont Khiva est la capitale ; la *Sogdiane*, comprise entre l'*Oxus* ou Djihoun, et le *Jaxartes* ou Sihoun, est la grande Boukharie actuelle. La Sogdiane prenait son nom de la rivière *Sogd*, sur laquelle était située la capitale, *Maracanda* ou Samarkand, comme la Boukharie prend le sien de Boukhara, capitale actuelle, située aussi sur la Sogd, au-dessous de Samarkand.

Les Grecs appelaient quelquefois la Sogdiane *Transoxiane* ou pays au-delà de l'Oxus.

Au-delà du Jaxartes étaient les *Massagètes*, dont le nom signifie *Gètes éloignés*.

XII.

Au sud de l'Oxus et à l'ouest de l'Indus étaient plusieurs pays peu connus, auxquels répond l'Afghanistan actuel, le pays de Balkh, le Khoraçan, le Kerman et le Baloutchistan. Les plus importans étaient : 1° la *Bactriane*, capitale *Bactra*, appelée aussi *Zariaspa* (aujourd'hui Balkh) ; c'est à peu près le pays de Balkh actuel. Un prince grec y fonda, en 256 avant Jésus-Christ, un royaume qui subsista jusqu'en 133 ; 2° l'*Arie*, capitale *Aria*

(Hérat) : c'est le Khoraçan ; 3° la *Drangiane* ou *Zarangiane*, capitale *Zarang* : c'est le Sedjistan, partie de l'Afghanistan ; 4° l'*Arachosie* : c'est l'Arrokhage, portion de l'Afghanistan ; 5° la *Gédrosie* : c'est le Baloutchistan ; 6° la *Caramanie*, capitale *Caraman* : c'est le Kerman, province de Perse, avec une capitale du même nom.

Le Kachmyr fut connu des Grecs sous le nom de *Caspira*.

XIII.

La *Médie* avait au nord l'Arménie et la mer Caspienne, à l'est l'Arie, au sud la Perse, à l'ouest l'Assyrie : c'est l'Irâh-Adjemy actuel, avec le Mazandéran, le Ghilan et l'Aderbaïdjan. Cette dernière province était alors nommée *Atropatène* ; le Mazandéran était l'*Hyrcanie*. *Ecbatane*, capitale de la Médie, répond à la ville actuelle d'Hamadan. *Rhages*, autre ville importante, est aujourd'hui ruinée.

La *Parthiène*, berceau de la nation Parthe, qui fonda plus tard un puissant empire, était à l'est de l'Hyrcanie, sur le bord sud-est de la mer Caspienne.

XIV.

La *Perse* (*Persis*) était entre la Médie et le golfe Persique, et s'étendait depuis le Tigre et les bouches de l'Euphrate à l'ouest, jusqu'à la Caramanie à l'est. C'est aujourd'hui le Farsistan et le Khouzistan, deux provinces du royaume de Perse actuel, dont le nom s'est étendu sur la Médie et les pays à l'est.

Le Khouzistan répond à l'ancienne *Susiane*, province de Perse.

L'ancienne capitale, *Persépolis*, brûlée par Alexandre, ne s'est pas relevée, et n'offre que des ruines, que les Persans appellent *Istakhar*.

XV.

L'*Assyrie* s'étendait à l'est du Tigre jusqu'aux montagnes qui la séparaient de la Médie ; elle avait au nord l'Arménie, et au sud la Susiane ; c'est aujourd'hui le Kourdistan : outre le Tigre, elle était arrosée par les deux *Zabatus*, aujourd'hui grand et petit Zab. Ses villes étaient : *Ninive*, dont les ruines se voient près de Mossoul sur le Tigre ; *Arbèles*, endroit fameux par la victoire qu'Alexandre y remporta sur Darius, etc.

XVI.

La *Mésopotamie*, séparée de l'Assyrie par le Tigre, était comprise entre cette rivière et l'Euphrate : c'est ce qu'exprime son nom, traduit par les Arabes en *Al-Djézireh*, qui signifie l'*île*. Villes principales : *Édesse*, aujourd'hui Orfa; *Charræ*, où Crassus fut défait par les Parthes, aujourd'hui Harran; *Amida*, sur le Tigre, aujourd'hui Diarbekir; *Nisibis*, aujourd'hui Nisibin, etc.

Au midi de la Mésopotamie jusqu'au golfe Persique, et de même entre le Tigre et l'Euphrate, était la *Babylonie* (dans l'Écriture sainte, *Chaldée*), dont la capitale, *Babylone*, si fameuse dans l'histoire et dans l'Écriture, n'est plus maintenant qu'un monceau de débris, à 2 lieues nord d'Hilla, sur les bords de l'Euphrate. Ctésiphon et *Séleucie*, sur le Tigre, à quelques lieues au nord de Babylone, furent postérieurement la résidence des rois parthes. Ces deux villes, qui, à proprement parler, n'en forment qu'une, séparée par le fleuve, sont aujourd'hui nommées *Al-Madaïn* ou les *deux villes*.

La Babylonie répond à l'Irâk-Araby actuel.

XVII.

L'*Arménie*, pays couvert de montagnes, entre lesquelles se distingue l'*Ararat*, et où plusieurs grandes rivières, telles que l'*Euphrate*, le Tigre, l'*Aras* (*Araxes*) et le *Kour*, son affluent (*Cyrus*), ont leur source, était bornée à l'ouest par l'Asie mineure, à l'est par l'Atropatène et la mer Caspienne, au nord par l'Albanie, l'Ibérie et la Colchide, au sud par la Mésopotamie et l'Assyrie. Ses principales villes étaient : *Artemita*, aujourd'hui Van, sur le bord oriental d'un grand lac du même nom; *Arsissa*, aujourd'hui *Ardjich*, sur le bord septentrional du même lac; *Khelat*, aujourd'hui Alkalat, sur le même lac, près d'Ardjich; *Artaxata*, près de l'Aras, aujourd'hui ruinée, etc.

Au nord de l'Arménie, jusqu'à la chaîne du Caucase, étaient la *Colchide*, l'*Ibérie* et l'*Albanie*.

La *Colchide*, sur le Pont-Euxin, était arrosée par le *Phase* (*Phasis*, aujourd'hui Rioni); ses villes étaient *Dioscurias* et *Æa*, sur la côte : c'est aujourd'hui la Gourie, la Mingrelie et l'Imirétie, provinces occidentales de la Géorgie.

L'*Albanie*, sur la mer Caspienne, est aujourd'hui le Daghestan.

L'*Ibérie*, entre l'Albanie et la Colchide, est représentée par lë Khakheti et le Kharthli, provinces orientale et centrale de la Géorgie.

Ainsi l'Ibérie et la Colchide répondent à la *Géorgie*.

XVIII.

L'*Asie mineure* (*Asia minor*) est cette grande péninsule comprise entre le Pont-Euxin, la mer Égée et la Méditerranée, et qui termine l'Asie à l'ouest. Elle comprenait treize provinces, qui, pour la plupart, avaient formé autant de petits royaumes séparés. Trois de ces provinces étaient au nord, sur le Pont-Euxin; trois à l'ouest, sur la mer Égée; quatre au sud, sur la Méditerranée; trois au centre.

Les trois provinces du nord étaient le *Pont*, la *Paphlagonie* et la *Bithynie*.

Le *Pont* (*Pontus*) avait pour villes principales sur la côte: *Trapezus*, aujourd'hui Trébizonde; *Cerasus*, aujourd'hui Keresoun; dans l'intérieur: *Amasea*, aujourd'hui Amasièh, patrie du géographe Strabon. C'est dans le Pont que régna le fameux Mithridate, qui soutint si long-temps la guerre contre les Romains.

Paphlagonie. Villes principales: *Amisus* (aujourd'hui Samsoun) et *Sinope*, sur la côte.

Bithynie. Villes principales: *Heraclea* (aujourd'hui Erekli), sur la mer Noire; *Chalcædon* (aujourd'hui Scutari), sur le Bosphore, vis-à-vis de Byzance ou Constantinople; *Nicomedia*, aujourd'hui Isnikmid; *Nicæa*, aujourd'hui Isnik; *Prusa*, surnommée *ad Olympum*, parce qu'elle était au pied d'un mont Olympe (aujourd'hui Burse); etc.

XIX.

Les trois provinces de l'ouest étaient la *Mysie*, la *Lydie* et la *Carie*.

Dans la *Mysie*, on trouvait *Lampsaque* et *Abydos*, sur l'Hellespont (aujourd'hui ruinées); *Pergame*, sur le *Caïque* (aujourd'hui Bergamo, à 5 lieues de la côte de l'Archipel), donna son nom à un royaume.

La *Troade* était une portion de la Mysie. *Troie* et *Ilium* sont depuis bien long-temps en ruine. Le *Scamandre*, illustré par Homère, n'est qu'un faible ruisseau. Le mont *Ida* couvrait la Troade à l'orient.

La *Lydie* renfermait *Magnésie*, sur l'*Hyllus* (aujourd'hui Manissa, sur le Sarabat), et *Sardes*, capitale de l'ancien royaume de Crésus, sur la même rivière (aujourd'hui Sart).

La *Carie*, au midi de la Lydie, n'avait pas de ville remarquable.

Toute la côte de l'Asie mineure, sur la mer Égée, était bordée de colonies grecques, fondées principalement par les *Éoliens*, les *Ioniens* et les *Doriens*. Du nom de ces trois peuples, la partie maritime de la Mysie, au sud de la Troade, porte dans les auteurs grecs le nom d'*Éolie*, qui s'étend aussi sur une portion de la côte Lydienne; le reste de la partie maritime de la Lydie, celui d'*Ionie*; enfin une portion des côtes de la Carie, celui de *Doride*.

Les principales villes éoliennes étaient *Cumes* (ruinée) et *Smyrne*. Les principales villes ioniennes étaient *Phocée*, *Éphèse* et *Milet* (ruinées). Enfin les principales villes doriennes étaient *Halicarnasse* et *Gnide* (ruinées). Halicarnasse fut la patrie d'Hérodote et de Denys l'historien.

XX.

Les quatre provinces du sud étaient la *Lycie*, la *Pamphylie*, la *Pisidie* et la *Cilicie*.

Dans la *Lycie* : *Telmissus*, sur un golfe (Makri), et *Xanthus*, sur une rivière du même nom, près de la mer.

Dans la *Pamphylie* : *Olbia*, au fond d'un grand golfe (Satalièh); *Antalia*, près d'Olbia, à l'est; *Termessus*, dans l'intérieur; *Side*, sur la côte, etc.

Dans la *Pisidie*, province tout entière dans les terres : *Cremna* et *Selga*. L'*Isaurie* était un canton de la Pisidie.

Dans la *Cilicie*, sur la côte ou auprès : *Selinûs* (Sélenti); *Anemurium*, sur un cap du même nom, vis-à-vis de l'île de Chypre (ruinée); *Seleucia Trachea* (Selefkèh); *Tarsus*, sur le *Cydnus*, à 5 lieues de son embouchure (Tarsous, sur le Kara-Sou); *Issus*, sur un golfe du même nom (Aïas.)

La partie occidentale de la Cilicie était surnommée *Trachea* ou montagneuse; la partie occidentale, par opposition, *Campestris*.

XXI.

Les trois provinces de l'intérieur étaient la *Phrygie*, la *Galatie* et la *Cappadoce*.

La Phrygie était à l'est de la Lydie, au sud de la Bithynie et de la Galatie, à l'ouest de la Cappadoce, au nord de la Pisidie et de la Lycie. Ses villes principales étaient *Apamée* (Afioum Kara Hissar); *Antiochia ad Pisidiam*, sur un lac; *Cothyœum*, sur le *Thymbris* (aujourd'hui Kutaïch, sur le Poursak), etc. La partie orientale de la Phrygie portait le nom particulier de *Lycaonie*, parce qu'elle renfermait beaucoup de loups. *Iconium*, son chef-lieu, célèbre au moyen âge pour avoir été la capitale d'un empire turk, a changé son nom en celui de Konièh.

Ipsus, fameux par une bataille que s'y livrèrent les généraux d'Alexandre, était un village de Phrygie.

La *Galatie*, entourée de la Phrygie, de la Bithynie, de la Paphlagonie, du Pont et de la Cappadoce, avait pour villes principales *Pessinus* (ruinée) et *Ancyre* (Angora), l'une et l'autre sur le Sakaria (*Sangaris*). Cette province, anciennement partie de la Phrygie, devait son nom aux *Galates* ou *Gaulois*, qui vinrent s'y établir dans le commencement du IVe siècle avant notre ère.

La *Cappadoce* était un des pays les plus considérables de l'Asie mineure, entre le Pont, la Galatie, la Lycaonie, la Cilicie et l'Arménie, dont elle était séparée par l'Euphrate. Villes principales : *Sebaste* (Sivas); *Archelaïs*, sur l'*Halys* (Erekli); *Mazaca*, près de la source du Melas (Kaïsarièh); *Melitène*, près de l'Euphrate (Malathia), etc.

XXII.

Le *Taurus* est la montagne la plus étendue de l'Asie mineure; elle en parcourt toute la partie méridionale.

Les principales rivières de la Péninsule étaient l'*Halys* (Kizil Ermak) et le *Sangaris* (Sakaria), qui se perdent dans le Pont-Euxin; le *Rhindacus* (Loupadia) et le *Granique*, affluens de la Propontide; le *Caïcus* (Grimakh), l'*Hyllus* (Sarabat), le *Caïstrus*, qui baignait Éphèse, le *Méander* (Mender), entre la Lydie et la Carie, affluens de la mer Égée.

Entre les îles voisines des côtes, on doit citer :

Dans la mer Égée : *Lemnos* (Stalymène ou Lemno); *Tenedos* (Ténédo), sur la côte de la Troade; *Lesbos* (Métélin), vis-à-vis de la côte éolienne; *Chios* (Scio) et *Samos* (Samo), sur la côte ionienne; *Rhodes*, près de la côte dorienne, à la pointe sud-ouest de l'Asie mineure; les *Sporades*, dont les principales étaient *Pathmos*, *Leros*, *Calymna*, *Cos* et *Telos*, entre Samos et Rhodes.

Dans la Méditerranée : *Carpathos* (Scarpanto), entre Rhodes et l'île de Crète; *Cyprus* (Chypre), la plus considérable de toutes les îles de l'Asie mineure, au midi de la Cilicie, dont elle était séparée par un détroit appelé *Aulôn Cilicius*. Le mont *Olympe*, aujourd'hui mont Sainte-Croix, où fut élevé Jupiter, occupe le centre de l'île. Ses principales villes étaient *Paphos* (Baffa), sur la côte occidentale; *Amathonte* (*Amathús*) et *Salamine* (*Salamis*), sur la côte méridionale.

XXIII.

La *Syrie* borde le fond de la Méditerranée, entre l'Asie mineure au nord, la Mésopotamie, dont elle est séparée par l'Euphrate, à l'est, la Judée et la Phénicie au sud. Le *Liban* et l'*Anti-Liban* en couvrent la partie méridionale; la partie septentrionale est arrosée par l'*Oronte* (Axi).

Villes principales: *Antiochia*, capitale sur l'Oronte (Antakia); *Samosata*, sur l'Euphrate (Suméïsat); *Chalybon* (Halep) au sud-est d'Antioche; *Apamée* (Famièh), *Epiphania* (Hamakh) et *Émesse* (Hems) sur l'Oronte; *Damascus* (Damas), près de l'extrémité méridionale de la Syrie, à l'est de l'Anti-Liban; *Palmyre*, ou *Tadmor*, où l'on admire aujourd'hui des ruines magnifiques, vers l'est de Damas, dans le désert; *Héliopolis* (Baalbek) dans la profonde vallée formée par les deux branches du Liban. *Alexandrie, près d'Issus* (*Alexandria kata Isson*, aujourd'hui Alexandrette), *Seleucia picria*, et *Laodicea ad Mare* (Ladikièh), sur la côte.

La partie méridionale de la Syrie, où s'élèvent le Liban et l'Anti-Liban, était surnommée *Cœlésyrie* ou *Syrie creuse*.

La *Palestine* ou *Judée*, au sud de la Syrie jusqu'à l'isthme de Suez, avait pour villes principales *Samarie* et *Jérusalem* dans les terres. Le *Jourdain* en arrose toute la longueur, et va se perdre dans la *mer Morte*.

(*Voyez ci-après la géographie particulière de la Palestine.*)

La partie maritime de la Syrie et de la Palestine portait le nom de *Phénicie* (*Phœnice*). En parcourant cette côte du nord au sud on rencontrait *Aradus*, dans une île près du rivage (vis-à-vis de Tortose); *Tripolis* (Tarabolos); *Bérytus* (Baïrout); *Sidon* (Seide), la plus ancienne ville de Phénicie; *Tyr* (Sour). Il faut distinguer deux Tyr; la plus ancienne, située sur le Continent, fut prise et détruite par Nabuchodonosor, dans le VIe siècle avant notre ère. Ses habitans se réfugièrent dans une île voisine, et y bâtirent la nouvelle Tyr, qui fut assiégée par Alexandre. Au sud de Tyr étaient *Ptolémaïs* ou *Akka* (Saint-Jean d'Acre); *Césarée* ou la *Tour de Straton* (*Turris Stratonis* poste à *Cæsarea*, aujourd'hui Kaïsarièh); *Joppe* (Jaffa), *Ascalon* (Askalan), *Gaza* (Razzé).

L'ancienne Syrie, la Palestine et la Phénicie sont comprises aujourd'hui sous le nom commun de *Syrie*.

XXIV.

La grande péninsule comprise entre le golfe Persique, la mer des Indes et la mer Rouge, et qui fut connue de temps immémorial sous le nom d'*Arabie*, était divisée par les géographes anciens en trois parties : l'*Arabie pétrée* au nord-est, l'*Arabie heureuse* au sud-ouest, et l'*Arabie déserte*, qui en occupait la portion la plus étendue. Cette division est inconnue dans le pays. Médine, appelée aussi Jatreb, fut connue sous le nom de *Jatrippa*; la Mekke, sous celui de *Makoraba*.

§ III. — Afrique.

XXV.

Les connaissances géographiques des anciens en Afrique paraissent s'être peu éloignées de la Méditerranée. Sur la côte orientale, leurs notions ne vont pas au-delà de l'équateur; sur la côte occidentale, elles paraissent s'arrêter au cap Bojador, à la hauteur des îles Canaries, appelées autrefois *îles Fortunées*, par 27 ou 28° de latitude septentrionale. Une ligne tirée de l'un à l'autre de ces points, à travers le Continent, indique assez exactement la limite de leurs connaissances dans l'intérieur.

Les grandes divisions géographiques de l'Afrique ancienne sont au nombre de sept.

Cinq sur la Méditerranée : l'Égypte, la Libye, l'Afrique, la Numidie, la Maurétanie;

Deux dans l'intérieur : l'Éthyopie et la Libye intérieure.

XXVI.

L'*Égypte* est une longue vallée traversée par le *Nil* du sud au nord, lequel se partage en plusieurs bras avant d'arriver à la mer, embrassant par cette division un terrain bas, de forme triangulaire, et que, pour cette raison, les Grecs appelèrent *Delta*. Les limites de l'ancienne Égypte sont absolument les mêmes que celles de l'Égypte moderne; mais hors cela, tout y est changé. Ce pays, aujourd'hui mal peuplé, mal cultivé, et où l'on ne rencontre que peu de villes de quelque importance, était autrefois réputé la plus fertile province de l'empire romain; la population y était immense, les villes innombrables.

Pelusium, sur la Méditerranée, à l'est de la bouche orientale du Nil, était regardée comme la clef de l'Égypte de ce côté; *Alexandrie*, fondée par Alexandre, près de la bouche la plus occidentale, acquit en peu de temps une haute importance commerciale; importance qu'elle conserve encore en partie, quoique bien déchue depuis que les Portugais ont trouvé la route des Indes par le cap de Bonne-Espérance.

En s'éloignant de la mer, on citera d'abord *Memphis*, ancienne capitale de toute l'Égypte, située sur la gauche du Nil, au-dessus de la tête du Delta, non loin de l'emplacement actuel du Caire, qui est sur la rive droite. Memphis a été si complètement ruinée, que le voyageur en cherche inutilement quelques vestiges. Les trois grandes pyramides étaient à l'ouest et près de Memphis.

Au-dessus de Memphis on rencontre *Arsinoé* (Medinèh-el-Fayoum), près de laquelle étaient le *Labyrinthe* et le lac *Mœris*; *Antinoé*, aujourd'hui ruinée; *Lycopolis* (Syout); *Chérimus* (el-Achmym); *Cenœ* (Qénèh); *Tentyra* (Dendérah); *Coptos* (Keft), d'où partait une route qui aboutissait à *Bérénice*, port sur la mer Rouge; *Thèbes*, qu'Homère surnomme *la ville aux cent portes*, une des plus anciennes du pays, et dont les ruines occupent sur les deux rives du fleuve, un emplacement considérable; *Asphinis* (Asfoun); *Latopolis* (Esnèh); *Ombos* (Koûm-Ombo); enfin *Syène*, située presque sous le tropique, sur la limite même de l'Égypte, et dont le nom est défiguré par les Arabes en celui d'Assouân.

XXVII.

A l'ouest de l'Égypte commençait la côte de *Libye*, qui se terminait à la grande Syrte. Sous le nom de Libye était comprise la *Marmarique* à l'est, et la *Cyrénaïque* à l'ouest. *Parœtonium*, ville de la Marmarique, se dit aujourd'hui Al-Baretoun; *Apollonias, Cyrène, Ptolémaïs, Arsinoé* et *Bérénice*, principales villes de la Cyrénaïque, la faisaient appeler quelquefois *Pentapolis* ou les *cinq villes*. Les noms de ces villes subsistent à peine aujourd'hui dans de chétifs villages, et le pays porte le nom de Barqâh, qu'il a emprunté d'une ville du même nom, importante il y a quelques siècles, et connue dans l'antiquité sous le nom de *Barce*.

Les oasis d'*Ammon* (aujourd'hui Syouâh), et d'*Augila* (Audjelâh), étaient dans les terres, au sud de la Marmarique.

Les Grecs étendirent primitivement le nom de *Libye* à tout ce qu'ils connaissaient du continent africain.

XXVIII.

Le pays qui de la Libye s'étendait jusqu'au pays de Carthage, autrement de la *grande* à la *petite Syrte* (*Syrtes major* et *minor*, aujourd'hui golfes de Sidra et de Cabès), portait le nom de *Syrtique*. Les *Psilles* et les *Nasamons*, qui avaient, dit-on, l'art de charmer les serpens, erraient vers le fond de la grande Syrte; dans la petite, on remarquait l'île *Meninx* ou des *Lotophages*, aujourd'hui Zerbi.

La Syrtique est occupée aujourd'hui par l'état de Tripoli.

Celui de Tunis représente l'ancienne *Afrique*, dont le nom s'est étendu depuis au continent entier.

La capitale de ce pays, *Carthage*, fut complètement détruite par les Romains, après la troisième guerre punique; ses vestiges se voient près de Tunis. Non loin de Carthage était *Utique*, près du port moderne de Porto-Farina. Au sud de Carthage, *Hadrumetum* est Susa; *Byzacium* est ruinée; *Tacape* est Cabès, qui donne son nom à la petite Syrte. *Hippo-Zarytos*, au nord-est de Carthage, est devenue le port de Bizert.

La principale rivière du pays était le *Bagradas*, aujourd'hui Majerdâh; le *lac de Triton* (*Tritonis palus*), près de la petite Syrte, a pris le nom de lac de Loudéâh.

XXIX.

La *Numidie* est représentée par l'état d'Alger. Sur la côte, *Hippo-Regius* ou *Hippone* est Bône; *Jol*, appelée plus tard *Caesarea*, est ruinée. Dans l'intérieur, *Cirta*, où résidèrent les rois de Numidie, est Constantine.

Les anciens citent deux peuples principaux en Numidie: les *Massyli* à l'est, et les *Massaesyli* à l'ouest.

A l'ouest de la Numidie, la *Maurétanie* embrassait les pays que comprend maintenant l'empire de Maroc. On y distinguait *Rusadir* (Melilla), sur la Méditerranée; *Septa* (Ceuta) et *Tingis*

(Tanger), sur le détroit de *Gadès* ou de Cadix; *Lixús* (Larache) et *Sala* (Salé), sur l'Océan; *Volubilis*, dans l'intérieur.

Sous les Romains, la partie occidentale de la Numidie fut unie à la Maurétanie et appelée *Maurétanie Césarienne*, de *Cæsarea*, sa capitale; la Maurétanie propre fut appelée *Maurétanie Tingitane*, de Tingis.

Au sud de la Maurétanie et de la Numidie, sur les confins du grand désert, s'étendait la *Gétulie* ou pays des *Gétules*, aujourd'hui Beled-ul-Djérid. Plus à l'est, *Cydamus* et la *Phazanie*, aux confins méridionaux de la Syrtique, rappellent Gadamès et le Fezzan.

XXX.

Les notions des anciens, au sud des pays que nous venons de parcourir, sont extrêmement vagues. Le Sahara est appelé *désert de la Libye intérieure*. Différens noms y sont placés au hasard, tels que ceux de *Gétules noirs* (*Melano-Gætuli*), de *Nègres* (*Nigritæ*), de *Garamantes*, des rivières *Niger* et *Gir*, etc. Nous ne connaissons pas nous-mêmes assez bien cette portion de l'Afrique, pour déterminer avec certitude leur emplacement.

Au-dessus de l'Égypte, le pays arrosé par le Nil était appelé *Éthiopie*; c'est la Nubie et l'Abyssinie. Le nom de Nubie est indiqué par les Grecs, sous celui des Nègres *Nubæ*.

La ville la plus célèbre dans cette région est *Méroé*, sur le Nil, long-temps capitale d'un puissant royaume, et dont les ruines ont été retrouvées récemment à 300 lieues environ au-dessus de Syène.

L'*Astaboras* (Atbara) et l'*Astapus* (Bahr-el-Azrek ou Nil bleu), deux affluens du Nil qui vient du sud-ouest, où il prend naissance dans les montagnes de la Lune, formaient une grande presqu'île, qui, chez les anciens, est appelée *île de Méroé*. C'est à peu près le royaume de Sennâr actuel. L'Atbara et le Bahr-el-Azrek prennent leurs sources en Abyssinie; le second y traverse le grand lac Dembéa, connu des Grecs sous le nom de *Coloé*.

La partie maritime de l'Éthiopie, c'est-à-dire celle que baigne le golfe Arabique, était appelée *Troglodytice*, parce que les habitans avaient, comme aujourd'hui, la coutume de loger dans des cavernes. On distinguait sur cette côte le port d'*Adulis*, aujourd'hui Massouàh ou Arkiko.

§ IV. — EUROPE.

XXXI.

L'ancienne Europe avait seize grandes divisions géographiques:
Sept au sud : la Grèce, la Macédoine, la Thrace, la Mœsie, l'Illyrie, l'Italie et l'Hispanie.
Six au milieu : les Gaules, la Rhétie, le Norique, la Pannonie, la Dacie et la Germanie.
Deux au nord : la Bretagne et la Scandinavie.
Une à l'est : la Sarmatie européenne.

XXXII.

La Grèce, une des contrées les moins étendues de l'Europe, en est la partie la plus anciennement civilisée, et c'est de là que les arts et les sciences se sont répandus d'abord en Italie, puis graduellement dans le reste de l'Europe : on y distingue trois divisions géographiques : le *Péloponèse*, la *Grèce* propre et les *îles*.

Le *Péloponèse*, aujourd'hui la Morée, est une péninsule liée par l'*isthme de Corinthe* au reste du Continent. Elle est baignée au nord par le grand *golfe de Corinthe* (*sinus Corinthiacus*), à l'ouest par la mer Ionienne, au sud par la Méditerranée, à l'est par la mer Égée. Sa côte méridionale présente les deux golfes de *Messénie* et de *Laconie* (*Messeniacus* et *Laconicus sinus*, aujourd'hui golfes de Coron et de Colokythia), et les trois caps *Acritas* (capo Gallo), *Tænarium* (Matapan) et *Malea* (Malio), qui terminent les trois presqu'îles par lesquelles sont formés les deux golfes. Sur sa côte orientale, la mer Égée forme deux autres golfes, ceux d'*Argolide* et *Saronique* (*Argolicus* et *Saronicus sinus*, aujourd'hui golfes de Naupli et d'Enghia). Le promontoire *Scylleum*, à l'extrémité d'une péninsule entre ces deux golfes, est aujourd'hui le cap Skilli. Le golfe Saronique est commun au Péloponèse et à l'Attique.

Le Péloponèse était divisé en six contrées principales : l'*Achaïe* au nord, subdivisée en *Corinthie*, *Sicyonie* et *Achaïe* propre ; l'*Élide* à l'ouest, la *Messénie* au sud-ouest, la *Laconie* au sud-est, l'*Argolide* à l'est, l'*Arcadie* au centre. Le Péloponèse est un pays généralement montagneux ; dans le sud s'élève le mont *Taygète*, entre la Laconie et la Messénie.

La *Corinthie* était immédiatement à l'issue de l'isthme auquel

Corinthe, capitale, donnait son nom. Cette ville avait deux ports : *Cenchreæ*, sur le golfe Saronique, et *Lechæum*, sur celui de Corinthe.

La *Sicyonie* prenait le nom de *Sicyone*, sa capitale, située près du golfe de Corinthe, et regardée comme l'une des plus anciennes villes du Péloponèse. Au sud était *Phlius*, capitale d'un petit canton particulier appelé *Phliasie*.

Dans l'*Achaïe* propre on remarquait *Pellène*, *Ægyre* et *Trytæa*, dans l'intérieur; *Ægæ*, *Ægium*, *Patræ* (Patras) et *Dyme*, sur la côte. Avant d'être appelé Achaïe, le pays avait porté le nom d'*Ægialée*.

L'*Élide* (Élis) était arrosée par le *Selleis* (Gastouni), le *Pénée*, et l'*Alphée* (Rouphia). Ses villes principales étaient : *Cyllène*, sur la côte; *Élis*, sur le Pénée; *Pise*, sur la droite de l'Alphée, vis-à-vis d'*Olympie*, près de laquelle se célébraient, de quatre ans en quatre ans, les jeux nommés de là *Olympiques*. La partie méridionale de l'Élide, au sud de l'Alphée, portait le nom particulier de *Triphylie*.

La *Messénie*, baignée par la mer Ionienne et le golfe Messéniaque, n'avait pas de rivières notables. Ses villes étaient : *Pylos* (vieux Navarin), où régna Nestor; *Methona* (Modon); *Corone* (Coron); *Stenyclarus*, au fond du golfe Messéniaque; *Messène*, capitale du pays, au nord de Stényclare. La petite île *Spacterie* était sur la côte occidentale, au nord-ouest de Pylos.

La *Laconie* était traversée dans toute sa longueur par l'*Eurotas* (Vasili-Potamo), qui se jette dans le golfe Laconique. *Sparte* ou *Lacédémone* (Mistra), sur cette rivière, en était la capitale. Les autres villes les plus notables étaient : *Amiclæ* et *Therapne*, sur l'Eurotas, au sud de Sparte; *Pyrrhicus*, sur le golfe de Laconie; *Epidaurus-Limera* (Naupli de Malvoisie), sur la côte orientale.

Dans l'*Argolide* on trouvait *Argos* (Argo); *Mycènes*, au nord-est, fondée par Persée; *Némée*, où, selon la fable, Hercule tua un lion énorme; *Nauplia* (Naupli de Romanie), sur le golfe Argolique; *Hermyone*, sur la côte, entre les golfes Argolique et Saronique; *Trœzène* et *Épidaure*, sur ce dernier golfe. Esculape avait à Épidaure un temple célèbre.

L'*Arcadie*, au centre du Péloponèse, est entourée des cinq pays précédens; c'était la partie la plus montagneuse de la péninsule. Entre ses montagnes, on doit citer les monts *Erymanthe*, *Lycée* et

Ménale. L'*Alphée* sortait de la seconde de ces montagnes, et recevait, sur les confins de l'Élide, où elle pénétrait ensuite, le *Ladon* et l'*Érymanthe*. Ses villes étaient: *Phénée* et *Cyllène*, au nord; *Orchomènes*, *Mantinée* et *Tégée*, à l'est; *Hérée*, sur l'Alphée, à l'ouest; *Mégalopolis*, au sud. Mantinée fut illustrée par deux batailles: l'une, 370 ans avant Jésus-Christ, où Épaminondas fut tué; l'autre, 165 ans plus tard, où Philopémen défit le tyran de Sparte, Machanidas. C'est sur les ruines de Tégée que s'est élevée Tripolitza, capitale de la Morée, lorsque les Turks y commandaient.

Près de la côte occidentale du Péloponèse, vis-à-vis de l'Élide, est l'île *Zacynthe* (Zante), avec une ville du même nom; les *Strophades* sont des îlots au sud. L'île de *Cythère*, célèbre par le culte de Vénus, est à l'entrée du golfe de Laconie, au sud-ouest du cap Malée. L'île d'*Égine* (Enghia) est dans le golfe Saronique, entre l'Argolide et l'Attique.

XXXIII.

La *Grèce* proprement dite renfermait huit contrées principales: l'*Attique*, la *Béotie*, la *Phocide*, la *Locride*, l'*Étolie*, l'*Acarnanie*, l'*Épire* et la *Thessalie*.

L'Attique est une péninsule entre le golfe Saronique à l'ouest, et la mer Égée à l'est; sa forme est celle d'un triangle, qui s'appuie au nord sur le mont *Cythéron*, limite de la Béotie, et qui se termine au sud par le cap *Sunium* (cap des Colonnes); une chaîne de montagnes qui parcourt l'Attique dans sa longueur renferme les sommets de l'*Égaleus* et du *Parnès*, au nord; du *Pentelicus* et de l'*Hymette*, au milieu; du *Laurium*, au sud. L'*Ilissus* et le *Céphissus* étaient deux faibles cours d'eau qui venaient se perdre dans le golfe Saronique, presque sous les murs d'Athènes, la première au sud, la seconde au nord. La superbe ville d'*Athènes*, dont il ne reste plus que des ruines, était à une lieue du golfe, sur lequel elle avait trois ports, ceux du *Pirée*, de *Munychie* et de *Phalère*, dont la communication avec la ville était assurée par deux longues murailles. Les autres endroits remarquables étaient: *Marathon*, au nord-est, bourg illustré par une victoire des Athéniens sur les Persans; *Éleuthères*, sur la frontière de Béotie; *Éleusis*, où se célébraient les mystères de Cérès, au fond du golfe Saronique; *Mégare*, à l'ouest d'Éleusis, près du golfe sur lequel elle avait le port de *Nisée*, à l'entrée de l'isthme de Corinthe. Le pays de Mégare, sous le nom de *Mégaride*, forma long-temps un royaume à part.

La *Béotie*, au nord de l'Attique, s'étendait du golfe de Corinthe au détroit d'Eubée. Les principales villes étaient : *Thèbes*, patrie de Pélopidas et d'Épaminondas, et qui fut prise et détruite par Alexandre, 335 ans avant notre ère : elle était à peu près au centre du pays; *Tanagra*, sur les confins de l'Attique; *Platée* et *Thespies*, entre Thèbes et le golfe de Corinthe; *Leuctres*, village près de Thespies, où les Lacédémoniens furent battus par Épaminondas, général thébain *Aulis*, petit port sur l'*Euripe*, où s'embarquèrent les Grecs pour la guerre de Troie; *Anthedon*, sur la côte, au nord et près d'Aulis; *Chéronée* et *Coronée*, près de la frontière de Phocide, etc. Entre les montagnes de la Béotie, la plus célèbre est l'*Hélicon*, à l'ouest de Thèbes : elle était consacrée aux Muses, aussi bien que le ruisseau de *Permesse* qui en découlait, et les fontaines d'*Aganippe* et d'*Hippocrène*. Le grand lac *Copaïs* (lac de Livadie), occupait le nord de la Béotie, où il recevait le *Céphissus*, qui venait de la Phocide, et s'écoulait lui-même à l'est, dans la mer.

Autant les Athéniens passaient pour vifs et spirituels, autant les Béotiens passaient pour lourds et stupides.

La *Phocide*, baignée au sud par le golfe de Corinthe, était à l'ouest de la Béotie : là s'élevait le *Parnasse*, consacré à Apollon. *Delphes*, au sud de cette montagne, renfermait un temple fameux consacré au même dieu. Les autres villes étaient *Crissa*, sur le golfe de Corinthe, et *Élatée*, sur le Céphissus.

La *Locride* était au sud-ouest de la Phocide, sur le golfe de Corinthe. Les habitans étaient surnommés *Ozôles* ou *Puants*. Villes : *Amphissa*, près de la frontière de Phocide; *Naupacte* (Lépante), sur la partie la plus resserrée du golfe de Corinthe, à son issue dans la mer Ionienne.

De l'autre côté de la Phocide, sur la côte qui fait face à l'Eubée, habitaient d'autres *Locriens*, dont l'endroit principal était *Opûs*, sur la mer. Ces Locriens étaient divisés en *Opuntiens*, c'est-à-dire ceux de la ville et des environs d'Opûs; et en *Épicnémidiens*, c'est-à-dire près du mont *Cnémis*, au nord d'Opûs.

L'*Étolie*, baignée au sud par la mer Ionienne, était à l'ouest des Locriens ozôles. L'*Evenus* (Fidari) traversait le pays du nord au sud. Les villes étaient : *Thermus*, dans les terres; *Calydon*, au sud, sur l'Evenus.

A l'ouest, l'*Acarnanie* s'étendait sur la mer Ionienne; le golfe d'*Ambracie* (G. d'Arta) la bornait au nord; et l'*Achéloüs* (Aspro-Potamo) la séparait à l'est de l'Étolie. Villes principales : *Stratus*, sur l'Achéloüs; *Actium*, vis-à-vis de laquelle la flotte d'Antoine fut dispersée par celle d'Auguste, à l'entrée du golfe d'Ambracie, etc.

L'*Épire*, beaucoup plus étendue qu'aucun des pays précédens, bordait la mer Ionienne depuis le golfe d'Ambracie jusqu'à l'entrée de la mer Adriatique. Elle confinait au nord avec l'Illyrique, à l'est avec la Macédoine et la Thessalie. La chaîne du *Pinde* lui servait de limite du côté de cette dernière contrée. Ses rivières principales étaient : l'*Achéloüs*, qui coule plus bas entre l'Acarnanie et l'Étolie; l'*Arachthus* (rivière d'Arta), et le *Charadrus* (Sourcha), affluens du golfe d'Ambracie; l'*Achéron* (*Macro-Potamo*); le *Thyamis* (Calamas) et l'*Aoüs* (Voïoussa), qui se perdent dans la mer Ionienne. Villes : *Ambracie* (Arta), sur l'Arachthus, près du grand golfe auquel elle donnait son nom; *Nicopolis*, bâtie par Auguste en mémoire de sa victoire navale sur Antoine, à l'entrée du golfe d'Ambracie; *Buthrotum* (Butrinto), sur un étroit bras de mer qui sépare le Continent, de l'île de Corcyre ou Corfou. Dans l'intérieur du pays était la ville de *Dodone*, où Jupiter avait un oracle célèbre.

La *Thessalie*, un peu moins étendue que l'Épire, est à l'est de celle-ci. Elle a au nord la Macédoine, au sud l'Étolie et la Phocide; la mer Égée la baigne au levant. Entre ses rivières on doit distinguer particulièrement le *Pénée* (Salembria) au nord, et le *Sperchius* (Hellada) au sud. La première, avant d'atteindre la mer, traverse la délicieuse vallée de *Tempé*, formée par les escarpemens du mont *Olympe* au nord, et de l'*Ossa* au sud. Le prolongement de cette dernière montagne prenait le nom de *Pélion*. Outre ces montagnes, que la fable a illustrées, on distingue en Thessalie le mont *Othrys*, au milieu du pays; et au sud, le mont *OEta*, où Hercule dressa son bûcher. Le défilé des *Thermopyles*, immortalisé par le patriotisme et le dévoûment glorieux de Léonidas et de ses trois cents spartiates, est à l'extrémité méridionale de la Thessalie, au sud de l'embouchure du Sperchius, et sur les confins des Locriens Épicnémides; c'est un passage étroit, resserré entre une montagne escarpée et la mer.

Les principales villes de Thessalie étaient *Heraclée*, sur le golfe *Maliaque* (G. de Zeitoun), à l'embouchure du Sperchius; *Thèbes* et *Démétrias*, près du golfe *Pélasgique* (G. de Volo);

Iolcos, sur ce golfe, où s'embarqua Jason pour aller à la conquête de la Toison-d'Or; *Larisse* et *Tricca* (Tricala), sur le Pénée; *Pharsale* (Farsa), célèbre par une victoire de César sur Pompée, dans l'intérieur, au sud-ouest de Larisse.

La Thessalie était partagée en une foule de petits cantons, tels que la *Perrhébie*, l'*Estiéotide*, la *Pélasgiotide*, la *Phthiotide*, la *Dolopie*, etc., qui formaient pour la plupart autant de petits royaumes séparés.

Plusieurs îles remarquables sont sur les côtes de la Grèce. Dans la mer Ionienne, celle de *Leucade* (Sainte-Maure) n'est séparée de l'Acarnanie que par un étroit canal. Au sud de Leucade, entre cette île et Zacynthe, est la grande île *Céphallénie* (Céphalonie): elle avait une ville appelée *Same*. *Ithaque* (Thiaki), patrie et royaume d'Ulysse, est une île peu étendue, près de la côte orientale de Céphallénie. *Corcyre* (Corfou) est au nord, sur la côte d'Épire.

Dans la mer Égée, la grande île d'*Eubée* (Négrepont) s'étend près de la côte orientale de la Grèce, vis-à-vis de la Béotie et de l'Attique. La partie la plus étroite du canal qui la sépare du Continent portait le nom d'*Euripe*. *Chalcis*, sur ce détroit, est aujourd'hui Négrepont. Ses autres villes étaient *Orée* au nord, *Érétrée* et *Caryste* au sud.

Skyros est une île au milieu de la mer Égée, à l'est de l'Eubée.

XXXIV.

Outre ces îles voisines des côtes, d'autres répandues dans la mer Égée étaient considérées comme une partie de la Grèce. Ces îles sont les *Cyclades* et *Crète*.

Les principales des Cyclades étaient *Andros* (Andro) au nord, près de la pointe méridionale de l'Eubée; *Céos* (Zéa), *Cythnos* (Thermia), *Sériphos* (Serpho), *Siphnos* (Siphanto) et *Mélos* (Milo) à l'ouest; *Syros* (Syra), *Tenos* (Tine), *Mycone* (Myconi), *Délos* (Delo), répandues au sud d'Andros; *Naxos* (Naxia), la plus grande des Cyclades; *Paros* (Paro), fameuse par ses beaux marbres; *Amorgos* (Amorgo), au centre du groupe; *Théra* (Santorin), *Anaphé* (Namphio) et *Astypalæa* (Stampalia) au sud.

Crète, aujourd'hui Candie, est la plus considérable des îles grecques. Au centre s'élève le mont *Ida*, où Jupiter fut, dit-on, nourri par la chèvre Amalthée. Ses principales villes étaient *Cy-*

donie (la **Canée**) et *Cnosse*, sur la côte septentrionale; *Gortyne*, près de la côte méridionale.

XXXV.

Au nord de la Grèce jusqu'au Danube, s'étendaient la *Macédoine*, la *Thrace*, la *Mœsie* et l'*Illyrie*; tous ces pays sont compris aujourd'hui dans les limites de la Turquie d'Europe.

La *Macédoine*, pays montagneux et peu connu, n'aurait jamais acquis de célébrité dans l'histoire ancienne, si Alexandre et son père Philippe n'eussent été au nombre de ses rois. La mer Égée la baignait au sud et y formait les deux grands golfes *Thermaïque* et *Strymonique* (golfes de Saloniki et de Contessa), lesquels enveloppaient la grande péninsule *Chalcidique*, dont la partie méridionale, découpée en trois presqu'îles longues et étroites, formait les golfes moins considérables de *Torone* et de *Singis* (*Toronicus* et *Singiticus sinus*, aujourd'hui golfes de Cassandre et de Monte-Santo). Le mont *Athos*, aujourd'hui Monte-Santo, s'élève à la pointe de la plus orientale de ces trois presqu'îles.

L'*Haliacmon* (Indjé-Cara-Sou), l'*Axius* (Vardari), grossi de l'*Érigon* (Tzerna), et le *Strymon* (Strouma), sont les plus notables rivières de Macédoine. Les deux premiers se jettent dans le golfe Thermaïque, et le troisième dans le golfe Strymonique, qui lui devait son nom.

Les villes principales étaient *Pella*, ville royale près du golfe Thermaïque; *Thessalonique* (Saloniki), appelée primitivement *Therma*, au fond de ce golfe qui en avait pris son nom; *Olynthe*, *Chalcis* et *Potidée*, dans la péninsule Chalcidique; *Amphipolis*, sur le Strymon, près de son embouchure; *Philippes*, près de la mer et des frontières de Thrace. Philippes est célèbre dans l'histoire romaine par la bataille où Octave, appelé depuis Auguste, défit Brutus et Cassius.

La Macédoine répond à la partie occidentale de la Roumélie.

La *Thrace*, à l'est de la Macédoine, forme aujourd'ui la partie orientale de la Roumélie. La mer Égée, l'Hellespont, la Propontide et le Bosphore la baignaient au sud, le Pont-Euxin à l'est; au nord, elle avait le mont *Hémus*, qui la séparait de la Mœsie et y projetait le mont *Rhodope*. Ses principales rivières étaient le *Nestus* (Mesto) et l'*Hèbre* (Maritza), sur les bords duquel Orphée fut mis en pièces par les Bacchantes. Villes principales:

Abdère et *Ænos*, sur la mer Égée; *Sestos* et *Callipolis* (Gallipoli), sur l'Hellespont, dans une péninsule formée par ce détroit et la mer Égée; *Lysimachie*, sur l'isthme qui lie cette péninsule au Continent; *Rœdestus* (Rodosto), *Perynthe* ou *Héraclée* (Érekli) et *Selymbria* (Sélivri), sur la Propontide; *Byzance*, qui prit plus tard le nom de *Constantinople*, et devint la capitale de l'empire grec, à l'entrée du Bosphore, vis-à-vis de Chalcédoine; *Salmidessus* (Midiah) et *Apollonia* (Sizeboli), sur le Pont-Euxin; *Hadrianopolis* (Andrinople) et *Philippopolis* (Philippopoli), dans l'intérieur, sur l'Hèbre.

Au nord de la Thrace, entre le mont Hémus et le *Danube* ou *Ister*, s'étend la *Mœsie*, distinguée en *Mœsie inférieure*, à l'est vers les bouches du fleuve, et en *Mœsie supérieure*, à l'ouest.

L'*Illyrie* (*Illyria* et *Illyris*) ou *Illyrique* (*Illyricum*) s'étendait à l'ouest de la Macédoine et de la Mœsie, sur la mer Adriatique, entre le Norique et la Pannonie au nord, et l'Épire au sud. Ses principales rivières étaient le *Drin* (*Drilo* ou *Drinus*) et le *Naro* (aujourd'hui Narenta). La première sort du lac *Lychnidus* (aujourd'hui d'Okrida). Villes principales: *Apollonie*, sur l'Aoüs, près de son embouchure; *Dyrrachium* et *Olcinium*, sur la côte (Durazzo et Dulcigno); *Scodra* (Scutari), sur un lac près de la mer. La partie septentrionale de l'*Illyrie* comprenait la *Dalmatie*, où l'on trouvait *Épidaure*, *Narona*, etc., et la *Liburnie*, qui s'étendait jusqu'à l'Istrie, au fond de la mer Adriatique.

XXXVI.

La nature a marqué les limites de l'Italie; ce sont les Alpes et la mer.

L'ancienne Italie était divisée en trois grandes parties: celles du nord, du milieu et du midi, indépendamment des îles. La région du nord était en partie occupée par des peuples gaulois; la région du milieu par des aborigènes, et celle du midi par des Grecs. Il ne faut pas prendre cette division de peuples, cependant, dans un sens trop rigoureux.

La région du nord renfermait cinq divisions principales: l'*Istrie*, la *Carnie*, la *Vénétie*, la *Gaule Cisalpine* et la *Ligurie*.

L'*Istrie* est une presqu'île désignée encore par le même nom, et qui s'avance au fond de la mer Adriatique. Ses villes étaient *Pola* et *Tergeste* (aujourd'hui Trieste).

La *Carnie* (provinces actuelles de Carniole et de Frioul), au nord de l'Istrie, renfermait *Aquilée* sur la côte, et *Utinum* (Udine) dans l'intérieur. Le rameau des Alpes qui la traversait prenait le nom d'*Alpes Carniques*.

La *Vénétie* (provinces vénitiennes actuelles) s'étendait de la Carnie au Pô. Elle était arrosée par la *Plavis* (Piave), le *Medoacus major* et le *Medoacus minor* (Brenta et Bacchiglione), et l'*Athesis* (Adige). Ses villes étaient *Patavium* (Padoue), patrie de Tite-Live; *Vicentia* (Vicence), *Verona* (Vérone) et *Hadria* (Adria), qui prétendait avoir transmis son nom à la mer Adriatique. Venise n'existait pas sous les Romains.

La *Gaule Cisalpine*, ainsi nommée par les Romains, parce qu'elle était pour eux *en deçà des Alpes*, occupait toute la largeur de la haute Italie, depuis les Alpes à l'ouest jusqu'à la mer Adriatique à l'est. Le *Pô* (*Padus*) la partageait en deux parties, dites *Transpadane* au nord du fleuve, et *Cispadane* au sud. Dans la première on remarquait parmi les villes, *Augusta Taurinorum* (Turin); *Segusio*, sur la *Duria minor* (Suze sur la Doire); *Augusta Prætoria*, sur la *Duria major* (Aoste sur la Grande-Doire); *Vercellæ* (Verceil); *Mediolanum* (Milan); *Ticinum* (Pavie); *Bergomum* (Bergame); *Brixia* (Brescia); *Cremona* (Crémone) et *Mantua* (Mantoue). Virgile reçut le jour dans un village près de Mantoue.

Dans la *Gaule Cispadane*, on remarquait *Placentia* (Plaisance), *Parma* (Parme), *Mutina* (Modène), *Bononia* (Bologne) et *Ravenna* (Ravenne).

Les principales peuplades gauloises fixées dans cette région de l'Italie, étaient : les *Salasses*, les *Ségusiens*, les *Tauriniens*, les *Insubres*, les *Orobiens*, les *Cénomans*, au nord du Pô; les *Anamans*, les *Lingons*, les *Boïens*, au sud.

La *Ligurie* s'étendait entre les Alpes, le Pô et la Méditerranée. L'*Apennin* en couvrait la partie méridionale; le *Tanarus* (Tanaro) et la *Trebia* (Trébie), l'arrosaient. Villes : *Asta* (Asti), sur le Tanarus; *Dertona* (Tortone); *Genua* (Gênes).

XXXVII.

L'Italie moyenne ou du milieu renfermait quatre divisions et quatre peuples principaux. Les quatre divisions étaient : l'*Étrurie*, l'*Umbrie*, le *Picenum* et le *Latium*; les quatre peuples : les *Sabins*, les *Marses*, les *Frentans* et les *Samnites*.

L'*Étrurie*, appelée aussi *Tuscie* et *Tyrrhénie*, était plus étendue que la Toscane actuelle, puisqu'elle était limitée par le *Tibre* (*Tiberis*), dans toute l'étendue du cours de ce fleuve, depuis sa source jusqu'à son embouchure. Au nord elle avait l'Apennin, à l'ouest la mer. L'*Arnus* (Arno) en arrosait la partie septentrionale, et on y trouvait les lacs *Trasimène* (de Perugia), près duquel Annibal remporta sur les Romains une victoire célèbre, et *Vulsinien* (de Bolsena). Ses villes étaient *Pisæ* (Pise), à l'embouchure de l'Arnus; *Luca* (Lucques); *Florentia* (Florence), sur l'Arnus; *Volaterræ* (Volterre), *Sena* (Sienne), *Arretium* (Arrezzo), *Cortona*, *Perugia*, *Clusium* (Chiusi), dans l'intérieur; *Vulsinies* (Bolsena), sur le lac du même nom; *Faleries*, *Veies*, au sud; *Vetulonies*, *Russellæ*, *Cosa*, *Tarquinies* et *Cære* (Ceri), près de la côte.

L'*Umbrie*, entre le Tibre et la mer Adriatique, depuis le *Rubicon* au nord, jusqu'au *Nar*, affluent du Tibre, au sud, était occupée par deux peuples d'origine gauloise, les *Ombriens* et les *Sénonnois*. Leurs villes étaient *Ariminum* (Rimini), sur la côte; *Spoletum* (Spolette), dans l'intérieur; leur principale rivière le *Metaurus* (Metauro).

Le *Picenum* s'étendait sur la mer Adriatique, au sud de l'Umbrie. Ses rivières étaient: la *Potentia* (Chienti) et le *Truentus* (Tronto); ses villes *Ancóna* (Ancône), sur la côte; *Firmum* (Fermo), près de la mer; et *Asculum* (Ascoli), sur le Truentus.

Le *Latium* s'étendait sur la mer Tyrrhénienne, depuis le Tibre, qui le séparait de l'Étrurie, jusqu'à l'embouchure du Vulturne, où il touchait à la Campanie. Les Sabins, les Marses, les Samnites et d'autres petits peuples l'entouraient à l'est. Le Latium lui-même renfermait, outre les *Latins*, plusieurs peuplades dont l'histoire a consacré les noms: les *Herniques*, les *Rutules*, les *Volsques*, les *Èques*, les *Arunces*. Rome, fondée par Romulus, qui lui donna son nom, renfermait dans son enceinte, que traversait le Tibre, huit collines, le mont *Capitolin*, le *Palatinum*, le *Quirinal*, le *Celius*, l'*Aventin*, l'*Esquilin*, le *Viminal*, le *Janicule*; *Ostie*, à l'embouchure du Tibre, lui servait de port. Les autres villes du Latium étaient *Lavinium*, *Ardée*, *Antium*, *Albe la longue* (*Alba longa*), *Tusculum* (Frascati), *Præneste* (Palestrini), *Anagnia* (Anagni), *Arpinum*, *Suessa Pometia*, *Circées*, sur un promontoire appelé encore Monte Circello; *Minturne*, sur la mer; *Anxur* ou *Terracine*, entre Minturne et Circées.

Le pays des *Sabins*, au nord du Latium, s'étendait à la gauche du Nar et du Tibre. Les villes étaient : *Reate* (Riéti), *Cures*, près du Tibre; *Tibur* (Tivoli), sur l'Anio ou Teverone. Plusieurs poètes latins ont chanté les délices de Tibur.

Le pays des *Marses* était à l'est de celui des Sabins, et s'étendait jusqu'à l'Adriatique. *Marrubium*, une de leurs villes, était près du grand lac *Fucinus* (Lago di Celano). Plusieurs petits peuples étaient voisins des Marses : les *Prétutiens*, dont la ville était *Hadria* (Atri), qui disputait à l'Hadria des Vénètes l'honneur d'avoir donné son nom à la mer voisine; les *Vestins*, dont la ville était *Amiternum*; les *Maruccins*, ville : *Teate*; les *Pélignes*, ville : *Corfinium*.

Les *Frentans* bordaient la mer Adriatique, au midi des Maruccins; ville : *Auxanum* (Lanciano Vecchio), près de l'embouchure du *Sagrus* (Sangro).

Les *Samnites*, entre les Frentans et le Latium, dans les terres, avaient pour villes : *Aufidène*, sur le Sagrus; *Bovianum* (Boviano) et *Beneventum*, appelée antérieurement *Maleventum*, et aujourd'hui Bénévent.

XXXVIII.

L'Italie méridionale était communément appelée *grande Grèce*, parce qu'elle était presque exclusivement couverte de colonies grecques. Elle comprenait cinq grandes divisions : la *Campanie*, l'*Apulie*, la *Iapygie*, la *Lucanie*, et le *Brutium*.

La Campanie, une des contrées les plus riches de l'Italie, malgré la présence du *Vésuve*, bordait la mer Tyrrhénienne, au midi du Latium; était arrosée par le *Vulturne*, qui passe sous les murs de *Capoue*. Ses autres villes était *Neapolis* (Naples), sur un golfe; *Herculanum* et *Pompéi*, au pied du Vésuve, qui les engloutit dans une de ses éruptions; *Cumes* et *Baïes*, sur la côte, à l'ouest de Naples; *Salernum* et *Picentia*, deux places maritimes au fond d'un golfe, au midi de celui de Naples (Salerne et Vicenza).

L'*Apulie*, séparée de la Campanie par le pays des Samnites, s'étendait vers la mer Adriatique. Sa principale rivière était l'*Aufidus* (Ofanto); sa principale montagne le *Garganus* (Monte Gargano). Ses villes étaient : *Sipuntum* (Manfredonia), et *Barium* (Bari) sur la côte; *Luceria* (Lucera) et *Venusia* (Venosa) dans l'intérieur. *Cannes*, sur l'Aufidus, près de son embouchure, est célèbre par la victoire qu'Annibal y remporta sur les Romains.

L'*Iapygie*, appelée aussi *Messapie*, occupe la péninsule qui s'étend entre le canal d'Otrante et le golfe de Tarente. Villes : *Brundusium* (Brindes), lieu d'embarquement ordinaire pour la Grèce; *Hydruntum* (Otrante), *Tarentum* (Tarente).

La *Lucanie*, entre le golfe de Tarente et la mer Tyrrhénienne, était arrosée par le *Silarus* (Sele), affluent de cette dernière; l'*Aciris* (Agri), qui se jette dans le golfe de Tarente, etc. Parmi ses villes, on cite *Pœstum* (Pesto), sur le golfe de Salerne; *Heraclea*, sur l'Aciris, près de son embouchure; *Sybaris*, dont les habitans étaient renommés par leur mollesse. Détruite par les Crotoniates, elle fut rebâtie sous le nom de *Thurium*. Ses ruines sont près de l'embouchure du Crati, dans le golfe de Tarente.

Le *Brutium* forme l'extrémité méridionale de l'Italie; c'est un pays peu large, baigné d'un côté par la mer Ionienne, de l'autre par la Tyrrhénienne; traversé par l'*Apennin* et arrosé par le *Crathes* (Crati) et le *Neætus* (Neto), deux affluens de la mer Ionienne. Villes : *Pandosia*, près de la mer Tyrrhénienne; *Consentia*, sur le Crathis (Cosenza); *Croton*, sur la mer Ionienne (Cotrone); *Scylacium* (Squillace), *Vibo*, *Mamertum*, *Locri*, *Regium* (Reggio).

XXXIX.

Les trois principales îles de l'Italie, la *Corse*, la *Sardaigne* et la *Sicile*, sont à l'ouest.

La *Corse* (*Corsica* et primitivement *Cyrnos*) avait pour ville principale *Aleria*, aujourd'hui ruinée, sur la côte orientale.

La *Sardaigne* (*Sardinia*) est séparée de la Corse par un canal assez étroit. *Caralis* (Cagliari), sur la côte méridionale, en était la seule ville remarquable.

La *Sicile* (*Sicilia*, appelée plus anciennement *Sicania*) est très-rapprochée de la pointe méridionale de l'Italie. Le détroit par lequel elle en est séparée était redouté des anciens navigateurs, à cause du gouffre de *Charybde* et des écueils de *Scylla*. La forme triangulaire de la Sicile lui fit donner par les Grecs le nom de *Trinacria* ou *île aux trois caps*. L'*Etna*, volcan beaucoup plus grand que le Vésuve, est près de la côte orientale.

Ses villes étaient *Messana*, originairement *Zancle* (Messine), sur le détroit; *Himera* et *Panormus* (Palerme), sur la côte septentrionale; *Drepanum* (Trapani), à la pointe occidentale; *Lilybœum*, *Selinus*, *Agrigentum* (Girgenti), sur la côte méridionale;

Syracuse, Leontium (Lentini), *Catana,* sur la côte orientale; *Erina* dans l'intérieur.

La petite île d'*Ilva* (Elbe) était sur la côte de l'Étrurie; *Caprées* (Capri), près de la Campanie; le groupe des *îles Éoliennes* (îles de Lipari), au nord de la Sicile. Dans la mer Adriatique, les seules îles notables sont celles de *Diomède* (Tremiti), près de l'Apulie.

XL.

Le nom d'*Hispanie* désignait autrefois toute la péninsule circonscrite par l'Océan, la Méditerranée et les Pyrénées, et qui comprend aujourd'hui l'Espagne et le Portugal. On l'appela aussi *Ibérie* et *Hespérie*. Un grand nombre de peuples en occupaient les différentes parties; sous les Romains elle fut divisée en trois grandes provinces: la *Tarraconaise* dans le nord-est; la *Bétique* au sud; la *Lusitanie* à l'ouest.

Ses principales rivières étaient *Minius* (Minho), *Durius* (Duero), *Tagus* (Tage), *Anas* (Guadiana), et *Bœti* (Guadalquivir), qui coulent à l'ouest vers l'Océan; *Iberus* (Èbre) coule à l'est vers la Méditerranée.

Parmi les villes les plus remarquables sont: *Lucus Asturum* (Oviédo), *Braccara Augusta* (Braga), *Cale Portus* (Porto), à l'embouchure du Duero, d'où s'est formé, dit-on, le nom de Portugal; *Asturica* (Astorga), *Legio* (Léon), *Pallantia* (Pallenza), *Segovia* (Ségovie), *Pompelo* (Pampelune), *Calaguris* (Calahorra), *Numantia*, près de la source du Duero; *Cæsar-Augusta* (Saragosse), *Toletum* (Tolède), *Rhode* (Roses), *Barcino* (Barcelone), *Tarraco* (Tarragone), *Saguntum* (Murviedro), *Valentia* (Valence) et *Carthago-Nova* (Carthagène), dans la province Tarraconaise; *Malaca* (Malacca), *Corduba* (Cordoue), *Hispalis* (Séville), *Gadès* (Cadix), dans la Bétique; *Salmantica* (Salamanque), *Conimbriga* (Coïmbre), *Olisipo* (Lisbonne); *Ebora* (Evora), *Emerita-Augusta* (Mérida), *Cetobriga* (Setuval), dans la Lusitanie.

Sur les côtes orientales, dans la Méditerranée, les îles *Baléares* comprenaient *Ophiusa* (Formentera), *Ebusus* (Iviça), *Major Insula* (Majorque), *Minor* (Minorque). Les îles Ophiusa et Ebusus étaient appelés collectivement *Pityusæ*.

XLI.

La *Gaule* comprend dans ses limites, outre la France actuelle, la partie méridionale du royaume des Pays-Bas jusqu'au Rhin, tous les pays allemands à la gauche de ce fleuve, la moitié occidentale de la Suisse, et la Savoie. Elle était habitée par un grand nombre de peuples qui se rapportaient à trois grandes races : les *Aquitains* au sud-ouest, les *Belges* au nord-est et les *Celtes* au centre, dans la plus grande étendue. Sous les Romains, elle fut partagée en dix-sept provinces.

Ses principales rivières, outre le Rhin (*Rhenus*), qui lui servait de limite du côté de la Germanie, étaient : *Sequana* (la Seine), *Ligeris* (la Loire), *Garumna* (la Garonne), et *Rhodanus* (le Rhône).

Villes principales : *Ausci* (Auch), dans l'Aquitaine; *Burdigala* (Bordeaux), *Bituriges* (Bourges), *Turones* (Tours), *Rhotomagus* (Rouen), *Senones* (Sens), *Lugdunum* (Lyon), *Augustodunum* (Autun), dont le nom originaire était *Bibracte*; *Autricum* ou *Carnutes* (Chartres), *Genabum* ou *Aurelianum* (Orléans), *Vesontio* (Besançon), *Narbo-Martius* (Narbonne), *Tolosa* (Toulouse), *Nemausus* (Nîmes), *Arelate* (Arles), *Aquæ Sextiæ* (Aix), *Massilia* (Marseille), *Ebrodunum* (Embrun), *Vienna* (Vienne), *Gratianopolis* (Grenoble), etc., chez les Celtes; *Treveri* (Trèves), *Vesodunum* (Verdun), *Remi* (Reims), *Suessiones* (Soissons), *Ambiani* (Amiens), *Camaracum* (Cambrai), *Turnacum* (Tournai), *Tungri* (Tongres), *Colonia Agrippina* (Cologne), *Moguntiacum* (Mayence) et *Argentoratum* (Strasbourg), chez les Belges. Paris n'était alors qu'un village appelé *Lutetia*, dans l'île qu'on nomme aujourd'hui *la Cité*, chez les *Parisii*, l'un des plus petits peuples de la Gaule.

XLII.

La *Germanie*, grande contrée en partie couverte de forêts, était comprise entre le Rhin à l'ouest, le Danube au midi, la Vistule à l'est, et la mer au nord. La pauvreté du pays et le caractère belliqueux des habitans en éloignèrent les armes romaines. Outre les trois fleuves qui lui servaient de limite, la Germanie était arrosée par l'*Amisus* (Ems), le *Visurgis* (Wéser), l'*Albis* (Elbe), et le *Viadrus* (Oder.) Les principaux peuples de la Germanie étaient les *Frisons*, les *Bructères*, les *Chamaves*, les *Cattes*, les *Allemans* à l'ouest, sur la droite du Rhin, depuis l'océan Germanique jusqu'à l'Helvétie; les *Saxons*, les *Vénèdes*, au nord vers la mer; les *Longobards* ou *Lombards* et les *Suèves* au centre du pays; les *Marcomans* dans la Bohème actuelle; les *Quades* dans la Moravie, les *Gépides* dans la Gallicie.

On appelait *Chersonèse Cimbrique* la presqu'île danoise. Cette presqu'île était habitée par les *Angles*, qui plus tard passèrent dans la Bretagne, à laquelle ils donnèrent leur nom; et par les *Jutes*, dont le nom subsiste dans celui de Jutland.

XLIII.

Quatre pays étaient au sud de la Germanie, sur la droite du Danube jusqu'aux limites de l'Italie et de l'Illyrie : 1° La *Rhétie*, qui comprend la partie orientale de la Suisse et le Tyrol, et où l'on trouvait *Curia* (Coire), *Tridentum* (Trente), *Feltria* (Feltre); 2° la *Vindélicie*, comprise quelquefois dans la Rhétie, et qui répond à la partie de la Bavière au sud du Danube. Ville : *Augusta-Vindelicorum* (Augsbourg), *Reginum* (Ratisbonne); 3° le *Noricum*, à l'est de la Vindélicie et de la Rhétie; 4° la *Pannonie*, entre le Norique et le Danube. Ville : *Vindobona* (Vienne). *Dravus* et *Savus* (la Drave et la Save) en arrosaient la partie méridionale.

A l'est de la Pannonie, entre le Danube et le *Tibiscus* (Theiss), habitaient les *Jazyges Metanastæ*. A l'est de ceux-ci, entre le Tibiscus, le Danube, le *Tyras* ou Dniester et les *Carpathes*, était un grand pays habité par les *Daces*, et qui répond à une partie de la Hongrie actuelle. La *Dacie* fut réunie à l'empire romain par Trajan.

XLIV.

La grande île qui comprend l'Angleterre et l'Écosse était appelée par les Romains *Bretagne* (*Britannia*). La majeure partie de cette île fut soumise à l'Empire, à l'exception de l'extrémité septentrionale nommée *Calédonie*, et qui répond à une portion de l'Écosse. Les principales villes étaient *Dubris* (Douvres), *Londinium* (Londres), sur la *Tamesa* ou Tamise, *Eboracum* (Yorck).

L'Irlande, à l'ouest de l'Angleterre, portait le nom d'*Hybernie*. Sa principale ville, *Eblana* ou Dublin, conserve encore le même rang.

Les îles *Cassitérides*, près de la pointe sud-ouest de l'Angleterre, sont les Sorlingues actuelles. Au nord, les îles *Ebudes* sont les Hébrides; les *Orcades* n'ont pas changé de nom; enfin les îles Chetland, au nord-est des Orcades, sont la *Thulé* des géographes latins. On peut croire cependant que ce nom de *Thulé* a été aussi appliqué à l'Irlande.

XLV.

Sous le nom de *Scandinavia* ou *Scandia*, qu'ils croyaient appliquer à une île, les anciens paraissent avoir voulu désigner la partie méridionale de la Suède, c'est-à-dire le Gothland. La Norvége leur fut aussi connue, au moins de nom, sous celui de *Nérigon*.

Toute la partie orientale de l'Europe, à l'est de la Vistule et au nord de la mer Noire, leur demeura presque inconnue; ils la désignent sous le nom générique de *Sarmatie* et y placent au hasard quelques peuples entre lesquels on distingue les *Roxolans*, dont on croit que les Russes ont tiré leur nom. La Sarmatie était arrosée par l'*Hypanis* (Bug), le *Borysthènes* (Dniéper), le *Tanaïs* (Don), et le *Rha* (Volga); mais, selon les anciens, le cours inférieur de ce dernier fleuve appartenait à l'Asie.

La *Chersonèse Taurique* (Krimée), au sud de la Sarmatie, dans le Pont-Euxin, fut mieux connue des Grecs, qui y fondèrent plusieurs colonies, entre autres *Théodosie*, aujourd'hui Caffa.

Nota. Nous avons donné les noms modernes correspondans aux noms anciens, toutes les fois que ces noms modernes ont encore une certaine importance géographique. Lorsque nous n'avons pas indiqué ces noms correspondans, c'est qu'ils sont ou complètement ruinés ou tout-à-fait obscurs.

GÉOGRAPHIE DE LA PALESTINE,

POUR LA LECTURE DES LIVRES SAINTS.

I.

La *Palestine* est la partie méridionale de la Syrie. Elle est bornée au nord par les montagnes du Liban, à l'est et au sud par le désert de l'Arabie, à l'ouest par la Méditerranée, que les Hébreux appelaient la *mer occidentale* ou la *grande mer*. L'étendue de sa côte, du nord au sud, est d'environ 60 de nos lieues; le pays en a 40 au plus de largeur. C'est dans cet étroit espace qu'ont eu lieu la plus grande partie des événemens dont nos livres saints contiennent le récit, à dater du déluge.

II.

La Palestine est traversée dans toute sa longueur par une chaîne de montagnes, prolongation du Liban, mais beaucoup moins élevée que celui-ci. Cette chaîne n'a pas, chez les Hébreux, de nom général; mais on y distingue les sommets du *Thabor* et d'*Hermon*, à l'ouest du lac de Galilée; de *Gelboé*, d'*Abdias*, d'*Éphraïm*, entre le mont Hermon et Jérusalem; d'*Éphron*, à l'ouest de cette ville; de *Carmel*, au sud, près de la mer Morte, et qu'il faut distinguer d'un autre mont *Carmel* situé près de la Méditerranée, au sud de l'embouchure du torrent de Cison, et qui plus tard donna son nom à l'ordre monastique des Carmes. Enfin la chaîne prend le nom de *Saïr*, sur la limite méridionale de la Palestine.

Cette chaîne envoie à l'ouest, vers la Méditerranée, un assez grand nombre de rivières peu considérables; les plus notables sont: le *Leontes* (aujourd'hui Leïtanèh), dont l'embouchure est entre Sidon et Tyr; le *Sihor* et le *Cison*, au sud d'Akko ou Acre; le torrent de *Gaas*, près de Joppé; celui de *Sorek*, près d'Azot;

12

et celui de *Bezor*, près de Gaza. A l'est elle enferme le bassin du *Jourdain*. Cette rivière sort de l'Anti-Liban et coule au sud. Elle traverse le lac *Semechon* (aujourd'hui Bahr-el-Houléi), celui plus étendu de *Cenereth*, appelé aussi *mer de Galilée*, et plus tard *lac de Tibériade* (aujourd'hui lac du Tabariéh), et vient se perdre dans la *mer Morte* ou *lac Asphaltite*, après un cours de 45 lieues environ. Le Jourdain reçoit à droite et à gauche d'assez nombreux torrens.

III.

Chanaan, fils de Cham et petit-fils de Noé, vint s'établir sur les bords du Jourdain, et sa postérité occupa toute la Palestine, sous le nom de *Chananéens*; le pays lui-même n'était pas autrement appelé que *Terre de Chanaan*. Les Chananéens fondèrent des villes et se partagèrent en tribus, ayant chacune son chef ou roi.

Au temps d'Abraham, dans le 22e siècle avant J.-C., les Chananéens formaient sept tribus principales. Les *Amorrhéens* occupaient tout le pays à l'orient du Jourdain; les *Héthéens* étaient à l'ouest du lac de Galilée; les *Jébuséens* tenaient Jérusalem; les *Gabaonites* en étaient voisins au nord.

A la même époque, les quatre villes de *Seboïm*, *Adama*, *Gomorrhe* et *Sodome*, situées sur le bord occidental de la mer Morte, furent détruites par le feu céleste.

Les *Philistins*, peuple étranger, abordèrent par mer en Chanaan, et y devinrent tellement puissans, que leur nom passa au pays : c'est l'origine du nom de *Palestine*, qui succéda à celui de Chanaan. Les Philistins se fixèrent spécialement sur la côte, vers la frontière du désert de Pharan, qui séparait la Palestine de l'Égypte.

Les *Phéniciens* étaient fixés beaucoup plus au nord, à l'extrémité opposée de la Palestine. Leur établissement dans cette région, où le commerce les avait rendus riches et puissans, et où s'élevaient les villes de Tyr et de Sidon, n'est pas moins ancien que celui de Chanaan.

IV.

Dieu avait promis à Abraham, qui demeurait alors à *Ur*, en Chaldée, que ses enfans seraient maîtres de la terre de Chanaan. De ce moment, Abraham et ses enfans appelèrent ce pays la *terre promise*, la *terre de promission*.

C'est l'an 2146 avant la naissance de J.-C. qu'Abraham vint

d'Ur se fixer en Chaldée. Jacob, son petit-fils, fut obligé, à cause d'une grande disette, d'en sortir avec toute sa famille, 215 ans plus tard, et d'aller chercher un asile en Égypte, où il retrouva son fils Joseph. Les *Hébreux* (c'est-à-dire descendans d'Héber ou Abraham) restèrent en Égypte 430 ans, et s'y multiplièrent prodigieusement. On les appelle aussi *Israélites*, ou descendans d'Israel, c'est-à-dire de Jacob, qui porta ce nom. Persécutés à la fin par les Pharaons ou rois d'Égypte, ils résolurent d'en sortir et de revenir en Chanaan, car ils n'avaient pas oublié la promesse que Dieu en avait faite à Abraham pour ses enfans, quoique 700 ans environ se fussent écoulés depuis. Ils abandonnèrent donc la terre de *Gessen*, où ils étaient fixés, au nord-est de Memphis, et se mirent en route sous la conduite de Moïse. Ils passèrent à sec la mer Rouge, où les Égyptiens furent tous engloutis en voulant les poursuivre. Mais, entrés dans le désert de *Pharan*, qui est au sud de la Palestine, ils y errèrent 40 ans entiers, avant de pénétrer dans la terre promise. Moïse mourut, et légua le commandement à Josué. C'est sous la conduite de ce dernier que l'année suivante les Hébreux entrèrent enfin en Chanaan, qu'ils soumirent entièrement, après six ans de combats.

Lorsque la soumission du pays fut achevée, Josué en fit le partage entre les Hébreux; Jacob avait eu dix fils de Lia: *Ruben, Siméon, Lévi, Juda, Dan, Nephtali, Gad, Aser, Issachar* et *Zabulon*, et deux autres fils de sa deuxième femme, Rachel, sœur de Lia: *Joseph* et *Benjamin*. Joseph eut deux fils, *Manassé* et *Ephraïm*. Les onze fils de Jacob (Joseph étant excepté), et les deux fils de Joseph, devinrent, dans les terres de Gessen, les chefs de treize familles ou tribus, qui conservèrent les noms de leurs fondateurs. C'est entre ces tribus que la terre de Chanaan fut partagée; mais la tribu de *Lévi* n'eut point de terres, parce que le soin des choses sacrées lui était exclusivement attribué; seulement on lui assigna, dans le partage des douze tribus restantes, 48 villes, qui furent appelées *Lévitiques*.

Ainsi la terre de Chanaan fut partagée entre les tribus de Ruben, de Siméon, de Juda, de Dan, de Nephtali, de Gad, d'Aser, d'Issachar, de Zabulon, de Benjamin, de Manassé et d'Ephraïm. De là la dénomination des *douze tribus d'Israel*.

Neuf de ces tribus, plus la moitié de celle de Manassé, étaient à l'ouest du Jourdain, entre ce fleuve et la mer. Les deux autres tribus et la seconde moitié de celle de Manassé étaient à l'est du Jourdain, entre ce fleuve et le désert.

V.

Les neuf tribus entières à l'ouest du Jourdain étaient, en descendant du nord au sud, celles d'Aser, de Nephtali, de Zabulon, d'Issachar, d'Ephraïm, de Benjamin, de Dan, de Siméon et de Juda. Les deux tribus entières à l'est du Jourdain étaient celles de Gad et de Ruben.

VI.

La tribu d'*Aser* était sur la Méditerranée, entre les Phéniciens au nord, la tribu de Nephtali à l'est, et celle de Zabulon au sud. Dans son territoire étaient les deux principales villes des Phéniciens : *Sidon* et *Tyr* (aujourd'hui *Seïd* et *Sour*). Villes de la tribu : *Sarepta* (aujourd'hui *Sarfand*), entre Sidon et Tyr, sur la côte ; *Akko* ou *Achsaph*, appelée postérieurement *Ptolémaïs*, et depuis, par les Croisés, *Saint-Jean-d'Acre*, de même sur la côte, au midi de Tyr ; *Cana*, surnommée la *grande*, *Cadès*, et *Abran*, dans l'intérieur. La côte entre Akko et Tyr était appelée *Maara* ou *Maanem*.

VII.

La tribu de *Nephtali* était à l'est de celle d'Aser, entre le Jourdain à l'ouest, le mont Liban, frontière de Phénicie, au nord, le lac de Galilée et la tribu de Zabulon au sud. Les villes étaient : *Dan*, appelée depuis *Panéas* et *Cæsarea-Philippi*, et aujourd'hui *Banias*, près de la source du Jourdain ; *Asor*, sur le Jourdain, avant son entrée dans le lac Sémechon ; *Cedès*, dans l'intérieur ; *Capharnaüm*, sur le lac de Galilée, près de l'endroit où le Jourdain s'y jette. Cette ville est célèbre par les miracles qu'y fit Jésus-Christ. Elle fut florissante long-temps encore après, et fut ruinée dans les croisades.

Le pays de *Saananim* était sur la droite du Jourdain, au-dessus du lac Sémechon.

VIII.

La tribu de *Zabulon*, au sud des deux précédentes, s'étendait du lac de Galilée à la Méditerranée ; mais elle occupait peu d'étendue en largeur, surtout vers la mer, où elle était resserrée entre les torrens de Sihor et de Cison.

Ses villes étaient : *Génésareth*, appelée aussi *Cenereth*, et depuis *Tibérias* (aujourd'hui *Tabariëh*), sur le bord occidental du lac que traverse le Jourdain, et auquel elle communiqua ses divers noms; *Semeron*, appelée depuis *Simoniades*, vers le centre, entre la *vallée de Jephtael* au nord, et la *plaine de Merom* au sud; *Nazareth*, où fut conçu Jésus-Christ, et qui n'est plus qu'un village appelé encore *Nazra*. Au sud-est de Nazareth s'élève le mont *Thabor*.

IX.

La tribu d'*Issachar*, entre celle de Zabulon au nord, et de Manassé au sud, s'étendait aussi du lac de Galilée à la mer. Le mont *Carmel* était à l'ouest, près de la côte.

Ses villes étaient : *Jezrael* et *Aphek*, dans l'intérieur; *Jechoanam*, sur le torrent de Cison, près de son embouchure.

X.

La *demi-tribu de Manassé à l'ouest* ou *en deçà du Jourdain* était au sud de celle d'Issachar, au nord de celle d'Ephraïm, entre le Jourdain à l'est, et la mer à l'ouest. Ses villes étaient : *Bethsan*, nommée depuis *Scythopolis*, et aujourd'hui *Baïsan*, près du Jourdain, au-dessous de son issue du lac de Galilée; *Bethseca* ou *Besek*, *Thersa*, *Mageddo* et *Thanak-Asser*, dans l'intérieur; *Dor* ou *Ador* (aujourd'hui *Tartoura*), et *Galgal*, sur la côte. Dans la suite, entre ces deux villes, on bâtit un lieu qui fut appelé la *Tour de Straton*, et qu'Hérode, en l'honneur de Jules-César, nomma *Césarée* (aujourd'hui *Qaïsariéh*).

XI.

La tribu d'*Ephraïm* s'étendait, comme les précédentes, du Jourdain à la mer, ayant la demi-tribu de Manassé au nord, et la tribu de Benjamin au sud. Ses villes étaient : *Taphna*, près du Jourdain; *Sichem*, déjà célèbre au temps d'Abraham. Elle prit plus tard le nom de *Neapolis*, d'où s'est formé son nom actuel de *Naplous*. Au nord, et près de Sichem, fut bâtie, par un roi d'Israel, *Samarie*, qu'Hérode le Grand nomma *Sébaste*, en l'honneur d'Auguste (*Augustus*, en latin, se traduit en grec par *Sebastos*), et qui est aujourd'hui à peu près ruinée; *Sarona* et *Gazer* étaient à l'ouest, près de la mer.

XII.

La tribu de *Benjamin* avait au nord celle d'Ephraïm, au sud celle de Juda, à l'ouest celle de Dan, et à l'est le Jourdain et la mer Morte.

Ses villes étaient : *Hay, Jéricho* et *Ophera*, à l'est ; *Jérusalem*, au centre, sur une montagne, d'où sort le torrent de Cédron. Cette ville était loin d'avoir acquis à cette époque l'importance et la célébrité qu'elle eut depuis.

XIII.

La tribu de *Dan* touchait à la mer, où elle avait *Joppé*, aujourd'hui Jaffa. De tout autre côté, elle était entourée par les tribus d'Ephraïm, de Benjamin, de Juda et de Siméon. C'était la moins étendue des douze tribus.

XIV.

La tribu de *Siméon* occupait le pays des Philistins. Elle bordait la Méditerranée, entre les tribus de Dan au nord, et de Juda au sud ; celle-ci la bornait aussi à l'est. Elle était arrosée par les torrens de *Sorek* et de *Besor*. Ses villes étaient : *Akkaron*, au nord (aujourd'hui *Ekron*) ; *Azot, Ascalon* et *Gaza*, sur la côte : les deux premières sont en ruine ; *Harma*, dans l'intérieur.

XV.

La tribu de *Juda*, la plus considérable de toutes, s'étendait entre le désert de Pharan au sud, la mer Morte à l'est, la tribu de Benjamin au nord, la tribu de Dan, celle de Siméon et la mer, à l'ouest. Elle était divisée en onze régions.

Ses villes étaient : *Jether, Jerimoth, Odollam, Gedera, Lebna* et *Maceda*, à l'ouest ; *Eglon, Lachis, Bethléem*, à 2 lieues au sud de Jérusalem, célèbre par la naissance de Jésus-Christ, au nord ; *Cariath-Arbe* ou *Hebron* et *Cariath-Sepher* ou *Dabir*, vers le centre ; *Eder*, appelée aussi *Hered* ou *Arad*, et *Gerara*, au sud ; enfin *Geth* ou *Raphia*, dont les ruines portent le nom de *Refah*, sur la côte, à l'extrémité sud-ouest.

Le pays qui borde la mer Morte était appelé *désert de Jeruel* et *désert des Salines*. Près de là, au sud du mont Carmel, était la plaine de *Maon*, et au nord de la même montagne, le *désert de Ziph*. La *vallée de Mambré* et le *désert de Thécua*, avec le *lac Asphar*, étaient plus au nord. Au nord-ouest de Bethléem était la *vallée de Raphaïm* ; la *vallée de Sephata* était au sud de celle-ci.

XVI.

Passons à l'est du Jourdain, et remontons au nord.

La *demi-tribu de Manassé au-delà du Jourdain* avait le fleuve à l'ouest, l'Anti-Liban, limite de la Phénicie, au nord; les montagnes d'*Hermon*, de *Sanir* et de *Galaad*, qui la séparaient du grand désert, à l'est; la tribu de Gad au sud.

Ses villes étaient *Corosaïm*, sur le lac de Tibériade, à l'endroit où il reçoit le Jourdain; *Basan*, qui porta aussi les noms de *Carnaïm*, d'*Astaroth* et de *Bosor*, d'où est venu son nom actuel de *Bosra*; *Hadrach*, aujourd'hui *Adroat*; *Gaulon*, à peu de distance des villes précédentes. C'est à Basan que régna Og, de la race des géans.

Ce que l'Écriture appelle *terre de Hus* est près de Basan. Le pays d'*Hodsi* était au sud.

XVII.

La tribu de *Gad* avait la précédente au nord, le Jourdain à l'ouest, des montagnes, limite du désert, à l'est, et la tribu de Ruben au sud. Son territoire était arrosé par le torrent de *Jabok*, aujourd'hui le Zarka, qui se jette dans le Jourdain, un peu au-dessous du lac de Tibériade.

Villes: *Rabbath*, près de la source du Jabok; c'était la capitale des Ammonites. David la détruisit; elle fut rétablie sous le nom de *Philadelphie*, et ses ruines portent maintenant celui d'*Amman*. *Ramoth*, surnommée *Galaad*, en était peu éloignée, vers l'ouest.

La vallée de *Betharan* longeait le Jourdain. La *terre de Tob* était au centre du pays.

XVIII.

La tribu de *Ruben* était entre celle de Gad au sud, le Jourdain et la mer Morte à l'ouest, le grand désert au sud et à l'est. Le territoire était traversé par le torrent d'*Arnon*, et arrosé par quelques autres moindres qui, comme lui, se perdent dans la mer Morte. Au centre du pays s'élève la chaîne des monts *Abarim*. C'est du *Nebo*, l'un des sommets de cette chaîne, que Moïse vit la terre promise où il ne devait pas pénétrer. C'est là qu'il mourut en transmettant son autorité à Josué.

Villes: *Rabbath-Moab*, appelé aussi *Ar* et *Aron*, aujourd'hui

Maab ou *El-Raba*, sur une montagne près de la gauche de l'Arnon : c'était la capitale des Moabites ; *Madian*, capitale des Madianites, à peu de distance de Rabbath ; *Cedemoth* et *Hesbon*, au nord.

XIX.

Entre les peuples qui entouraient les Israélites, les plus fameux sont les *Ituréens*, les *Ammonites*, les *Moabites*, les *Madianites*, les *Iduméens* et les *Amalécites*.

Les *Ituréens*, qu'on croit ancêtres des *Druses*, habitaient comme ceux-ci dans les montagnes du Liban, où ils étaient venus s'établir sous la conduite d'Itur, fils d'Ismael et petit-fils d'Abraham par Agar.

Les *Ammonites*, descendans d'Ammon, issu de Loth, frère d'Abraham, et de sa fille cadette, habitaient dans les montagnes de Galaad, à l'orient des tribus de Gad et de Manassé. *Rabbath* était leur capitale, et c'est à cela que cette ville doit le nom d'Aman qui est demeuré à ses ruines.

Les *Moabites*, descendans de Moab, issu de Loth, et de sa fille aînée, étaient au sud des Ammonites, sur les bords du Jourdain et de la mer Morte, et sur les deux rives de l'Arnon. Ils furent ensuite repoussés par les Israélites à l'orient de cette dernière rivière, vers les montagnes. Leur capitale était *Ar* ou *Rabbath-Moab*.

Les *Madianites*, descendans de Madian, fils d'Abraham et de Cethura, étaient au sud des Moabites, à l'orient de la mer Morte. Leur capitale portait le nom de *Madian*.

Les *Iduméens* ou *Edomites*, descendans d'Esaü ou Edom (c'est-à-dire le Rouge), fils d'Isaac et frère de Jacob, étaient au sud des Madianites, de la mer Morte et de la tribu de Juda. Leur ville était *Elath*, aujourd'hui *Aïlah*, sur une pointe de la mer Rouge.

Les *Amalécites*, descendans d'Amalech, petit-fils d'Esaü, étaient au sud de la Palestine et à l'ouest des Iduméens.

Tous ces peuples, quoique du même sang que les Israélites, furent presque toujours en guerre avec eux.

XX.

Trois cent soixante-quinze ans après leur établissement dans la terre de Chanaan, les Israélites, las du gouvernement des

Juges, se donnèrent un roi; ce fut Saül. Après Saül régna David, auquel succéda Salomon. Sous ce dernier prince, la monarchie hébraïque fut à son plus haut point de splendeur, d'étendue et de puissance.

En devenant une monarchie, la Palestine cessa d'être partagée en tribus; elle fut divisée par Salomon en douze *gouvernemens*, dont les limites ne répondaient nullement à celles du territoire des tribus. L'un de ces gouvernemens comprenait les anciennes tribus de Juda et de Benjamin; *Jérusalem*, qui en était la capitale, était aussi celle de tout le royaume. C'est à Salomon que cette ville dut la construction de son temple et la plupart de ses embellissemens.

Tyr et *Sidon*, quoique comprises dans les limites d'un gouvernement, comme elles l'étaient auparavant dans celles de la tribu d'Aser, n'en faisaient pas moins partie du *royaume de Phénicie*, dont le souverain contemporain de Salomon fut Hiram.

XXI.

La monarchie hébraïque ne subsista entière que durant cent six ans, sous Saül, David et Salomon. A la mort de ce dernier prince, en 980 avant notre ère, il y eut un schisme dans l'état. Roboam, fils de Salomon, ne fut reconnu qu'à Jérusalem, c'est-à-dire par les deux tribus de Juda et de Benjamin; le reste du pays élut pour roi Jéroboam. Ainsi il y eut deux royaumes qui existèrent simultanément pendant deux cent cinquante-neuf ans. Celui de Jérusalem fut appelé *royaume de Juda*, de la principale des deux tribus qui y étaient comprises; l'autre, dont la capitale fut d'abord *Sichem*, puis *Samarie*, fut nommé *royaume d'Israel*. De là l'expression de *terre de Juda et d'Israel* employée par les prophètes pour désigner la Palestine.

Le *royaume d'Israel* subsista pendant deux cent cinquante-neuf ans, sous vingt rois successeurs de Jéroboam. Sous le règne d'Osée, le dernier d'entre eux, Samarie fut prise par Salmanazar, roi d'Assyrie, le royaume d'Israel détruit, le pays réduit en province, et les habitans emmenés en servitude à Ninive.

Le *royaume de Juda* eut une existence plus longue. Échappé aux armes de Salmanazar, il n'eut pas moins une destinée semblable à celle d'Israel. En 589 avant J. C., Jérusalem fut prise et détruite par Nabuchodonosor, roi de Babylonie; les Juifs furent aussi emmenés esclaves à Babylone, et le royaume de Juda détruit, après une durée de trois cent quatre-vingt-onze ans depuis Roboam.

Toute la Palestine, aussi bien que la Phénicie, firent alors partie de l'empire Babylonien.

XXII.

Après la destruction de l'empire de Babylone par Cyrus, fondateur d'un nouvel empire persan, les Hébreux obtinrent la permission de revenir en Palestine. Cet événement eut lieu en 536 avant J. C. Jérusalem fut rebâtie; un nouveau temple fut élevé, et le pays fut administré par des pontifes. Le vingt-quatrième d'entre eux, Aristobule, prit le titre de roi des Juifs, l'an 107 avant J. C. Une nouvelle division géographique du pays eut aussi lieu.

La Palestine forma cinq provinces, trois à l'ouest ou en deçà du Jourdain, et deux à l'est.

Les trois provinces en deçà du Jourdain étaient : la *Galilée*, la *Samarie* et la *Judée*; les deux provinces au-delà du fleuve étaient : la *Trachonite* et la *Pérée*.

La *Galilée* comprenait le territoire des anciennes tribus d'Aser, de Nephtali, de Zabulon et d'Issachar. Elle avait au levant le Jourdain et le lac de Galilée, au couchant la Méditerranée, au nord le mont Liban, au sud la Samarie. On la distinguait en *haute Galilée*, dite aussi *Galilée des Gentils*, au nord, et en *basse Galilée*, au sud.

La *Samarie*, entre la Galilée au nord, la Judée au sud, le Jourdain à l'est, et la mer à l'ouest, comprenait le territoire de la première demi-tribu de Manassé et de la tribu d'Ephraïm. C'est en Samarie qu'habitait le plus grand nombre d'Assyriens envoyés par Salmanazar pour remplacer les Israélites captifs.

La *Judée*, au sud de la Samarie, était bornée des trois autres côtés par la mer Morte, la Méditerranée et l'Arabie. Elle comprenait les anciennes tribus de Benjamin, de Dan, de Siméon et de Juda, qui lui avait donné son nom.

La *Trachonite*, où habitaient en partie les *Ituréens*, dont on a vu précédemment l'origine, répondait au territoire de la deuxième demi-tribu de Manassé. C'était une région montagneuse, comme son nom l'indique.

La *Pérée* occupait le territoire des tribus de Gad et de Ruben, au sud de la Trachonite.

Plus tard, Jean Hircan, qui commença à régner soixante-dix ans avant J. C., soumit les *Iduméens* (xix), qui habitaient au sud de la Judée et du mont Seïr, et incorpora leur pays à la Palestine, dont il forma une sixième province sous le nom d'*Idumée*.

XXIII.

Après la mort d'Hérode (l'an 4 avant notre ère), que les Romains avaient fait roi de Palestine, ses états, partagés entre ses trois fils, Philippe, Hérode-Antippas et Agrippa, formèrent trois petits royaumes distincts :

L'*Éthnarchie de Judée* comprit les provinces de Judée et d'Idumée.

La *Tétrarchie de Galilée* comprit les provinces de Samarie et de Galilée.

La *Tétrarchie de Trachonite* comprit tout le pays à l'est du Jourdain.

XXIV.

Agrippa, après la mort de ses deux frères, réunit un instant sous son sceptre toute la Palestine, avec le titre de *roi de Judée* (l'an 40 de notre ère); mais à la mort de ce prince, en 44, la Palestine fut définitivement réunie à l'empire romain, et forma trois provinces, la *Palestine première, deuxième* et *salutaire*.

La *Palestine première* comprit la Judée, la Samarie et la partie maritime de la Galilée.

La *Palestine deuxième* comprit le reste de la Galilée et la Trachonite.

La *Palestine salutaire* comprit la Pérée et l'Idumée.

Plus tard, la Palestine salutaire fut subdivisée en deux provinces : la *Palestine salutaire* ou *troisième*, et l'*Arabie*; le nombre total des provinces de Phénicie se trouva ainsi porté à quatre.

La *Palestine troisième*, dans cette nouvelle division, comprit seulement l'Idumée.

L'*Arabie* fut formée de la Pérée.

XXV.

Jérusalem (*Hierosolyma*) est une des plus anciennes villes de Palestine; c'est là que régnait, selon toute apparence, Melchisédec, contemporain d'Abraham : elle portait alors le nom de *Salem*. Lorsque Josué s'en rendit maître, elle était occupée par les Jébuséens, qui l'avaient nommés *Jébus*. Mais sa splendeur ne date que du règne de David, environ 400 ans après Josué. David en fit sa capitale; Salomon y fit élever un temple magnifique, et elle fut toujours la résidence des rois de Juda. Prise et détruite par Nabuchodonosor, roi de Babylone, cinq cent quatre-vingt-neuf ans avant Jésus-Christ, elle ne fut rebâtie, ainsi que le temple, que cinquante-trois ans plus tard, au retour de la captivité, après l'avénement de Cyrus au trône. Détruite une seconde fois par Titus, fils de Vespasien, l'an 70 après Jésus-Christ, l'empereur Adrien la fit rebâtir soixante-deux ans plus tard, sous le nom d'*Ælia capitolina*, et elle fut encore embellie par Constantin, sous le règne duquel le nom de *Jérusalem* reprit le dessus. Prise par les Mahométans, elle fut l'objet principal des croisades dans les xie et xiie siècles, et fut un instant capitale du *nouveau royaume de Jérusalem*. Mais les Turks la reprirent en 1187, et elle leur appartient encore. Au reste, les Mahométans ont aussi pour cette ville une très-grande vénération. Après avoir été une des cités les plus populeuses de l'Orient, Jérusalem renferme à peine aujourd'hui 20,000 habitans, dont moitié juifs, le reste chrétiens et arabes.

QUESTIONNAIRES.

Les questionnaires suivans ne sont relatifs qu'aux points les plus importans de chacun des paragraphes auxquels ils se rapportent; quelque développement que nous eussions voulu leur donner, on sent bien que nous n'aurions jamais atteint celui dont ils sont susceptibles. Ainsi, ceux qui en feront usage pour exercer leurs élèves doivent les considérer plus comme un modèle que comme une règle; selon le besoin, on peut s'arrêter plus long-temps sur un même objet, ou en passer plusieurs. Ainsi, lorsqu'on aura demandé, par exemple, quels sont les principaux fleuves de la France, l'élève devra répondre le *Rhin*, qui coule sur le bassin de la mer du nord; la *Seine*, qui coule sur le bassin de la Manche; la *Loire*, qui coule sur le bassin de l'Atlantique, etc. Si la mémoire de l'élève n'est pas ferme sur ces différens points, le professeur pourra varier les formes de ses questions et demander: « Qu'est-ce que le Rhin? dans quelle mer se perd le Rhin?» Et ainsi des autres.

Nous ne croyons trop pouvoir recommander de ne pas fatiguer la mémoire de l'enfant. Faire lire et relire, interroger souvent, aider dans les réponses lorsqu'il en est besoin, revenir sur les mêmes objets, selon leur importance, et surtout ne jamais faire répéter par cœur, voilà, selon nous, le moyen de faire apprendre beaucoup et bien.

(190)

QUESTIONNAIRES.

INTRODUCTION A LA GÉOGRAPHIE.

1. Qu'est-ce que l'horizon?
2. La terre est-elle ronde ou plate?
3. Qu'est-ce qui produit le jour?
   Qu'est-ce qui produit la nuit?
   Qu'est-ce qui produit le lever et le coucher du soleil?
4. Qu'est-ce que les points cardinaux, et comment les reconnaît-on sur l'horizon?
5. En combien de temps le soleil tourne-t-il autour de la terre pour produire un jour et une nuit?
   Qu'est-ce qu'une heure, et quelles sont ses subdivisions?
6. Qu'est-ce que les pôles?
   Qu'est-ce que l'axe de la terre?
   Qu'est-ce que l'équateur?
   Qu'est-ce qu'un hémisphère?
7. D'où provient l'inégalité des jours et des nuits dans un même lieu?
   D'où provient la succession du froid et de la chaleur dans un même lieu?
   Qu'est-ce qu'une année?
8. Qu'est-ce que les tropiques?
9. Qu'est-ce que l'équinoxe?
   Qu'est-ce que les solstices?
10. Quelle est la marche annuelle du soleil? combien de temps et dans quels mois est-il au nord et au sud de l'équateur?
11. Qu'est-ce que l'écliptique?
12. Qu'est-ce que l'obliquité de l'écliptique?
13. Quelle est la longueur du jour des solstices à Paris?
14. Où les jours et les nuits sont-ils toujours égaux?
    Où a-t-on une nuit de six mois et un jour de six mois?
    De combien d'heures est le plus long jour à Paris?
    Quelle est l'époque des plus longs jours dans chaque hémisphère?
15. Qu'est-ce que les cercles polaires? combien y en a-t-il? comment les distingue-t-on?
16. Qu'est-ce qu'une zone? combien y en a-t-il?
    Qu'est-ce que la zone torride?
    Qu'est-ce que les zones tempérées?
    Qu'est-ce que les zones glaciales?
17. Où est le soleil lorsque nous avons le printemps?
    Où est-il lorsque nous avons l'été, l'automne, l'hiver?
18. Qu'est-ce qui produit la différence de température des saisons?
19. Y a-t-il quatre saisons par toute la terre?

Quelles sont les saisons des zones glaciales et de la zone torride?
20. Est-ce bien le soleil qui tourne autour de la terre?
Qu'est-ce que le mouvement diurne de la terre, et que produit-il?
Qu'est-ce que le mouvement annuel de la terre, et que produit-il?
21. En combien de temps la terre tourne-t-elle sur son axe?
Qu'est-ce qu'un degré?
Combien en compte-t-on sur l'équateur?
22. Qu'est-ce que les méridiens?
Quel est leur usage?
23. Combien de degrés le soleil parcourt-il dans une heure?
24. Qu'appelle-t-on étoiles polaires?
25. Quelle est l'origine des noms de longitude et de latitude?
26. Dans quel sens sont tracés les méridiens sur les globes?
Dans quel sens sont tracés les parallèles, et pourquoi sont-ils ainsi nommés?
Les degrés de latitude sont-ils partout égaux?
Les degrés de longitude sont-ils aussi partout égaux?
Où les degrés de longitude sont-ils égaux aux degrés de latitude?
Quelle est l'étendue des degrés de longitude aux pôles?
27. Comment compte-t-on les degrés de latitude?
Comment compte-t-on les degrés de longitude?
Qu'est-ce que la latitude septentrionale ou méridionale?
Qu'appelle-t-on premier méridien?
Qu'est-ce que la longitude orientale ou occidentale?
28. Quelle est la distance, en degrés, des tropiques à l'équateur?

Quelle est la distance des cercles polaires aux pôles?
29. Combien y a-t-il de méridiens et de parallèles?
Qu'est-ce qu'une projection?
30. Que signifie le mot géographie, et quel est l'objet de cette science?
Qu'est-ce que la géographie naturelle?
Qu'est-ce que la géographie politique?
La géographie naturelle et la géographie politique forment-elles deux sciences séparées?
31. Qu'est-ce qu'un continent?
Qu'est-ce qu'une île?
Combien y a-t-il de continens?
Qu'est-ce qu'un îlot?
Qu'est-ce qu'un archipel?
32. Qu'est-ce qu'une montagne?
Qu'est-ce qu'une chaîne de montagnes?
Qu'est-ce qu'un nœud de montagnes?
Qu'entend-on par crête d'une chaîne de montagnes?
Comment nomme-t-on les élévations moindres que les montagnes?
Qu'est-ce que le versant ou le flanc d'une montagne?
Qu'est-ce qu'un coteau?
Qu'est-ce que le pied d'une montagne?
Qu'entend-on par la largeur d'une chaîne de montagnes?
Qu'est-ce qu'un volcan?
33. Qu'est-ce qu'une vallée, un vallon, un défilé?
34. Qu'est-ce qu'une plaine?
Qu'est-ce qu'on appelle steppe en Russie?
Qu'est-ce qu'on appelle savanes et pampas en Amérique?
Qu'est-ce qu'un plateau?
Qu'est-ce qu'une terrasse?

35. Quels noms donne-t-on aux côtes d'après leur nature ?
Qu'appelle-t-on dunes ?
Qu'est-ce qu'une presqu'île ?
Qu'est-ce qu'un isthme ?
Qu'est-ce qu'un cap, un promontoire ou une pointe ?
Quels sont les deux isthmes et les deux caps les plus fameux du globe ?

36. Qu'est-ce qu'une source ?
Qu'est-ce qu'un ruisseau ?
Qu'est-ce qu'une rivière ?
Qu'est-ce qu'un fleuve ?
Qu'entend-on par la droite et la gauche d'une rivière ?
Qu'est-ce que l'embouchure d'un fleuve ?
Qu'est-ce qu'un confluent ?
Qu'est-ce qu'un affluent ?
Qu'est-ce qu'une cascade ou cataracte ?
Quelle est la cataracte le plus fameuse ?
Qu'est-ce qu'un torrent ?

37. Qu'est-ce qu'un lac ?
Qu'est-ce qu'un étang ?
Qu'est-ce qu'une lagune ?
Qu'est-ce qu'un marais ?
Qu'est-ce qu'un marécage ?

38. Qu'est-ce qu'un bassin d'océan, de mer, de fleuve, de rivière, de ruisseau ?
Qu'est-ce qu'un point du partage des eaux ?
Qu'est-ce qu'une ligne du partage des eaux ?

39. Qu'est-ce que l'océan ?
Qu'est-ce qu'une mer ?
Quand une mer est-elle dite méditerranée ?

40. Qu'est-ce qu'un détroit ?
Qu'est-ce qu'un golfe, une baie, une anse, une crique, une rade, un havre, un port ?

41. Qu'est-ce qu'un écueil ?
Qu'est-ce qu'un bas-fond ?
Qu'est-ce qu'un banc de sable ?

42. Qu'entend-on par les mots pays, région, contrée ?
Qu'entend-on par les mots nation, peuple ?
Qu'est-ce qu'un état ?
Comment appelle-t-on les divisions intérieures d'un état ?

43. Qu'est-ce qu'une famille de langues ?
Qu'appelle-t-on langue-mère et langue dérivée ?
Quelles sont les principales langues parlées en Europe ?
Quelles sont les langues parlées en Europe qui sont dérivées du latin ?
Quelles sont les langues parlées en Europe qui sont dérivées du tenton ?
Quelles sont les langues parlées en Europe qui sont dérivées du slave ?
Quelles sont les principales langues parlées en Asie ?
Quelles sont les langues d'Asie et d'Europe dérivées primitivement du samskrit ?
Quelle est la langue dominante dans le nord et dans l'est de l'Afrique ?
Quelles sont les langues européennes dominantes dans l'Amérique septentrionale.
Quelles sont les langues européennes dominantes dans l'Amérique méridionale ?
Quelle est la langue dominante dans l'Océanie ?

44. Quelles sont les deux grandes divisions des religions des hommes ?
Quelles sont les cinq branches du polythéisme ?
Quelles sont les trois branches du monothéisme ?

Quelles sont les deux grandes divisions de la religion chrétienne?

Quelles sont les deux divisions de l'Église latine?

Quelles sont les trois principales branches du protestantisme?

45. Quelle est la religion de la majeure partie de l'Europe, et où domine l'Église grecque?

Quelles sont les principales religions de l'Asie?

Quelles sont les religions dominantes en Afrique?

Quelles religions trouve-t-on en Amérique?

46. Qu'entend-on par le mot gouvernement?

Qu'est-ce qu'un gouvernement monarchique?

Combien y a-t-il de sortes de monarchies?

Qu'est-ce qu'une république, et combien y en a-t-il de sortes?

47. Combien y a-t-il de races d'hommes, et quelles parties du monde chaque race peuple-t-elle?

GÉOGRAPHIE GÉNÉRALE.

48. Quelle est la division la plus générale de la surface du globe?

Dans quel hémisphère se trouve la plus grande partie des terres?

49. Comment distingue-t-on les deux continens, et quelle est leur situation astronomique?

50. Comment divise-t-on l'Océan?

51. Quels sont les deux grands accidens naturels communs aux deux continens.

52. Combien y a-t-il de parties du monde, et quelles sont-elles?

53. Quelle est la situation de l'Europe par rapport au reste de l'ancien continent?

Quelle est la grandeur de l'Europe par rapport à l'ancien continent et à toute la surface du globe?

Quelle est la situation de l'Asie par rapport au reste de l'ancien continent?

Quelle est son étendue par rapport à la surface entière du globe?

Où est située l'Afrique, et quelle est sa grandeur?

Où est située l'Amérique septentrionale?

Quelle est sa grandeur?

Où est située l'Amérique méridionale?

Quelle est sa grandeur?

Où est située l'Océanie?

Quelle est l'étendue réunie des îles qui la composent?

54. En combien de bassins généraux ou bassins d'océans sont partagés les deux continens?

55. Quelles portions des six parties du monde comprend chacun des trois bassins d'océans?

Comment sont déterminées les limites de ces bassins?

Toutes les eaux du globe s'écoulent-elles dans l'un des trois Océans?

Quelles parties de l'Asie et de l'Europe occupe le bassin Central de l'ancien continent?

56. Quelles chaînes de montagnes forment la ligne de faîte du bassin de l'océan Glacial?

Quelles chaînes de montagnes forment les lignes de faîte des deux bassins du grand Océan et de l'océan Atlantique?

Quelles chaînes de montagnes forment en particulier la ligne de faîte du grand bassin Central?

57. Quelle est la mer commune à l'Asie, à l'Europe et à l'Afrique?

Quelles sont les mers communes à l'Europe et à l'Asie?

Quelles sont les mers communes à l'Asie et à l'Afrique?

Quelle est la mer commune à l'Asie et à l'Océanie?

58. Quel est le détroit commun à l'Europe et à l'Afrique?

Quels sont les détroits communs à l'Europe et à l'Asie?

Quel est le détroit commun à l'Asie et à l'Afrique?

Quel est le détroit commun à l'Asie et à Sumatra?

59. Quel est le golfe commun à l'Europe et à l'Asie?

Quel est l'isthme qui réunit l'Asie et l'Afrique?

Quelles sont les chaînes de montagnes communes à l'Europe et à l'Asie?

Quelles sont les rivières communes à l'Europe et à l'Asie?

60. Quelle est la mer commune aux deux Amériques?

Quel est le golfe commun aux deux Amériques?

Quel est l'isthme qui réunit les deux Amériques?

Quelles sont les îles qui s'étendent entre les deux Amériques?

EUROPE.

61. Quelle est la situation astronomique de l'Europe?

Quelles sont ses bornes?

Combien a-t-elle d'habitans?

62. Combien l'Europe renferme-t-elle de grandes divisions politiques?

63. Quelles sont les mers particulières à l'Europe qui sont communes à plusieurs de ses grandes divisions politiques?

64. Quels sont les golfes particuliers à l'Europe qui sont communs à plusieurs de ses grandes divisions politiques?

65. Quels sont les détroits particuliers à l'Europe qui sont communs à plusieurs de ses grandes divisions politiques?

66. Sur quels bassins d'océans est située l'Europe?

Quelles montagnes forment en Europe les lignes de faîte de ces bassins?

Dans quelles directions générales coulent les eaux d'Europe?

Quelles montagnes forment la grande ligne de faîte qui partage l'Europe en deux versans?

Quelle est la partie la plus élevée de cette ligne de faîte?

Quelles sont les trois principales ramifications de cette grande ligne de faîte?

67. Combien y a-t-il de lacs en Europe qui soient communs à plusieurs grandes divisions politiques?

68. Quelles sont les principales rivières d'Europe communes à plusieurs grandes divisions politiques, et à quel bassin de mer appartient chacune de ces rivières?

69. Où est le Spitzberg?

Où est l'Islande, et quelle montagne y remarque-t-on?

Où sont les îles Feroë?

70. Quelle est la situation des îles Britanniques.

Quelles sont leurs limites?

Comment les divise-t-on?

Quelles sont les principales villes d'Angleterre?

Quelles sont les principales rivières d'Angleterre?

Quelles sont les principales villes d'Écosse?

Quelles sont ses principales rivières?
Comment divise-t-on l'Irlande?
Quelle est la capitale d'Irlande?
Quelle est la capitale des îles Britanniques?
Quelle est la principale rivière de l'Irlande?
Que remarque-t-on en Angleterre, quant à son climat, à ses productions, à son gouvernement, etc.?

71. Quelle est la situation du royaume de Suède?
Quelles sont ses limites, ses dimensions, sa population?
Sur quels bassins de mer est le royaume de Suède?
Quelles sont les deux grandes parties du royaume de Suède?
Comment divise-t-on la Suède?
Quelle est sa capitale? Quelles sont ses autres villes les plus remarquables?
Quelles sont les principales rivières de Suède?
Quelles sont les villes principales de la Norvége?
Quel est le climat de la Suède; quelles sont ses principales productions?

72. Quelle est la situation de la France?
Quels sont ses limites, ses dimensions, sa population?
Comment divise-t-on la France?
Quelles sont ses principales villes?
Sur quels bassins de mers est située la France? En d'autres termes, dans quelles mers s'écoulent les eaux de la France?
Quelles montagnes forment la ligne de faîte de ces bassins de mers?
Quelles sont les principales rivières qui coulent en France, et à quelles mers appartiennent-elles?

73. Quelle est la situation du royaume des Pays-Bas?

Qu'est-ce que le Zuyder-Zée?
Quelles sont les dimensions et la population du royaume des Pays-Bas?
Quelles sont les grandes divisions des Pays-Bas?
Quelles en sont les villes principales?
A quel bassin de mer appartient le royaume des Pays-Bas?
Quelles en sont les rivières principales?

74. Quelle est la situation de la Suisse?
Quelle est sa grandeur, sa population?
Comment est divisée la Suisse?
Quelles en sont les villes principales?
Entre quels bassins de mers est partagée la Suisse?
Quelles en sont les montagnes les plus remarquables?
Quelles rivières y cite-t-on?
Quels sont ses principaux lacs?
Quelles religions sont professées en Suisse?

75. Qu'est-ce que la confédération germanique, autrement l'Allemagne?
De combien d'états est-elle composée?

76. Quels sont les quatre royaumes de la confédération?
Quels en sont les six grands-duchés?
Quels en sont les cinq duchés?
Quel électorat y est compris?
Quel landgraviat y est compris?
Quelles sont les quatre villes libres de la confédération?
Quelles en sont les quatorze principautés?
Quelles provinces le royaume de Danemark a-t-il dans la confédération?
Quelles provinces la Prusse a-t-elle dans la confédération?
Quelle province le royaume des Pays-Bas a-t-il dans la confédération?

Quelles provinces l'empire d'Autriche a-t-il dans la confédération ?

77. Quelles sont l'étendue territoriale et la population de la confédération ?

Quelles en sont les principales montagnes ?

Quelles fonctions géographiques ces montagnes y remplissent-elles, c'est-à-dire quels bassins entourent-elles ?

Quelles sont les principales rivières de la confédération ?

78. Quelle est la situation du royaume de Danemark ?

Quelles en sont les grandes divisions ?

Quelles îles principales en font partie ?

Quelle est la capitale du Danemark ?

Combien le Danemark a-t-il d'habitans ?

79. Quelle est la situation du royaume de Prusse ? Quelles en sont les grandes divisions ?

Quelles sont les principales villes du royaume de Prusse ?

Quelles en sont les principales rivières ?

80. Quelle est la situation de l'empire d'Autriche ?

Quelles en sont les grandes divisions ?

81. Combien les états allemands compris dans l'empire y forment-ils de provinces, et quelles sont ces provinces ?

82. Qu'est-ce que l'empereur d'Autriche possède en Italie ?

83. Qu'est-ce que la Hongrie ? Quelles sont ses principales villes ?

Quels sont les territoires annexes de la Hongrie ?

84. Qu'est-ce que la Gallicie ?

85. Quelles sont les principales montagnes de l'empire d'Autriche ? A quelles lignes de faîte appartiennent ces montagnes ?

Quelles sont les principales rivières de l'empire d'Autriche ? A quels bassins de mers appartiennent ces rivières ?

Quels sont les lacs les plus remarquables des états Autrichiens ?

86. Quelle est la religion dominante en Autriche ?

Quelle est la forme du gouvernement de l'empire d'Autriche ?

87. Quelle est la situation du royaume de Pologne ?

Le royaume de Pologne a-t-il toujours existé dans l'état où il est aujourd'hui ?

Quelles sont les principales villes de Pologne ?

Quelles sont les principales rivières ?

Qu'est-ce que Krakovie ?

88. Quelle est la situation du Portugal ?

Quelle est son étendue et sa population ?

Quelles sont ses villes principales ?

Combien de provinces renferme-t-il ?

Quelles en sont les principales rivières ?

Quel est le climat du Portugal ?

Quelle religion est professée en Portugal.

Quelle est la forme de son gouvernement ?

89. Quelle est la situation astronomique et la grandeur de l'Espagne ?

Quelle est sa population ?

Comment divise-t-on l'Espagne ?

Quelles sont les principales villes d'Espagne ?

Où sont situées les îles Majorque et Minorque ?

90. Quelles sont les principales montagnes d'Espagne ?

Sur quels bassins de mers l'Espagne est-elle située ?

Quelles sont ses principales rivières ?

91. Où est située l'Italie?
Quelles sont les dimensions et la population de l'Italie?
Combien d'états renferme l'Italie?
92. Quelle est la situation du royaume Lombard-Vénitien?
Quelles sont ses villes?
Quelles sont les limites du royaume de Sardaigne?
Quelles sont ses grandes divisions?
Quelle est la capitale de la Savoie?
Quelles sont les principales villes du Piémont?
Quelle est la capitale du comté de Nice?
Quelles sont les villes principales du duché de Gênes?
Quelles sont les villes principales de l'île de Sardaigne?
Quelles sont les limites du duché de Parme?
Quelles en sont les principales villes?
Quelles sont les limites et les villes principales du duché de Modène?
Où est situé le duché de Massa?
Où est situé le duché de Lucques?
93. Où est la république de San-Marin?
Quelles sont les limites de la Toscane?
Comment est divisée la Toscane?
Quelle est la capitale de la Toscane?
Quelles sont les limites de l'État de l'Église?
Quelles en sont les villes principales?
94. Quelles sont les limites du royaume de Naples?
Quelles en sont les principales villes?
Quelles sont les principales villes de la Sicile?
95. Quelles montagnes forment, en Italie, la ligne de faîte entre le bassin de la mer Méditerranée et celui de la mer Adriatique?

Quelles sont les rivières les plus remarquables de l'Italie, et sur quels bassins de mer coulent-elles?
Quels sont les lacs d'Italie les plus remarquables?
Quels sont les deux volcans de l'Italie?
Quelles îles entourent l'Italie, dans la Méditerranée?
96. Quelle est la situation de la Turquie d'Europe?
Combien de provinces y a-t-il en Turquie, et quelles sont-elles?
Quelles sont les principales villes de la Turquie?
Quelles sont les principales villes de la Grèce en particulier?
Comment les Turks nomment-ils la Grèce?
Quelles sont les principales villes de la Morée?
97. Sur quels bassins de mers est située la Turquie?
Entre quels bassins de mers est le mont Hémus?
Entre quels bassins de mers sont les montagnes du Pinde, du Parnasse, de l'Hélicon, du Taygète?
Sur quel bassin de mer sont les sommets de l'Olympe, de l'Ossa et du Pélion?
Quelles sont les principales rivières de la Turquie, et à quels bassins de mers appartiennent-elles?
98. Quelles sont les îles les plus notables de l'Archipel?
Quelles sont les sept îles Ioniennes?
99. Comment nomme-t-on le souverain du peuple turk?
Quelle religion est professée par les Turks?
Quelle religion professent les Grecs?
100. Quelle est l'étendue de la Russie d'Europe?

Combien la Russie d'Europe a-t-elle d'habitans?

En combien de gouvernemens est-elle divisée?

Quelles en sont les villes principales?

Qu'est-ce que la Circassie?

Qu'est-ce que la Géorgie?

101. Entre quels bassins de mers est partagée la Russie d'Europe?

Où sont les monts Oural?

Où sont les monts Caucase?

Quelles sont les principales rivières de la Russie, et à quels bassins de mers appartiennent-elles?

Quels sont les lacs les plus remarquables en Russie?

102. Quelle religion professent les Russes?

Quelle est la forme du gouvernement russe?

ASIE.

103. Entre quels degrés est comprise l'Asie?

Quelles sont ses limites naturelles?

A quelles parties du monde touche l'Asie?

Quelles mers entourent l'Asie?

Combien l'Asie a-t-elle d'habitans?

104. Quelles sont les contrées comprises en Asie?

105. Quelles sont les mers communes à plusieurs des grandes divisions de l'Asie?

Où est la mer d'Oman, etc., etc.?

106. Quels sont les golfes particuliers à l'Asie, et qui baignent plusieurs de ses grandes divisions?

107. Quels sont les détroits particuliers à l'Asie, et qui sont communs à plusieurs de ses grandes divisions?

108. Quels sont les grands bassins qui partagent la surface de l'Asie?

Quelles montagnes forment la ligne de faîte du bassin de l'océan Glacial?

Quelles sont celles de ces montagnes qui sont communes au bassin du grand Océan?

Quelles sont celles qui sont communes au grand bassin Central?

Quelles montagnes forment en Asie la ligne de faîte du bassin du grand Océan?

Quelles sont celles de ces montagnes qui sont communes au grand bassin Central?

Quelles sont celles qui sont communes au bassin de l'Atlantique?

Quelles montagnes forment en particulier la ligne de faîte qui circonscrit, en Asie, le grand bassin Central?

Quels sont les deux grands traits qui distinguent la partie orientale et la partie occidentale du grand bassin Central?

Quelle configuration particulière présentent les faces du grand plateau d'Asie?

Où est le mont Himalaya?

Où sont les petits monts Altaï?

Quelle partie d'Asie est comprise dans le bassin de l'océan Glacial?

Quelles parties d'Asie sont comprises dans le bassin du grand Océan?

Quelles parties d'Asie sont comprises dans le bassin de l'Atlantique?

Quelles parties d'Asie sont comprises dans le grand bassin Central?

109. Quels sont les fleuves d'Asie communs à plusieurs de ses grandes divisions politiques? sur quels grands bassins de mers courent-ils?

110. Quelles sont la situation, l'étendue et les limites de la Sibérie?

Quel est le climat de la Sibérie et la nature de son sol?
Combien la Sibérie a-t-elle d'habitans?
Quelles sont les principales nations qui habitent la Sibérie?
Comment divise-t-on la Sibérie?
Quelles en sont les villes principales?
Quelle est la capitale de la Sibérie?
Qu'est-ce que le Kamstchatka?
Sur quel bassin de mer est située la Sibérie?
Quelles en sont les rivières principales?

111. Quelles sont les limites et la situation de la Turquie asiatique?
Combien a-t-elle d'habitans?
Quelles en sont les grandes divisions?

112. Qu'est-ce que la Natolie?
Quelles en sont les principales villes?

113. Qu'est-ce que l'Arménie?
Quelles sont les villes notables de l'Arménie turque?
Où est situé le Kourdistan?
A quel ancien pays répond sa situation?
De quel endroit remarquable voit-on les ruines dans le Kourdistan?

114. Où est l'Irâk-Arabi?
Quelles en sont les plus grandes villes?
Qu'est-ce que l'Al-Djézireh?
Quelles sont les villes de l'Al-Djézireh?

115. Où est située la Syrie?
Quelles en sont les principales villes?
Où demeurent les Druses?

116. Quelles sont les montagnes qui forment dans la Turquie d'Asie la ligne de faîte commune aux bassins de l'Atlantique, du grand Océan et du bassin Central?
Sur quels bassins de mer la Turquie asiatique est-elle située?

Quelles sont les principales rivières qui coulent en Turquie, et dans quelles mers se rendent-elles?
Quels sont les lacs les plus remarquables de la Turquie d'Asie?
Quelles sont les îles les plus notables voisines de ses côtes?

117. Quelle est la situation de la Perse?
Quelles sont ses limites?
Quelle est sa population?
Quelles sont ses villes?
Sur quels bassins de mers la Perse est-elle située?
Quelles montagnes forment les lignes de faîte des bassins de ces mers?

118. Qu'est-ce que le Baloutchistan?
Qu'est-ce que l'Afghanistan?
Quelles sont les villes capitales du Baloutchistan et de l'Afghanistan?
Sur quel bassin général est situé l'Afghanistan et quelle rivière y remarque-t-on?
Sur quel bassin de mer est situé le Baloutchistan?
Quelles montagnes forment, dans l'étendue de l'Afghanistan et du Baloutchistan, la ligne de faîte entre le grand bassin Central et celui de la mer des Indes?
De quel bassin d'océan dépend le bassin de la mer des Indes?

119. Qu'est-ce que le Turkestan?
Quels peuples l'habitent?
Quelles en sont les principales villes?
Quel lac y remarque-t-on?
Quelles rivières y coulent?

120. Quelle est l'étendue de l'empire Chinois?
Quelle est sa situation?
Quelles sont ses limites?
Quel pays comprend-il?
Quelle religion y domine?

121. Où est située la Chine ?
Quelle est son étendue ?
Quelles sont ses villes les plus remarquables ?
122. Où est situé le pays des Mandchoux ?
Où est située la Corée ?
123. Où est située la Mongolie ?
Comment se divise la Mongolie ?
Où est le pays des Kalmouks ?
Quelles sont les principales ville du pays des Kalmouks ?
Où est le Turkestan oriental appelé aussi petite Boukharie ?
Quelles en sont les principales villes ?
Qu'est-ce que le Tibet ?
Quelle en est la ville capitale ?
124. Sur quels bassins généraux est situé l'empire Chinois, et comment est-il partagé entre eux ?
Quelles montagnes forment la ligne de faîte entre le grand bassin Central et celui du grand Océan ?
Où est situé le grand plateau d'Asie ?
Quelles mers particulières le grand Océan forme-t-il sur les côtes de l'empire Chinois ?
Quels sont les principaux fleuves de l'empire Chinois et à quels bassins de mers appartiennent-ils ?
Quelles sont les lacs notables de l'empire Chinois ?
Quelles îles remarque-t-on sur ses côtes ?
125. Quelle est la situation du Japon ?
Quelles îles le composent ?
Quelles en sont les villes principales ?
126. Qu'est-ce que l'Indo-Chine ?
Quels pays renferme cette contrée ?
127. Qu'est-ce que l'Annam ?
Quels pays renferme-t-il ?
Où est le Tunkin ? etc.
Où est le royaume de Siam ?
Où est la presqu'île de Malaya ?
Où est l'empire Birman ?

Quelles sont ses provinces et ses villes principales ?
Où est le royaume d'Assam ?
128. Sur quels bassins de mers l'Indo-Chine est-elle située ?
Quelles rivières y coulent et où se perdent-elles ?
129. Où est situé l'Hindoustan ?
Quelles sont ses deux plus grandes divisions ?
130. Quelles sont les principales provinces anglaises de l'Hindoustan ?
Quelle est la capitale de l'Hindoustan anglais ?
Où est le Bengale ? etc., etc.
131. Quelles sont les états de l'Inde indépendans des Anglais ?
Où est le Dékhan ?
Où est le Maïssour ?
Où est le Kachmyr ? etc.
132. Sur quel bassin de mer est situé l'Hindoustan ?
Quelles montagnes forment la ligne de faîte entre la mer d'Oman et le golfe du Bengale ?
Quelles sont les plus notables rivières de l'Hindoustan, et où se perdent-elles ?
Quelles îles remarquent-on près des côtes de l'Hindoustan ?
Qu'est-ce que la côte de Coromandel ?
Qu'est-ce que la côte de Malabar ?
133. En combien de castes se divise la nation Hindoue ?
Quel est le titre général de ses princes ?
Quelle religion domine dans l'Hindoustan ?
134. Où est située l'Arabie ?
Quelles sont ses principales contrées ?
Quelles en sont les villes les plus remarquables ?
Qu'est-ce que les Bédouins ?

Quelle est la religion des Arabes?
Qu'est-ce que les Ouâhabis?

AFRIQUE.

135. Quelle est la situation de l'Afrique?
Quelles sont ses dimensions, ses limites?
136. Combien l'Afrique renferme-t-elle de grandes divisions connues?
137. Quel est le golfe particulier à l'Afrique, et commun à deux de ses grandes divisions?
Où est le canal de Mozambique?
138. Entre quels bassins d'océans est partagée l'Afrique?
Quelles montagnes forment en Afrique la ligne de faîte de l'océan Atlantique et du grand Océan?
Quelles sont les principales ramifications de cette ligne de faîte?
139. Quels sont les fleuves d'Afrique communs à plusieurs de ses grandes divisions?
Où est le lac Tchâd?
140. Quelles sont les principales îles dépendantes du continent africain, dans la mer des Indes?
Quelles sont les principales îles dépendantes du continent africain, dans l'océan Atlantique?
Où est Socotora?
Où est Madagascar?
Où sont les Açores? etc., etc.
141. Quelle est la situation de l'Égypte?
Quel fleuve traverse l'Égypte?
Quelles sont les principales villes d'Égypte?
142. Qu'est-ce qu'on appelle côte de Barbarie?
Combien y a-t-il d'états Barbaresques?
Quels sont les deux golfes les plus notables de la côte de Barbarie?

Quelles sont les principales villes de la régence de Tripoli?
Quelles sont les principales villes de la régence de Tunis?
Quelles sont les principales villes de la régence d'Alger?
Quelles sont les principales villes de l'empire de Maroc?
Quelle est la religion professée en Barbarie?
D'où vient le nom de Barbarie?
143. Où est la Nubie?
Quelles en sont les deux principales villes?
Où est l'Abyssinie?
Quelles en sont les villes principales?
Sur quels bassins de mer sont situées la Nubie et l'Abyssinie?
144. Où est la Sénégambie?
D'où vient le nom de Sénégambie?
Quelles sont les trois principales nations de la Sénégambie?
Quel est notre principal établissement à la Sénégambie?
145. Qu'est-ce que la Guinée?
Comment divise-t-on la Haute-Guinée?
Quels sont les principaux royaumes de la Haute-Guinée?
Où est la Côte-d'Or?
146. Quels sont les principaux états de la Basse-Guinée?
Où est la Cimbebasie?
147. Où est le gouvernement du Cap?
Quelle est la capitale de ce gouvernement?
Où est le pays des Hottentots?
148. Où est la Kaffrerie?
Où est le Monomotapa?
Où est la côte de Mozambique?
Où est le Zanguebar?
Où est la côte d'Ajan?
Où est la côte d'Adel?
149. Qu'est-ce que le Sahara?

Où est le désert de Libye?
Qu'est-ce que le Fezzan?
Où est la Nigritie?
Quels sont les deux principaux royaumes connus de la Nigritie?
Où sont les états de Dâr-Four et de Kordofan?

AMÉRIQUE SEPTENTRIONALE.

150. Quelle est la situation de l'Amérique septentrionale?
Quelles sont ses dimensions?
Combien lui donne-t-on d'habitans?
Par quelles mers est-elle baignée?
151. Quelles sont les six grandes divisions de l'Amérique septentrionale?
152. Où est la mer polaire?
Quel golfe est commun aux États-Unis, au Mexique et aux Antilles?
Par quel océan ce golfe est-il formé?
153. Quels sont les détroits particuliers à l'Amérique septentrionale, et communs à plusieurs de ses grandes divisions?
154. Sur quels bassins d'océans est située l'Amérique septentrionale?
Quelles montagnes forment dans l'Amérique septentrionale les lignes de faîte du grand Océan, de l'océan Atlantique et de l'océan Glacial?
155. Quels sont les plus grands lacs de l'Amérique septentrionale?
Quel fleuve est commun aux États-Unis et au Canada?
156. Quelles sont les principales îles voisines des côtes de l'Amérique septentrionale, dans le grand Océan?
Quelles sont les principales îles voisines des côtes de l'Amérique septentrionale, dans l'Atlantique?
Comment divise-t-on les Antilles?
157. Qu'appelle-t-on terres polaires?
Quelles sont les principales terres polaires?
Quels sont les habitans des terres polaires?
158. Où est l'Amérique russe?
Quelles sont les limites de l'Amérique anglaise?
Quelles sont les sept grandes divisions de l'Amérique anglaise?
Quelle est la capitale du Canada?
Où est l'embouchure du fleuve Saint-Laurent?
Où est l'île Terre-Neuve?
Où est le grand banc de Terre-Neuve?
Sur quels bassins de mer l'Amérique anglaise est-elle située?
Quelle est la mer particulière à l'Amérique anglaise, et commune à plusieurs de ses divisions?
Quels sont les lacs notables de l'Amérique anglaise?
159. Quelle est la situation des États-Unis?
Combien les États-Unis ont-ils d'habitans?
Quelle est la division naturelle du territoire des États-Unis?
160. Où est le territoire de Columbia?
Quelle était autrefois la situation et l'étendue de la Louisiane?
Quelle est la situation de ce qu'on appelle aujourd'hui la Louisiane?
Quelle en est la capitale?
161. Dans quelle partie du territoire des États-Unis est concentrée la majeure partie de la population?
Quelles sont les villes les plus remarquables de cette partie des États-Unis.
Quelle est la capitale des États-Unis?
Où est la Floride?
162. Sur quels bassins d'océans sont situés les États-Unis?
Quelles montagnes forment dans l'étendue des États-Unis la ligne de faîte entre le bassin du grand

Océan et celui de l'Atlantique ?
Quelles sont les principales rivières des États-Unis, et dans quelles mers s'écoulent-elles ?

163. Quelle est la forme du gouvernement des États-Unis ?
De quelle époque date l'émancipation des États-Unis ?

164. Quelle est la situation du Mexique ?
Comment est-il divisé maintenant ?
Quelles en sont les villes principales ?
Où est la Californie ?

165. Sur quels bassins d'océans le Mexique est-il situé ?
Quelles montagnes forment la ligne de faîte entre le grand Océan et l'Atlantique, dans l'étendue du Mexique ?
Quelles sont les principales rivières du Mexique, et à quels bassins de mers appartiennent-elles ?
Quelle est la principale source des richesses du Mexique ?

166. Quelle est la situation du Guatémala ?
Quelle est sa capitale ?

AMÉRIQUE MÉRIDIONALE.

167. Quelle est la situation de l'Amérique méridionale ?
Par quelles mers est-elle baignée ?
Quelle est la grandeur de cette partie du monde ?
Quelle en est la population ?

168. Quelles sont les grandes divisions politiques de l'Amérique méridionale ?

169. Où est le golfe de Guayaquil ? A quels états est-il commun ?

170. Sur quels bassins d'océans l'Amérique méridionale est-elle située ?
Quelles montagnes forment dans l'étendue de l'Amérique méridionale la ligne de faîte du grand Océan et de l'Atlantique ?

171. A quel bassin appartiennent les plus grands fleuves de l'Amérique méridionale ?

172. Quelles sont les principales îles voisines de l'Amérique méridionale, dans le grand Océan ?
Quelles sont les principales îles voisines de l'Amérique méridionale, dans l'océan Atlantique ?

173. Quelle est la situation de la république de Colombie ?
Quelles sont les grandes divisions de la république de Colombie ?
Quelles en sont les principales villes ?

174. Sur quels bassins de mers, la république de Colombie est-elle située ?
Quelles sont les principales rivières de la république de Colombie, et à quels bassins appartiennent-elles ?

175. Qu'est-ce que la Guyane ?
Combien y a-t-il aujourd'hui de pays appelés Guyane ?
Quelle est la capitale de la Guyane française ?
Combien la Guyane française a-t-elle d'habitans ?

176. Quelle est la situation du Brésil ?
Quelles en sont les principales villes ?
Sur quel bassin d'océan le Brésil est-il situé ?
Quelles sont les plus grandes rivières du Brésil ?

177. Quelle est la situation du Pérou ?
Combien a-t-il d'habitans ?
A quelle puissance européenne le Pérou appartenait-il avant de se rendre indépendant ?
Quels pays les Espagnols possédaient-ils autrefois en Amérique ?
Quelles sont les principales villes du Pérou ?
Sur quels bassins d'océan le Pérou est-il situé ?
Quelles montagnes y forment la li-

gne de faîte entre le grand Océan et l'Atlantique ?

Quelle est la plus grande rivière du Pérou ?

178. Où est le haut Pérou ?

Quelle en est la capitale?

179. Qu'est-ce que le Paraguay ?

Quelles sont les limites de l'état de Buénos-Ayres ?

Quelles en sont les principales villes?

Sur quel bassin d'océan la république de Buénos-Ayres est-elle située ?

Quelles sont les principales rivières?

180. Où est le Chili ?

Quelles en sont les pricipales villes ?

Où est la Patagonie ?

OCÉANIE.

181. Qu'est-ce que l'Océanie ?

Quelles sont les trois grandes divisions de l'Océanie ?

182. Combien l'Archipel asiatique comprend-il de groupes principaux ?

Quelles sont les principales îles de la Sonde ?

Où est le détroit de la Sonde ?

Quelles sont les principales îles des Philippines ?

Quelles sont les principales îles Moluques ?

Pourquoi les Moluques sont-elles appelées îles aux épices ?

Quels peuples européens ont des établissemens dans l'Archipel asiatique?

Où est Batavia ?

183. Quelles sont les îles que comprend l'Australie ?

Où est la Nouvelle-Hollande ?

Quelle est la capitale des établissemens anglais à la Nouvelle-Hollande ?

Où est Botany-Bay ?

Où est l'île de Van-Diémen ?

Où est la Nouvelle-Guinée ?

Où est la Louisiade ?

Où est l'archipel de Nouvelle-Bretagne ?

Où est l'archipel de Salomon ?

Où sont les îles Sainte-Croix ?

Où est l'archipel du Saint-Esprit ?

Où est la Nouvelle-Calédonie ?

Où est la Nouvelle-Zélande ?

184. Combien la Polynésie comprend-elle d'archipels principaux ?

Combien de ces archipels sont situés au nord de l'équateur ?

Combien sont situés au sud ?

FRANCE.

1. Quelle est la situation astronomique de la France ?

Quelle est son étendue ?

Quelle est sa population?

Quelles sont ses limites ?

2. Sur quel bassin d'océan la France est-elle située ?

Quels bassins de mers partagent la surface de la France ?

Quelles montagnes forment en France la ligne du partage des eaux entre le bassin de l'Atlantique et celui de la Méditerranée ?

Quelles sont les ramifications les plus notables de cette ligne de faîte ?

3. Dans quelle direction coulent les eaux qui vont se perdre dans la mer d'Allemagne ?

Dans quelle direction coulent les eaux qui vont se perdre dans la Manche ?

Dans quelle direction coulent les eaux qui vont à l'Atlantique?

Dans quelle direction coulent les eaux qui vont à la Méditerranée?

Quelles sont les principales rivières de France sur le bassin de la mer d'Allemagne ou du Nord?

Quelles sont les principales rivières de France sur le bassin de la Manche?

Quelles sont les principales rivières de France sur le bassin de l'Atlantique?

Quelles sont les principales rivières de France sur le bassin de la Méditerranée?

Combien la France a-t-elle de rivières du premier ordre?

Sur quel bassin est le Rhin?

Sur quel bassin est la Seine? etc., etc.

Quels sont les canaux les plus remarquables de France?

Quels sont les trois principaux golfes que présentent les côtes de France?

Où est le golfe du Morbihan? etc., etc.

Quels sont les cinq caps principaux que présentent les côtes de France?

Où est le cap de Gris-Nez? etc., etc.

Quelles sont les treize îles principales voisines des côtes de France?

Où sont les îles d'Aurigny, de Guernesey et de Jersey?

Où sont les îles d'Hières? etc., etc.

Comment les Romains appelaient-ils la France?

Comment la Gaule était-elle partagée lorsque César en fit la conquête?

Quelle était l'organisation des peuples gaulois?

Comment les Gaules furent-elles divisées sous les Romains?

Quels peuples du Nord occupèrent les Gaules, lors de la destruction de l'Empire romain en Occident?

D'où vient le nom de France, qui remplaça celui de Gaule?

Quelle était la forme du gouvernement des Franks, et quelle est la cause du démembrement de la France en une foule de principautés indépendantes?

Quel était le nombre des provinces de la France avant 1792?

En combien de départemens la France fut-elle partagée à cette époque?

Quels étaient les principaux inconvéniens de l'ancienne division territoriale de la France en provinces?

D'où ont été tirés les noms des départemens actuels?

6. Quels départemens sont situés sur le bassin de la mer du Nord?

Quels départemens sont situés sur le bassin de la Manche?

Quels départemens sont situés sur le bassin de l'Atlantique?

Quels départemens sont situés sur le bassin de la Méditerranée?

7. Quelles sont les principales villes des départemens situés sur le bassin de la mer du Nord?

Qu'est-ce que Colmar?

Qu'est-ce que Strasbourg? etc., etc.

8. Quelles sont les principales villes des départemens situés sur le bassin de la Manche?

Combien Paris a-t-il d'habitans?

Qu'est-ce qu'Amiens?

Qu'est-ce que Rouen? etc., etc.

Quel est le chef-lieu du département de l'Eure?

Où est Ivry?

Où est Caen?

Où est Cherbourg?

Quel est le chef-lieu du département de Seine-et-Oise?

Quels sont les lieux les plus remarquables du même département?

Quels sont les lieux principaux du département de l'Oise?

Quels sont les lieux principaux du département de l'Aisne?

Où est Fontainebleau?
Quel est le chef-lieu du département de la Marne?
Quel est le chef-lieu du département de la Haute-Marne?
9. Combien y a-t-il de départemens formés de l'ancienne Bretagne?
Où est Rennes?
Quel est le chef-lieu du département du Finistère?
Où est Brest?
Quels sont les lieux les plus remarquables du département du Morbihan?
Où est Nantes?
Où est Angers?
Où est Tours?
Où est Blois?
Quel est le chef-lieu du département d'Eure-et-Loir?
Quel est le chef-lieu du département du Loiret?
Quel est le chef-lieu du département de la Nièvre?
Où est Bourges?
De quelle province est formé le département de la Creuse?
Où est Poitiers?
Dans quel département est le port des Sables-d'Olonne?
Où est la Rochelle?
Quel est le chef-lieu de la Charente?
Quels sont les deux départemens formés de l'ancien Limousin?
Dans quel département est la Limagne d'Auvergne?
Où est Rodez?
Où est Cahors?
Où est Périgueux?
Quel est le chef-lieu du département de la Gironde?
Où est Agen?
Où est Montauban?
Où est Auch?

Où est Mont-de-Marsan?
D'où le département des Landes tire-t-il son nom?
Quel est le chef lieu du département des Hautes-Pyrénées?
Quels sont les lieux les plus remarquables du département des Basses Pyrénées?
Où est Foix?
Où est Toulouse?
Où est Alby?
Où est Mende?
Où est le Puy?
Quel est le chef-lieu du département de la Loire?
10. Quels sont les trois départemens formés de l'ancienne Franche-Comté?
Où est Vesoul?
Quels sont les trois départemens formés de l'ancienne Bourgogne?
Quel est le chef-lieu du département de la Côte-d'Or?
Où est Mâcon?
Quel est le chef-lieu du département du Rhône?
Où est Vienne?
Où est Grenoble?
Où est Valence?
Où est Gap?
Quel est le chef-lieu du département du Var?
Où est Aix?
Où est Toulon?
Où est Marseille?
Quel est le chef-lieu du département de Vaucluse?
D'où le département de Vaucluse tire-t-il son nom?
Quel est le chef-lieu du département de l'Ardèche?
Où est Annonay?
Quel est le chef-lieu du département du Gard?
Où est Beaucaire?

Quel est le chef-lieu du département de l'Hérault?
Quel est le chef-lieu du département de l'Aude?
Où est Narbonne?
Quel est le chef-lieu du département des Pyrénées-Orientales?
Quelles sont les principales villes de l'île de Corse?

11. Comment divise-t-on l'étendue du territoire français quant à la température générale?
Quelles sont les principaux produits de l'agriculture en France?
Quelles sont les richesses minérales de la France?

12. Quelle est la forme du gouvernement français?
Quelle est l'organisation administrative?
Quelle est l'organisation judiciaire?
Quelle est l'organisation militaire?
Quelle est l'organisation maritime?

13. Comment est partagée la population française sous le rapport des cultes?
Quels sont les principaux dialectes parlés en France, outre la langue française proprement dite?

14. Quelles sont les colonies françaises?

GÉOGRAPHIE ANCIENNE.

1. Qu'entend-on par géographie ancienne?
2. Quels furent les progrès des Grecs et des Romains dans la connaissance du globe?
3. Quelles parties du globe furent connues des Grecs et des Romains?

ASIE.

4. Quelles étaient les trois grandes divisions de la partie du monde connue des anciens?
5. Quelles furent les principales mers connues des anciens?
6. Quels sont les principaux détroits mentionnés par les anciens?
7. Quelle fut la partie de l'Asie connue des anciens?
8. Comment l'ancienne géographie divise-t-elle l'Asie?
9. Qu'était-ce que l'Inde des anciens?
Qu'appelait-on Inde au-delà du Gange?
Où était la Taprobane?
Qu'est-ce que la Sérique?
10. Où est la Scythie?
Où était la Sarmatie asiatique?

11. Où était la Chovarezmie?
A quel pays actuel répond la Sogdiane?
Qu'était-ce que la Transoxiane?

12. Où était la Bactriane?
Où était l'Arie?
Où était la Drangiane?
Où était l'Arachosie?
Où était la Gédrosie?
Où était la Caramanie?

13. Quelle était la situation de la Médie?
Où était la Parthiène?
Quelle était la capitale de la Médie?

14. Quelle était la situation de l'ancienne Perse?
Qu'est-ce que la Susiane?
Quelle était la capitale de la Perse?

15. Où était l'Assyrie?
Quelles étaient ses lieux principaux?

16. Qu'est-ce que les anciens appellent Mésopotamie?
Où était la Babylonie?

17. Quelles étaient les principales villes de l'ancienne Arménie?
Où était la Colchide?
Où était l'Ibérie?
Où était l'Albanie?

18. Qu'appelait-on Asie mineure ?
Combien l'Asie mineure renfermait-elle de provinces ?
Où était le Pont ?
Où était la Paphlagonie ?
Où était la Bithynie ?
19. Où était la Mysie ?
Où était la Troade ?
Où était Troie ?
Où était la rivière Scamandre ?
Où était la Lydie ?
Où était la Carie ?
Où était l'Eolie ?
Où était l'Ionie ?
Où était la Doride ?
20. Où était la Lycie ?
Où était la Pamphylie ?
Où était la Pisidie ?
Où était la Cilicie ?
21. Où était la Phrygie ?
Où était la Galatie ?
Où était la Cappadoce ?
22. Quelle était la montagne la plus étendue de l'Asie mineure ?
Quelles étaient les principales rivières de l'Asie mineure ?
Quelles étaient les principales îles voisines des côtes de l'Asie mineure ?
23. Quelles étaient les limites de l'ancienne Syrie ?
Quelles en étaient les principales villes ?
Où était la Palestine ?
Où était la Phénicie ?
Quelles étaient les villes de Phénicie ?
24. Comment les Grecs divisaient-ils l'Arabie ?

AFRIQUE.

25. Quelles étaient les limites des connaissances des anciens en Afrique ?
Comment l'ancienne géographie divisait-elle l'Afrique ?

26. Quelles étaient les principales villes d'Egypte ?
27. Où était la Libye ?
Qu'est-ce que la Cyrénaïque ?
Où étaient les Oasis d'Ammon et d'Angila ?
Qu'entendaient les Grecs par le nom de Libye ?
28. Qu'est-ce que la Syrtique ?
Qu'est-ce que l'ancien pays d'Afrique ?
Quelle était la capitale de l'Afrique propre ?
29. A quel pays actuel répond la Numidie ?
A quel pays répond la Maurétanie ?
30. Où était l'Ethiopie ?
Où était Méroé ?

EUROPE.

31. Quelles étaient les divisions géographiques de l'Europe ancienne ?
32. Comment divisait-on la Grèce en général ?
Quels sont les golfes que forment les côtes du Péloponèse ?
Quelle était la division du Péloponèse ?
Où était la Corinthie ?
Où était la Sicyonie ?
Où était l'Achaïe ?
Où était l'Elide ?
Où se célébraient les jeux olympiques ?
Où était la Messénie ?
Où était la Laconie ?
Où était Sparte ?
Où était l'Argolide ?
Où était l'Arcadie ?
Quelles étaient les principales îles voisines du Péloponèse ?
33. Quelles étaient les divisions de la Grèce propre ?
Où était l'Attique ?
Où était Athènes ?
Où était la Mégaride ?
Où était la Béotie ?

Où était la Phocide?
Où était le mont Parnasse?
Où était la Locride?
Où était l'Étolie?
Où était l'Acarnanie?
Quelles étaient les limites et les villes de l'Épire?
Où était la Thessalie?
Quelles en étaient les principales villes?
Quelles étaient les îles les plus notables voisines des côtes de la Grèce?
34. Quelles étaient les principales des Cyclades dans la mer Égée?
Quelles étaient les villes de l'île de Crète?
35. Où était la Macédoine?
Où était la Thrace?
Où était la Mœsie?
Où était l'Illyrie?
Où était la Dalmatie?
Où était la Liburnie?
36. Quelles étaient les divisions géographiques de l'ancienne Italie?
Où était l'Istrie?
Où était la Carnie?
Où était la Vénétie?
Qu'est-ce que les Romains appelaient Gaule cisalpine?
Quelles étaient les principales villes de la Gaule cisalpine?
Où était la Ligurie?
37. Où était l'Étrurie.
Où était l'Umbrie?
Où était le Picenum?
Où était le Latium?
Quelle était la capitale du Latium?
Qui fonda Rome?
Quels étaient les principaux peuples voisins de Rome?
Où demeuraient les Sabins?

Où était le pays des Marses?
Où demeuraient les Frentans?
Où demeuraient les Samnites?
38. Où était la Campanie?
Où était l'Apulie?
Où était la Iapygie?
Où était la Lucanie?
Où était le Brutium?
39. Quelles étaient les principales îles dépendantes de l'Italie?
40. Quel est le pays que les anciens appelaient Hispanie, Ibérie ou Hespérie?
Quelles étaient les principales villes de l'Hispanie?
Où étaient les îles Baléares?
41. Quelles étaient les limites de la Gaule?
Quelles étaient les trois principales nations de la Gaule?
Quelles étaient les principales villes de la Gaule?
42. Quelles étaient les limites de la Germanie?
Quels étaient les principaux peuples de la Germanie?
Où était la Chersonèse Cimbrique?
43. Où était la Rhétie?
Où était la Vindélicie?
Où était le Norique?
Où était la Pannonie?
Où était la Dacie?
44. Qu'est-ce que les Romains appelaient la Bretagne?
Comment appelaient-ils l'Irlande?
Où étaient les îles Cassitérides?
Où était l'île de Thulé?
45. Quel est le pays que les anciens appelaient Scandinavie?
Quel est le pays qu'ils appelaient Sarmatie?
Où est la Chersonèse Taurique.

GÉOGRAPHIE DE LA PALESTINE.

1. Quelles sont les limites et l'étendue de la Palestine?
2. Quelles sont les principales montagnes de la Palestine?
   Quelles en sont les principales rivières?
   Où se perd le Jourdain?
3. D'où vient le nom de Terre de Chanaan?
   Où étaient fixés les Philistins?
   Où était le pays des Phéniciens?
4. D'où vient le nom de Terre promise?
   Quels événemens précédèrent l'établissement des Hébreux en Palestine?
   En combien de tribus était partagée la nation hébraïque?
   D'où vient le nom d'Hébreux?
   D'où vient le nom d'Israel?
5. Quelles tribus furent établies à l'ouest du Jourdain, entre ce fleuve et la mer?
   Quelles tribus furent établies à l'est du Jourdain?
6. Où était la tribu d'Aser?
7. Où était la tribu de Nephtali?
8. Où était la tribu de Zabulon?
9. Où était la tribu d'Issachar?
10. Quelles étaient les villes de la demi-tribu de Manassé en deçà du Jourdain?
11. Où était la tribu d'Éphraïm?
12. Où était la tribu de Benjamin?
13. Où était la tribu de Dan?
14. Où était la tribu de Siméon?
15. Où était la tribu de Juda?
16. Où demeurait la seconde demi tribu de Manassé?
17. Où était fixée la tribu de Gad?
18. Où était la tribu de Ruben?
19. Où était le pays des Ituréens?
    Où était le pays des Ammonites?
    Où était le pays des Moabites?
    Où était le pays des Madianites?
    Où était le pays des Iduméens?
    Où était le pays des Amalécites?
20. Comment fut divisée la Palestine lorsqu'elle fut devenue un royaume, sous Salomon?
    Quelle fut la capitale du royaume des Hébreux?
21. Quelle fut l'origine du royaume de Juda?
    Quelle fut l'origine du royaume d'Israel?
    Comment finit le royaume d'Israel?
    Comment finit le royaume de Juda?
    D'où viennent les noms de Judée et de Juifs?
22. A quelle époque les Juifs revinrent-ils de la captivité de Babylone?
    Quelle fut la division de la Palestine après la réédification du temple?
    Où était la Galilée?
    Où était la Samarie?
    Où était la Judée?
    Où était la Trachonite?
    Où était la Pérée?
    Où était l'Idumée?
23. Comment fut divisée la Palestine après la mort d'Hérode?
24. Comment fut divisée la Palestine sous les Romains?
25. Quels ont été les différens noms de Jérusalem?

TABLE DES MATIÈRES.

	Pages.
Exposé analytique du plan des Bibliomappes.	III
Bulletin de la Mappemonde.	1
Bibliomappe du premier âge. — Première Partie : Introduction à la Géographie. — § Ier. Notions de Cosmographie et de Géographie mathématique.	3
§ II. Explication des termes usités en Géographie. — Art. Ier. De la Géographie, de son objet, de ses principales divisions.	10
Art. II. Explication des termes de Géographie naturelle qui se rapportent à la terre ou à ses parties.	ibid.
Art. III. Explication des termes de Géographie naturelle qui se rapportent à la mer ou à ses parties.	14
Art. IV. Explication des termes de Géographie politique ou civile.	ibid.
Deuxième Partie : Géographie, ou Description de la terre. — § Ier. Notions générales sur les grandes divisions naturelles et géographiques de la terre et des mers.	18
Bulletin de la carte d'Europe.	25
§ II. Description de l'Europe.	27
Bulletin de la carte d'Asie.	58
§ III. Description de l'Asie.	59
Bulletin de la carte d'Afrique.	81
§ IV. Description de l'Afrique.	82
Bulletin de la carte de l'Amérique septentrionale.	91
§ V. Description de l'Amérique septentrionale.	92
Bulletin de la carte de l'Amérique méridionale.	101
§ VI. Description de l'Amérique méridionale.	102
Bulletin de la carte de l'Océanie.	109
§ VII. Description de l'Océanie.	110
Bulletin de la carte de France.	113
Géographie de la France.	115
Géographie ancienne. — § Ier. Notions générales sur la Géographie ancienne.	146
§ II. Asie ancienne.	149

§ III. Afrique ancienne..	157
§ IV. Europe ancienne..	161
Géographie de la Palestine..	177
Questionnaires..	189
Sur l'introduction à la Géographie.	190
Sur la Géographie générale.	193
Sur la Géographie de la France.	204
Sur la Géographie ancienne.	207
Sur la Géographie sacrée..	210

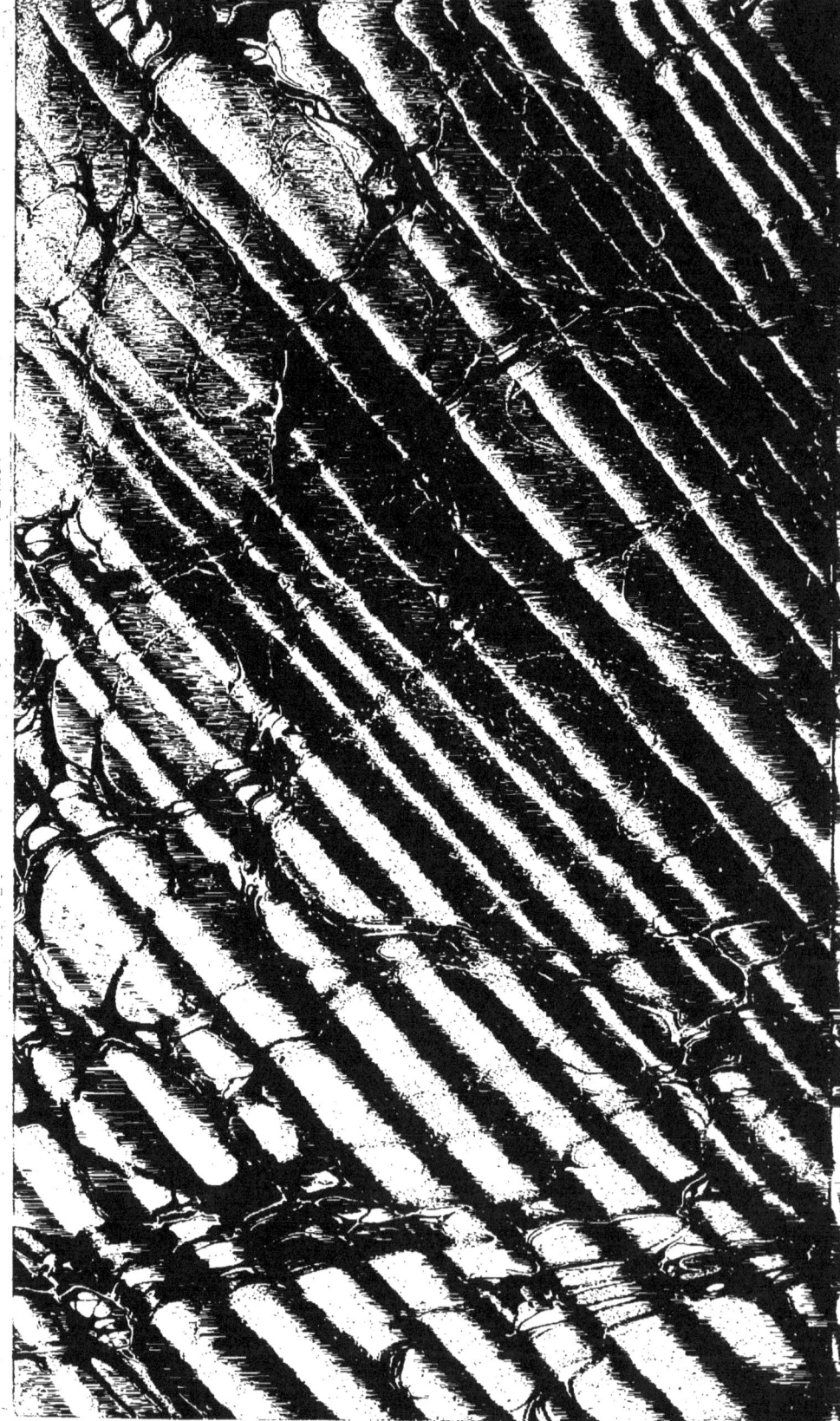

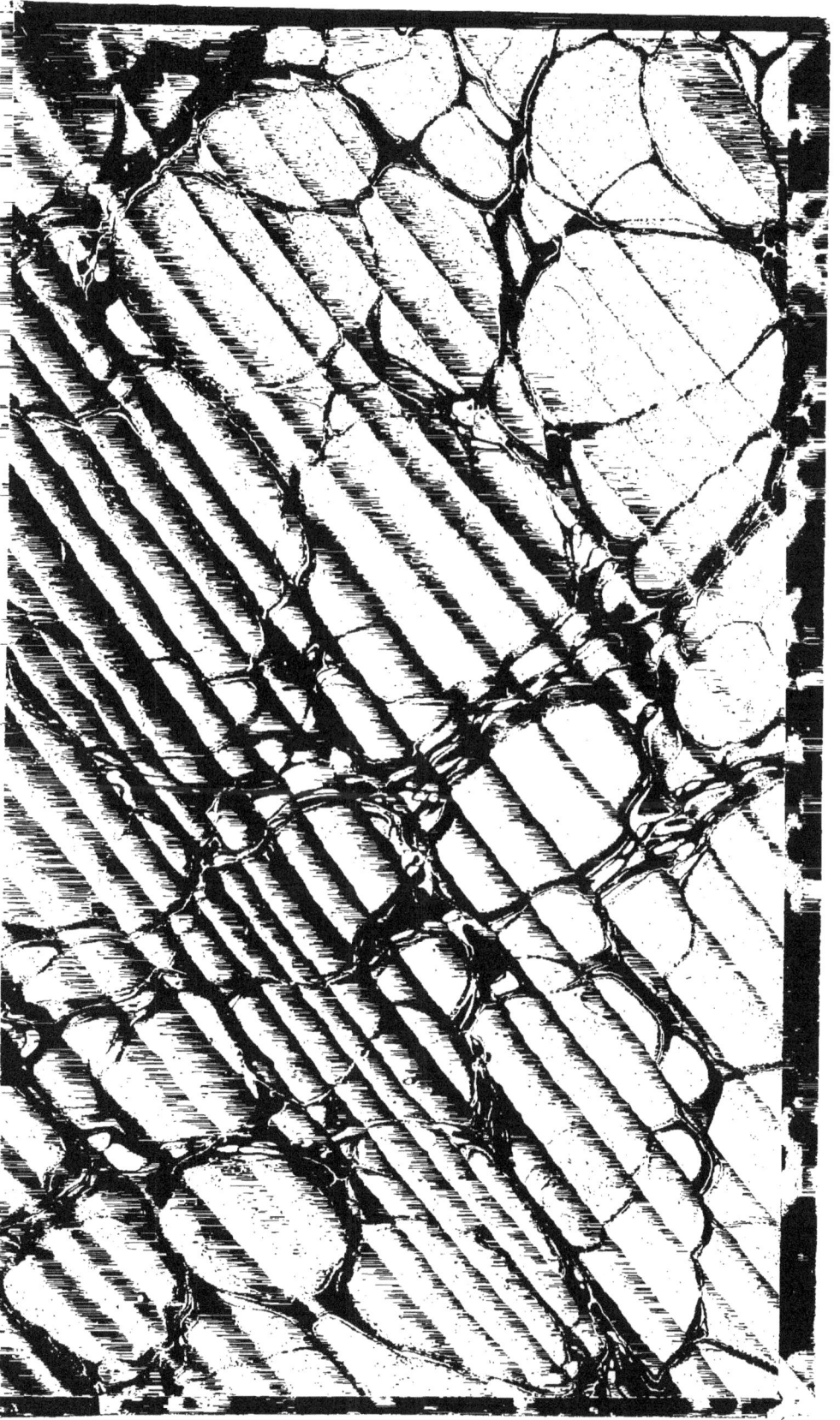